MARIANNE GRONEMEYER

DAS LEBEN ALS LETZTE GELEGENHEIT

MARIANNE GRONEMEYER

DAS LEBEN ALS LETZTE GELEGENHEIT

Sicherheitsbedürfnisse und Zeitknappheit

WISSENSCHAFTLICHE BUCHGESELLSCHAFT
DARMSTADT

Einbandbild: Hans Baldung Grien, Der Tod und die junge Frau
(Musées Royaux des Beaux Arts de Belgique, Bruxelles).

Der Grundstein für dieses Buch wurde während eines Forschungssemesters am Kulturwissenschaftlichen Institut des Wissenschaftszentrums NRW während des Sommers 1990 gelegt. Für die Einladung an das Institut danke ich insbesondere Herrn Prof. K. M. Meyer-Abich und Herrn Prof. L. Niethammer; für den angenehmen Aufenthalt auch allen anwesenden KollegiatInnen und den Mitarbeiterinnen.

1. Auflage 1993

Die Deutsche Bibliothek – CIP-Einheitsaufnahme

Gronemeyer, Marianne:
Das Leben als letzte Gelegenheit:
Sicherheitsbedürfnisse und Zeitknappheit /
Marianne Gronemeyer. – 2., unveränd. Aufl. –
Darmstadt: Wiss. Buchges., 1996
ISBN 3-534-80148-2
NE: GT

2., unveränderte Auflage 1996

Gedruckt auf säurefreiem und alterungsbeständigem Werkdruckpapier
Satz: Setzerei Gutowski, Weiterstadt
Druck und Einband: VDD – Darmstadt
Printed in Germany
Schrift: Linotype Wilke, 9.5/10.5

ISBN 3-534-80148-2

Mit Dank
für IVAN ILLICH
und für REIMER GRONEMEYER

Inhaltsverzeichnis

I. 'Der Tod tanzt aus der Reihe'

Am 3. Mai 1990 lese ich in meiner Tageszeitung unter der Überschrift: *US-Mathematiker will sein Gehirn einfrieren lassen*, die folgende Notiz: „Ein US-amerikanischer Mathematiker kämpft seit Montag vor dem Gericht in Santa Barbara (Kalifornien) um das Recht, seinen Kopf bereits vor Eintreten seines natürlichen Todes einfrieren zu lassen. Thomas Donaldson, der an einem Gehirntumor leidet, will mit diesem Schritt seine Chancen auf eine Heilung nach einer Wiederbelebung erhöhen. Er befürchtet, daß seine Gehirnzellen durch den Krankheitsverlauf zu sehr angegriffen würden, sollte er seinen Krebstod abwarten.

Donaldson sagte, er wolle bereits jetzt seinen Kopf abtrennen lassen. Der Kopf solle dann solange tiefgekühlt werden, bis die Forschung zur Heilung seines Krebsleidens in der Lage sei. Sodann solle sein Haupt auf einen neuen Körper aufgepflanzt werden."

Diese Meldung fordert geradezu zwingend die maliziöse Feststellung heraus, der Mann sei in einem bedauerlichen Irrtum befangen, er habe den Verstand, um dessen Überdauern er so energisch kämpft, längst verloren. Wahrscheinlich ein Verrückter mit einem Hang ins Makabre. Durchaus denkbar aber auch, daß er an das, was er vor Gericht vertritt, selbst nicht glaubt und nur am Ende eines vielleicht unbeachteten Lebens noch einmal ins Rampenlicht der Öffentlichkeit treten will, und sei es dadurch, daß er sich gründlich am guten Geschmack vergeht.

Dann aber mischt sich auch Ärger in den Sarkasmus. Ärger darüber, daß der Mathematiker es augenscheinlich vermocht hat, einen seriösen amerikanischen Gerichtshof mit seinem abstrusen Hirngespinst zu befassen und eine haltlose Zukunftsspekulation auf niederstem Science-fiction-Niveau mit der Dignität eines Rechtsanspruchs auszustatten.

Ärgerlich ist auch, daß er vermessen genug ist zu glauben, er müsse künftige Zeiten mit seiner Hirnpotenz beglücken und habe das Recht, einen fremden Körper als Gestell zur Anbringung seines Verstandes zu verlangen.

Doch dann keimt im Schatten des ohnehin geteilten Vergnügens ein unheimlicher Verdacht auf, der die Neigung, diese Nachricht mit einer Mischung aus Belustigung und Gereiztheit zu quittieren, als voreilig erscheinen läßt. Die Handbewegung des Beiseiteschiebens bleibt auf halbem Wege stehen, und das Gelächter, mit dem die Nachricht erledigt werden sollte, erfriert; denn Thomas Donaldson ist alles andere als verrückt, er ist vielmehr ein *Zeitgenosse*. Er ist ein besonders konsequenter Repräsentant des Epochengeistes. Er hat die Lektion der Fortschrittsgläubigkeit profund gelernt und hält sich strikt ans Dogma, daß technisch nichts unmöglich sei. Ihn zum Sonderling zu stempeln, der den Rest der Welt nichts angeht, fällt nur deshalb so leicht, weil er übertreibt. Er überzieht die Erwartungen an das medizinisch-technisch Mögliche und läßt es an der gebührenden Dezenz fehlen.

Worüber aber wird tatsächlich in Santa Barbara zu Gericht gesessen? Scheinbar geht es um das Recht auf einen selbstbestimmten Tod. Aber warum legt Donaldson dann nicht einfach Hand an sich? Warum muß er vor Gericht ziehen, um sich diese letzte Freiheit höchstrichterlich gewähren zu lassen? Weil es darum nicht geht. Der Mathematiker steht nicht als Todgeweihter vor den Richtern. Auch fällt es dem Zeitungsleser nicht ein, ihm mit dem Mitgefühl und Respekt zu begegnen, die einem Todgeweihten zukommen. Was Donaldson unverfroren vor Gericht einfordert, ist ein verbrieftes *Recht auf Auferstehung*. Und worauf sich diese Forderung gründet, ist der unbeirrbare Glaube an eine *technisch herstellbare Unsterblichkeit.*

Donaldsons Klage vor dem Gericht von Santa Barbara belehrt uns darüber, daß die Zeit reif ist für die „ungeheuerliche Tatsache, daß der Mensch sich in einen *'homo creator'* hat verwandeln können", was „die nicht minder unerhörte (Tatsache einschließt), daß er sich selbst in einen *'Rohstoff'*, also in einen *'homo materia'* verwandeln kann" (G. Anders 1988, S. 21). An die Möglichkeit der technischen Neukonstruktion des Menschen wurden wir durch die Erfolgsmeldungen über medizinische Großtaten schleichend gewöhnt. Der Mathematiker verlangt nur eine besonders weite Auslegung dessen, was in der Ersatzteilmedizin längst als das Gebotene erscheint: „Intensivstationen in amerikanischen Kliniken sind zunehmend mit Gehirntoten belegt, die als Organbank für Transplantation weiter beatmet werden" (I. Illich 1988/89, o. S.). Daß der menschliche Körper unter bestimmten Bedingungen als Ersatzteillager benutzt werden darf und soll, ist im medizinischen Alltag gang und gäbe.

Wie sehr Donaldson nicht trotz, sondern vielleicht gerade wegen seiner Anmaßung Repräsentant des Zeitgeistes ist, wie sehr er die Zeichen der Zeit erkannt hat, wird deutlich, wenn wir ihn einem anderen Zeitgenossen gegenüberstellen. G. Anders nennt ihn einen modernen Hiob. "What a shame", stößt dieser New Yorker Geschäftsreisende verärgert im Luftraum über dem Atlantik aus, „,was hier alles zwischen Schottland und Kanada herumliegt! Und dabei ist es nichts! Nichts als nichts! Aber ausgedehnt muß es sein! Dazwischenliegen muß es! Gerade gut genug für Luft und Wasser! Wozu das gut sein soll! ... Und diese Zeit! Um nichts besser! Ebenfalls nichts! Aber dauern muß sie! Zwischen Abflug und Ankunft! Gerade gut genug für Warten und Dösen! Wozu das gut sein soll? ... Nichts als Vergeudung, der Raum! Und nichts als Zeitverlust, diese Zeit!'" (G. Anders 1988, S. 339 f.)

Der moderne Hiob rechtet mit seinem Herrgott über eine unter ökonomischen Gesichtspunkten – welche auch sonst? – unerhört verpfuschte Schöpfung. Wer immer das zu verantworten hat, war ein miserabler Kalkulator. Unter *Effizienzgesichtspunkten* ist das ganze Machwerk eine einzige Katastrophe. Und zur *Effizienz* fühlt sich dieser Geschäftsmann allerdings berufen. Das größtmögliche Fortkommen in der kürzestmöglichen Zeit erscheint ihm als seine Bestimmung, vor der er sich zu bewähren hat. Effektivität zeichnet ihn aus vor allem, was sonst kreucht und fleucht zwischen Himmel und Erde. Sie macht den Kern seines Wesens aus. Durch sie gerät er auf die Höhe seiner Möglichkeit als Mensch. Und dann dies: es fehlen die minimalen Voraussetzungen dafür, daß er seiner Bestimmung nachkommen kann. Überall werden ihm *Entfernungen* und *Dauer* zum Hindernis in seinem aufrichtigen Bemühen, zu werden, was er werden kann und werden soll. Überall Verzögerungen, überall Stockungen, die die Verausgabung seiner Energie hemmen. Das ganze Leben ein einziges Tempo-Limit.

Es fällt wahrscheinlich leichter, diesen Beschwerdeführer als Zeitgenossen wiederzuerkennen, als den anderen aus Kalifornien, wiewohl es zeitgemäßer ist, vor Gericht als Kläger aufzutreten, als vor

Gott als Ankläger. Wenn wir aber über diese metaphysische Peinlichkeit einmal hinwegsehen, dann liegt das von – nennen wir ihn mit G. Anders – 'Hiob' vorgebrachte Anliegen durchaus auf der Linie aller möglichen Bestrebungen und Projekte, mit denen wir auch sonst zahllose ernsthafte Menschen (zumindest in unseren Breiten, aber mittlerweile auch andernorts) befaßt sehen. Daß alles, was dauert, zu lange dauert, ist eine verbreitete Sorge. Daß Fortbewegung besser schnell als langsam vonstatten gehen soll, ist kaum strittig; daß das Schnelle dem Langsamen überlegen ist, keine Frage. Jede Beschleunigung – ein Sieg über die träge Natur; jede Bezwingung von Dauer – ein Triumph der Technik. Was im Dienst der Geschwindigkeit steht, muß sich nicht groß rechtfertigen, es sei denn, es behindere andere Geschwindigkeit.

Der Zeitgeist ist ungeduldig, vor allem das. Thomas Donaldson ist auch ungeduldig, ungeduldiger noch als 'Hiob'. Ihm dauert das Leben selbst zu lang, jedenfalls das, was ihm davon übrig ist. Er will nicht nur schneller irgendwo sein; er will unverzüglich am Ende sein. Indem er sein Ende beschleunigt, indem er Zeit spart, um genau zu sein, *sich Zeit erspart*, will er sich selbst aufsparen für ein aussichtsreicheres Dermaleinst. Ihm geht es nicht darum, seine viel zu kostbare Gegenwart nicht mit Warten und Dösen zu verschleudern. Er hält sich im Gegenteil mit der Gegenwart überhaupt nicht mehr auf. Sie erscheint im Lichte seiner Tempoansprüche als hoffnungslos träger Zeitmodus. Er eilt ungestüm voraus in die Zukunft, um sie halbwegs unversehrt zu erreichen. Er läuft nicht einfach mit der Zeit um die Wette, sondern mit seiner Vergänglichkeit. In seiner Zeitrechnung wird Zeit gleichbedeutend mit *Zukunft*. *Gegenwart* ist bereits der Schnee von gestern, nicht wert, daß man viel Gedanken, geschweige denn Leben daran verschwendet. Und *Vergangenheit* schließlich kommt in dieser Zeitrechnung gar nicht mehr vor. Daß es ein Leben auch *vor* dem Tod gebe, läßt er zumindest für seine Person und für seine Lebensumstände nicht gelten.

Lassen wir uns also vorläufig darauf ein, in Donaldson und 'Hiob' keine spektakulären oder gar pathologischen Einzelfälle, sondern ziemlich normale Gegenwartsmenschen zu sehen, und den Geschwindigkeitsrausch, in dem die beiden befangen sind, für einen hervorstechenden Zug unserer Gegenwart zu halten. Dann erhebt sich die Frage, wie das Leben so unter Zeitdruck geraten konnte. Warum mußte es so auf Trab gebracht werden? Die entwaffnend einfache Antwort lautet: weil es zu schade ist, um es zu vertrödeln.

Das in den beiden Beispielen anvisierte Schnellverfahren zur Absolvierung eines Menschenlebens ist ersichtlich so auf die Spitze getrieben, daß es sich unvermeidlich ins Gegenteil der Absicht verkehrt. Man mag das bizarre Hochgeschwindigkeitsunternehmen je nach Geschmack und Standpunkt *kontraproduktiv* nennen oder *pervers, anmaßend* oder *frevlerisch, hybride* oder ganz einfach *dumm*, weil es den feinen Unterschied zwischen Qualität und Quantität verkennt. In jedem Fall erscheint es als eine Verirrung *des* Menschen, der hoch hinauswill: die Nachfahren des Prometheus sind auf Abwege geraten und haben die Anmaßung zu weit getrieben. Wenn wir die Vorgeschichte dieser Übertretung zu rekonstruieren versuchen, dann mag die Nacht vom 10. zum 11. November des Jahres 1619 ein historischer Augenblick von einigem symbolischen Gewicht sein. „Damals begann gerade der Krieg, der noch dreißig Jahre dauern sollte. Descartes hatte sich als Soldat in Deutschland anwerben lassen. Jene Novembernacht verbringt der 23jährige in einem Winterquartier in der Nähe von Ulm. In dieser Nacht wird er von drei Träumen heimgesucht, die er sorgfältig notiert und interpretiert. Und im Zwielicht seiner von Wachheiten unterbrochenen Träume drängt sich ihm die Gewißheit auf, sein Leben auf vernünftigen, der Mathematik verwandten Wahrheiten aufzubauen. Zwar kennt er diese Wahrheiten noch nicht, aber ihrer Ermittlung will er all seine Kräfte widmen" (W. van Rossum, 30. Nov. 1990, S. 37).

In der Rückschau wird dieses Erwachen des Protagonisten moderner Denkungsart schlechthin zur Metapher für den Anbruch der Moderne, die freilich im Jahr 1619 schon ein gutes Stück über das erste Morgenlicht hinaus ist, wenn wir sie mit den großen Erfindungen und Entdeckungen des 15. und 16. Jahrhunderts beginnen lassen. Die schrillen Töne jenes 500jährigen Jubiläums der Moderne, das die Ankunft des Columbus in der 'Neuen Welt' feierte, sind ja noch kaum verklungen.

Der morgenfrische Entschluß zu vernunftgemäßer Weltveränderung erscheint im nachhinein als die Grundgebärde der Neuzeit. Die 'fortgeschrittene' Gegenwart, ob sie nun als mißraten gilt oder als gelungen oder als eine schwer durchschaubare Mixtur aus beidem, wird durchaus in der Kontinuität dieses bedeutungsträchtigen und folgenreichen Erwachens gesehen.

Einer liebgewordenen Denkgewohnheit zufolge betrachten wir den Hochbetrieb, der uns umgibt, das atemberaubende Tempo der Weltveränderung als die aberwitzige *Vergrößerung* der schon von Beginn an *großen Geste*, mit der der moderne Mensch die Bühne der Neuzeit betrat: erhobenen Hauptes, taten- und erkenntnisdurstig, durch und durch Akteur. Im Erwachen aus dem Dämmerzustand seiner vormodernen Existenz hatte ihm zu dämmern begonnen, wozu er fähig war, nämlich zur Umgestaltung der Welt nach seinen Plänen und nach seinem Willen. Dem 'Grand Lever' des neuzeitlichen Menschen folgte der erste kühne Schritt in den Fortschritt, an dessen Ende wir Heutigen uns vorzufinden glauben. Das neue Lebensgefühl war begleitet von Selbstbewußtsein und Zuversicht. Selbstermächtigt und selbstermutigt machen sich die Akteure der ersten Stunde daran, das Menschenmögliche zu inszenieren.

Das Bewußtsein ihrer Könnerschaft wurde ihnen zur heiligen Pflicht. Um nichts weniger ging es ja, als um die Nachbesserung einer unvollkommenen Schöpfung: „Es wäre zu wenig, wollte man sagen, daß die Moderne die menschliche Geschichte von nun an selber zu machen versprach. In ihrem heißen Kern will sie nicht nur Geschichte machen, sondern Natur. ... Das entscheidende Thema der Neuzeit ist die zu machende Natur" (P. Sloterdijk 1989, S. 23). Die große Pose des ersten Auftritts wurde zur heroischen Gebärde, denn der moderne Mensch begann, die volle *Verantwortung* für die Vervollkommnung seiner Welt und seiner selbst zu übernehmen und beugte sich unter den selbstgesetzten Optimierungsimperativ. Die Neuzeit beginnt mit der „Revolte des Subjekts gegen seine ... (einstige, M. G.) Passivität" (P. Sloterdijk 1989, S. 28). Am Beginn stand das befreite Aufatmen der Tatkraft, heute sehen wir die Welt unter der Atemlosigkeit, in die sie durch ihr überhitztes Tempo geriet, kollabieren. Dies scheint die Logik, die den Anfang mit dem Ende verbindet: was sich heute bedrohlich zusammenbraut oder bereits zusammenbricht, ist die Folge der Grandeur, die von Anfang an im Spiel war und die eben jetzt an ihrer Selbstüberschätzung krankt.

Wie nun aber, wenn es alles ganz anders war; wenn es nicht kühn, sondern kläglich begann; wenn der Aufbruch eher in Fluchtrichtung stattfand; wenn nicht große Entwürfe geschmiedet, sondern starke Bollwerke gebaut wurden; wenn statt des Erwachens in die Morgenröte der Vernunft ein böses Erwachen am Anfang stand; wenn nicht befreiter Atem in die Lungen, sondern Urschrecken in die Glieder fuhr; kurz: wenn nicht prometheischer Geist, sondern Todesangst die Moderne inspirierte?

1. Am Anfang war die Pest

Der Kulturhistoriker Egon Friedell wagt in seiner 'Kulturgeschichte der Neuzeit' eine auf das Jahr präzise Markierung des Beginns der Moderne: „das Konzeptionsjahr des Menschen der Neuzeit war das Jahr 1348, das Jahr der ‚schwarzen Pest'" (E. Friedell 1976, Bd. 1, S. 63). Und: „die Geburtsstunde der Neuzeit wird durch eine schwere Erkrankung der europäischen Menscheit bezeichnet ..." (E. Friedell 1976, S. 96). Natürlich hat man sich dieses Schicksalsjahr nicht als eine Art historischen Urknall vorzustellen, nicht als eine einzige letzte Ursache, die einen buchstäblichen und vollständigen Neuanfang bewirkt. Das Jahr 1348 ist ebensosehr ein metaphorisches Datum wie der 11. November 1619, als das cartesianische Zeitalter eingeläutet wurde. Friedell geht, nachdem er seine gewagte Äußerung über den Beginn der Neuzeit gemacht hat, sogar so weit, die Pest überhaupt nicht als deren Ursache, sondern als ihre erste und spektakulärste Folge zu beschreiben: Nicht die Pest war die *Ursache der Neuzeit*, sondern „es verhielt sich gerade umgekehrt: erst war die ‚Neuzeit' da, und durch sie entstand die Pest." Und Troels-Lund zitierend fährt er fort: „‚Es ist nicht unwahrscheinlich, daß die Krankheiten ihre Geschichte haben, so daß jedes Zeitalter seine bestimmten Krankheiten hat, die so früher nicht aufgetreten sind und ganz so auch nicht wiederkehren werden.' Dies läßt sich offenbar nur so erklären, daß jedes Zeitalter sich seine Krankheiten *macht*, die ebenso zu seiner Physiognomie gehören wie alles andere, was es hervorbringt: sie sind gerade so gut seine spezifischen Erzeugnisse wie seine Kunst, seine Strategie, seine Religion, seine Physik, seine Wirtschaft, seine Erotik und sämtliche übrigen Lebensäußerungen, sie sind gewissermaßen seine Erfindungen und Entdeckungen auf dem Gebiet des Pathologischen" (E. Friedell 1976, S. 96).

Zugegeben, dieser Gedanke hat etwas Bestechendes für uns Menschen des späten 20. Jahrhunderts. Unsere epochenspezifischen Erkrankungen: Krebs, Herzinfarkt, Aids, Allergien und viele mehr erscheinen ja tatsächlich wie gemacht für uns oder als gemacht von uns: wenn nicht gar als Fluch der Unterwerfung der Natur, der eigenen wie der anderen. Aber ebenso wie es natürlich unsinnig wäre, die ‚schwarze Pest' zur All-*Ursache* der Moderne zu erklären, ebenso unredlich ist es, sie zur reinen *Folge* eines neuen Geistes umzudeuten.

Der Pesterreger fügt sich der Krankheitstheorie, nach der eine Epoche sich ihre Krankheiten *macht*, eben doch nicht so leicht ein, wie die durch Vergiftung von Erde, Luft und Wasser bedingten Gesundheitsschäden.

Wenn auch die 'schwarze Pest' nicht *die* Ursache *der* Neuzeit ist, so ist sie doch eine folgenschwere Erschütterung für das Bewußtsein und das Lebensgefühl der Menschen des 14. Jahrhunderts. Ihre Unheimlichkeit, ihr entsetzliches Ausmaß, ihre Rätselhaftigkeit, ihr unaufhaltsames, stetes Vordringen, dem die Schreckenskunde immer schon vorauseilt, ihr Verebben und Wiederaufflammen hat mindestens eines grundlegend geändert: das Gesicht des Todes. Vormals war der Tod „nah und vertraut und zugleich abgeschwächt und kaum fühlbar" (Ph. Ariès 1987, S. 42). Ein ganzes Ensemble von Haltungen und Ritualen hatte ihn über Jahrhunderte *gezähmt*.

Der 'schwarze Tod' ist unvertraut und ungezähmt. Er ist wild und schrecklich und berechenbar nur in seiner unerbittlichen Vernichtungswut. Angesichts des Massensterbens, das mit der Pest hereinbrach, versagten alle Gewohnheiten und Rituale, die sonst dem Sterbenden ein Hinscheiden im Seelenfrieden ermöglichten: Der normale, also der vertraute Tod ließ dem zum Sterben Bestimmten 'Zeit zur Vorahnung' (Ph. Ariès 1987, S. 14). „Der Todgeweihte allein ermißt die Frist, die ihm noch bleibt ... Er *fühlt*, ‚daß seine Zeit gekommen ist'" (Ph. Ariès 1987, S. 14). In besonderen Fällen bestimmt sogar der Sterbende den Zeitplan seines Hinscheidens. Die Vorahnung war die Voraussetzung dafür, daß der Tod eine zwar „furchtbare, aber doch wohl oder übel erwartete und willig hingenommene Notwendigkeit" (Ph. Ariès 1987, S. 19) sein konnte. Deshalb galt der plötzliche Tod als eine besondere Strafe Gottes. „In dieser mit dem Tode so vertrauten Welt war der plötzliche Tod häßlich und gemein; er flößte Angst ein – ein fremdartiges und schreckliches Phänomen, über das man nicht zu sprechen wagte" (Ph. Ariès 1987, S. 20). Aber nicht nur der plötzliche Tod ist fremd und bedrohlich, auch der einsame Tod ohne Zeugen und Zeremonien ist ein häßlicher Tod. „Der Sterbende muß den Mittelpunkt einer Versammlung bilden" (Ph. Ariès 1987, S. 30). Er nimmt Abschied von den Menschen, die ihm nahestehen, bittet sie um Verzeihung und empfiehlt sie der Fürsorge Gottes. Erst danach erweist er seiner Seele den letzten Dienst mit dem Schuldbekenntnis und der Empfehlung der eigenen Seele in die Hand Gottes. Der 'schwarze Tod' kommt plötzlich, wiewohl er dadurch, daß er in der Nachbarschaft wütet, angekündigt wird. Man ist bestenfalls über sein Herannahen in Kenntnis, aber niemand kann ihn nahen *fühlen*, und darein einwilligen, daß die eigene Zeit gekommen ist. Der Pesttod wurde nicht *erwartet*, sondern so lange wie möglich verleugnet: „Wenn Ansteckungsgefahr besteht, versucht man zunächst, die Augen davor zu verschließen ... Die durchaus berechtigte Angst vor der Pest führte dazu, daß man den Augenblick, in dem man ihr ins Gesicht blicken mußte, so lange wie möglich hinauszögerte. ... Indessen kam irgendwann der Augenblick, in dem es nicht mehr zu umgehen war, das Übel bei seinem schrecklichen Namen zu nennen. In diesem Augenblick brach in der Stadt Panik aus" (J. Delumeau 1985, Bd. 1, S. 154ff.).

Der todgeweihte Pestkranke ist auch nicht Mittelpunkt einer Versammlung, er stirbt einsam, er wird gemieden, wie man eben nur die Pest meidet. „Welch ein Unterschied zu der sonstigen Behandlung von Kranken, die in normalen Zeiten von Verwandten, Ärzten und Priestern umsorgt werden! Während einer Seuche hingegen halten die Verwandten sich fern, die Ärzte berühren die Kranken nicht oder so wenig wie möglich oder auch mit einem Stab ... All jene, die sich den Pestkranken nähern, besprengen sich mit Essig, parfümieren ihr Kleider und tragen bei Bedarf Masken; ... Die Priester erteilen aus der Ferne die Absolution und reichen das Abendmahl mittels eines flachen Silberlöffels, der an einem Stock befestigt ist, der manchmal über einen Meter mißt. ... In Pestzeiten regiert die erzwungene Einsamkeit" (J. Delumeau 1985, S. 162). „Normalerweise läuft eine Krankheit nach einem bestimmten Ritual ab, das den Kranken mit seiner Familie und seinen Freunden vereint. Der Tod gehorcht seinerseits einer Liturgie." Er folgt einem Übergangsritual, „das ordentlich und würdig ablaufen muß. In

Pest- ... zeiten hingegen wurde unter grauenhaften, anarchischen Bedingungen gestorben, selbst die am tiefsten im kollektiven Unterbewußtsein verwurzelten Bräuche wurden aufgegeben (J. Delumeau 1985, Bd. 1, S. 162 f.).

Auch die bescheidensten Bestattungsrituale, die für das Seelenheil des mittelalterlichen Menschen eine große Bedeutung hatten, fallen der Pest zum Opfer. Um sich der gefährlichen Leichen, deren Ausdünstungen man fürchtet, und des unerträglichen Verwesungsgestanks so schnell wie möglich zu entledigen, verscharrt man die herbeigekarrten Leichen notdürftig in Massengräbern außerhalb der Siedlungen; eine Art der Bestattung, die sonst den Verdammten vorbehalten war und die demzufolge entsetzliche Angst einflößte. Die Chroniken berichten über Menschen, die versuchten, sich bei lebendigem Leibe selbst zu begraben, indem sie sich in eine Grube legten und sich, so gut es ging, mit Erde bedeckten (vgl. J. Delumeau 1985, Bd. 1, S. 170 f.).

In der Pest also begegnet den Menschen des späten Mittelalters der andere, der wildgewordene, der alles niedermähende Tod, der alle Ordnung außer Kraft setzt, dem weder Rituale noch Haltungen noch Glauben gewachsen sind, der nur die konfusesten Fluchtbewegungen auslöst, welche sich aber ihrerseits als vergeblich erweisen. Über beinah vier Jahrhunderte (bis zum Jahr 1720) fällt der schwarze Tod die Menschen Europas in ungewissen Abständen aus dem Hinterhalt an. Der Bevölkerungsniedergang in Europa während der großen Pest von 1347 bis 1352 wird von den Historikern unterschiedlich beziffert. Die Schätzungen schwanken zwischen 30 und 50 Prozent der Gesamtbevölkerung. Über einzelne Städte und Regionen weiß man genauere Zahlen. Es gab Städte, in denen während eines oder zweier Jahre 50 bis 65 Prozent der Bewohner dahingerafft wurden (vgl. K. G. Zinn 1989, S. 150 ff.).

Daß das den vollständigen Zusammenbruch der öffentlichen Ordnung bedeutete, ist offensichtlich. Aber nicht nur die öffentliche Ordnung nimmt Schaden; angesichts dieses Grauens, dieser Trost- und Ausweglosigkeit hält auch die innere Ordnung nicht stand. Aller Hoffnung und Zuversicht, allen Trostes und Gottvertrauens beraubt, fallen die Menschen aufs nackte 'Rette sich, wer kann' zurück. In einem unvorstellbaren Ausmaß isoliert die Pest nicht nur die Sterbenden von den noch Lebenden, sondern auch die Lebenden untereinander. Das Mißtrauen grassiert. Jeder andere ist ein potentieller Todbringer auch ohne die geringste erkennbare Feindseligkeit. Die Pest schafft Einzelwesen, Individuen, ohne ihnen doch Einzigartigkeit zu verleihen. Im Gegenteil, vor diesem Massensterben gilt keine Besonderheit, weder Stand noch Alter, noch Verdienst oder Gottesfürchtigkeit. Die Pest ist vollkommen gleichgültig gegen ihre Opfer. Gestorben wird ohne Ansehen der Person. Der Versuch der Kleriker, sie als Gottesgericht zu deuten oder als Ankündigung des großen Endgerichts, ihr so doch einen heilsgeschichtlichen Sinn zu unterstellen und die Menschen zu Umkehr und Buße zu bewegen, schlägt weithin fehl. In Pestzeiten geben sich die Menschen vielmehr einem besonders ausschweifenden Leben hin oder sie verfallen in tiefe Mutlosigkeit, eines so lasterhaft wie das andere, wenn man bedenkt, daß die Desperatio ebenso wie Wollust und Völlerei zu den Todsünden gezählt wird. „Häufig ... waren ... Trinkgelage und Zügellosigkeiten, die dem leidenschaftlichen Wunsch entsprangen, die letzten Lebenstage ganz auszukosten. Man lebte das ‚carpe diem' mit um so größerer Intensität, als man sich gewiß war, eines baldigen, furchtbaren Todes zu sterben." (J. Delumeau 1985, Bd. 1, S. 168)

Die Mutlosigkeit findet ihren Ausdruck in einer tiefen Glaubenskrise: „... der Tod (ist) gegen Ende des Mittelalters nicht mehr Hinscheiden oder Übergang, sondern Ende und Verfall ... Das physische Faktum des Todes ist an die Stelle der Bilder des Jüngsten Gerichts getreten. ‚Jahrhundertelang hat das Christentum kein Bedürfnis verspürt, das Elend des verfallenden Körpers darzustellen.' Warum tritt dieses Bedürfnis dann aber jetzt in Erscheinung? Es konnte nur ‚aus dem Schrecken und aus dem Schmerz entstehen, die der Glaube ausschloß'." (A. Tenenti bei Ph. Ariès 1987, S. 166) „Der Glaube an ein ewiges Leben verliert sich, der Tod aber nimmt kein Ende." (Jankélévitch bei Ph. Ariès 1987, S. 166)

Sicher, der Glaubensverfall hatte schon vor der Pest begonnen, die kirchliche Autorität war bereits unterhöhlt durch innerkirchlichen Zwist, durch zunehmende Verweltlichung des Klerus, durch die Gefangenschaft der Päpste in Avignon. Aber „... erst die Seuche ließ die Unordnung ins ‘Chaos’ umschlagen" (K. G. Zinn 1989, S. 175) und die Jenseitshoffnung schütterer werden. So richten denn auch die Gelehrten bei der Suche nach den Ursachen dieses unfaßbaren Massensterbens ihre Aufmerksamkeit nicht *in* den Himmel, sondern *an* den Himmel. Es entsteht eine Wissenschaft vom Tod. Der Tod wird als Naturereignis gedeutet: „Im Herbst 1348 erstellte die medizinische Fakultät der Universität Paris auf Anordnung König Philipps VI. ein Gutachten, in dem sie, wie es in der Einleitung heißt, sämtliche verborgenen Ursachen der Pest aufdecken wolle, gestützt auf die Lehren der weisesten, alten und modernen Philosophen, Astronomen und Ärzte.“ (R. Dieckhoff 1978, S. 77). Als Ursache werden einerseits kosmische Konstellationen angenommen und andererseits giftige Erdausdünstungen. Entsprechend sind die empfohlenen Schutzmaßnahmen rein weltlicher Natur: Flucht aus der verdorbenen Luft, saure Speisen, Duftmittel gegen den vergiftenden – Gestank, Ausnützung der geheimnisvollen Wirkung von Edelsteinen. Und schließlich die Meidung der Frauen: „Umgang mit Weibern ist tödlich: man soll sie weder begatten noch in einem Bette mit ihnen schlafen.“ (R. Dieckhoff 1978, S. 77)

Mag sich auch diese 'wissenschaftliche' Ergründung der Pestursachen verbunden haben mit Spekulationen über das Heraufkommen des großen Weltgerichts, so ist doch Gott als Herr über Leben und Tod und als der, der die Geschichte zu dem von ihm bestimmten Ende hinlenkt, in der gelehrten Welt weitgehend entmachtet. Weder als unmittelbarer Verursacher noch als Heiler wird er angesichts des schwarzen Todes in Anspruch genommen. Auch das einfache Volk findet andere Verursacher für das umgebende Grauen. Weniger daß es sich angesichts eines Strafgerichts Gottes zur Umkehr aufgerufen fühlt, ruft es seinerseits nach Bestrafung derer, die die Krankheit angeblich heimtückisch verbreiten: die Juden an erster Stelle, die Fremden sodann, die Reisenden und Herumziehenden, die Bettlerhorden und Aussätzigen und schließlich der Hexerei verdächtigte Frauen und Männer. Sie alle werden beschuldigt, die Pest ausgestreut zu haben, und gegen sie richtet sich der Haß und Rachedurst und der Vernichtungswunsch des Volkes in seiner panischen Angst. Die Juden, die der Brunnenvergiftung bezichtigt werden, werden zu Tausenden niedergemordet, ja sogar systematisch ausgerottet. „Die Judenverfolgungen zur Mitte des 14. Jahrhunderts während der ersten Pestwelle blieben bis zum Holocaust des 20. Jahrhunderts die größte singuläre Mordaktion gegen die jüdische Bevölkerung in Europa.“ (K. G. Zinn 1989, S. 201)

In den Augen der aufgebrachten mörderischen Menge war das

Judenmassaker „aufgrund der allseits zirkulierenden Gerüchte über Brunnenvergiftungen durchaus gerechtfertigt" (R. Girard 1992, S. 8). Nicht die Pest wird als von Gott verhängt angesehen, an ein solches Strafgericht mag man nicht glauben, aber der Völkermord an den Juden ist nach allgemeiner Auffassung gottgewollt. Durch göttlichen Willen seien die schändlichen Taten der Juden geoffenbart worden, und Gott habe die Übeltäter ihren Bestrafern überantwortet (vgl. auch: die Schedelsche Weltchronik 1979, Blatt CCXXX). Der um die Mitte des 14. Jahrhunderts lebende französische Dichter Guillaume de Machaut schürt die selbstgerechte Pogromstimmung und gibt uns zugleich eine Ahnung von dem angstgetriebenen Haß, der diese Massaker auslöste: „Daraufhin kam ein Saupack, / falsch, verräterisch und abtrünnig: / es war Judäa, das verabscheute, / das böse und ungetreue, / das alles Gute haßt und alles Böse liebt. / Sie gaben soviel Gold und Silber / und versprachen den Christen so viel, / daß sie dann Brunnen, Bäche und Quellen, / die klar und gesund waren, / an vielen Orten vergifteten / und viele daran starben; / denn all jene, die daraus tranken, / starben ganz plötzlich. / So starben gewiß zehnmal hunderttausend / auf dem Land und in der Stadt, / so daß man inne wurde / dieses tödlichen Vergehens.

Aber jener, der hoch oben thront und weit sieht, / der alles regiert und für alles sorgt, / diesen Verrat geheimhalten / nicht mehr wollte, sondern ließ ihn enthüllen / und verbreiten so allgemein, / daß sie Leben und Gut verloren. / Alle Juden wurden vernichtet, / die einen gehängt, die andern in siedendes Wasser getaucht, / die einen ertränkt, den andern abgetrennt / der Kopf mit der Axt oder dem Degen. / Und auch viele Christen / starben schmählich dabei." (Guillaume de Machaut, bei R. Girard 1992, S. 9 f.)

Versuchte man, eines übermächtig gewordenen Todes Herr zu werden, indem man sich selbst zum Herrn über Leben und Tod machte und den Tod über andere verhängte?

Selbst die Buße entartete zu einem grausigen und gottlosen Schauspiel: Kamen die Scharen der Geißler und Flagellanten, „düstere monotone Lieder singend prozessionsweise in unabsehbar langen Zügen in eine Stadt, so wurden sie mit Glockengeläut und von einem großen Menschenzustrom empfangen. … Die Bußübung unterlag einem festen, ziemlich umständlichen Ritual, … (dem) die vom Gesang begleitete blutige Handlung der Selbstgeißelung" folgte. „Das Ganze war ... ein mit einem Publikum rechnendes religiöses Schaustück ..., (das) den religiösen Fanatismus bis zum Wahnsinn entzündete." (R. Dieckhoff 1978, S. 74 f.)

Während also die Gelehrtenwelt der Unheimlichkeit des Geschehens mit wissenschaftlichem Forschen beizukommen trachtete, nahm das einfache Volk seine Zuflucht zum Aberglauben, aggressiven magischen Praktiken und wütendem Haß auf die zu Verderbern ernannten Fremden und Anderen. Die Reichen gaben sich einem gierigen Lebenshunger hin, bemüht, die womöglich knapp bemessene Lebenszeit bis zur Neige auszukosten. Und die Kleriker hielten, sofern sie nicht auch ihr Heil in der Flucht suchten, düstere Gerichtspredigten.

In der Tat, der Tod hatte sein Gesicht verändert. Er hörte auf, ein Geschehen zu sein, in das man sich mit relativer Gelassenheit fügte. Er löste Grauen, Abscheu, Ekel aus. Ihm kam überhaupt der Charakter eines *Ereignisses* abhanden, er wurde zum Widersacher, zum ärgsten Feind Gottes, aber mehr noch des Menschen. Er nimmt Gestalt an und wird zum großen personalen Gegenspieler, „der wie aus eigener Initiative heraus zu handeln fähig war ... Der Tod wurde zur anonymen, aber omnipräsenten eklen Figur." (A. M Haas 1989, S. 178) „Während des ganzen christlichen und islamischen Mittelalters wurde (hingegen) der Tod als Folge einer willkürlichen persönlichen Intervention Gottes aufgefaßt. Nicht die Gestalt 'eines' Todes erscheint am Totenbett, sondern ein Engel und ein Teufel kämpfen um die Seele, die aus dem Munde der Sterbenden entweicht." (I. Illich 1977, S. 207 f.) Mit einiger Sicherheit ist das makabre Schauspiel des Totentanzes, das bis ins 18. Jahrhundert hinein die Bildwelt und Phantasie der Menschen bevölkert, als Motiv unter dem Eindruck der großen Seuche entstanden (vgl. J. Delumeau 1985, Bd. 1, S. 173). Im Totentanz tritt der Tod als „unabhängige Gestalt" auf, „die jeden Mann, jede Frau und jedes Kind ruft; zuerst noch als Gesandter Gottes, bald aber aus eigenem souveränen Recht" (I. Illich 1977, S. 209). Was Gott in diesem aus den Fugen geratenen Jahrhundert an Macht einbüßt, das wächst dem Tod zu.

Aber eben nicht nur durch die Personalisierung des Todes wird die Macht Gottes eingeschränkt, sondern auch durch seine Verwissenschaftlichung, also seine zunehmende Abstraktheit.

Francesco Petrarca erklärt den Tod zu einem „lebensverneinende(n) Prinzip, der die Würde des Menschen bedroht" (R. Dieckhoff 1978, S. 73). „Dabei wird der Tod nicht mehr Sold der Sünde, sondern als allein naturnotwendiges Ereignis, unabänderliche Naturgewalt, als Naturordnung, nicht als Strafordnung gesehen ..." (R. Dieckhoff 1978, S. 73). Das heißt: der Tod ist nicht länger ein heilsgeschichtliches Ereignis, ein Übergang zum wirklichen Leben. Es kommt vielmehr die düstere Ahnung auf, daß er endgültiges Ende ist, eine Ahnung, deren Unerträglichkeit man noch lange durch eine immer zaghafter und kleinlauter werdende Jenseitshoffnung zu mildern trachtet. Dieser im Pestinferno entstandene Tod ist es, der das Lebensgefühl der Moderne entscheidend prägt. Die ungeheure Anstrengung der Weltverbesserung, die die Moderne auf sich nimmt, ist eine Kampfansage an *diesen* Tod.

2. 'Cherchez la Mort'

Die Suchbewegung des 'Cherchez-la-mort', die hier zur Selbstaufklärung der Moderne empfohlen wird, ist fremd und ungewohnt, eine Zumutung sogar. Daß das 'Projekt der Moderne' eine Antwort auf eine traumatische Todeserfahrung sein könnte, paßt nicht in die Selbstauffassung des modernen Menschen. Bei den zahllosen Versuchen, die innersten Beweggründe dieses 'Projekts' aufzudecken, hat man sich lieber ans Leben gehalten. Sei es, daß man den neuen Weltentwurf aus den Ideen, Erfindungen und Entdeckungen des späten 15. Jahrhunderts erstehen sah, aus dem ungestümen Forscherdrang, der die Welt rotieren ließ; sei es, daß man die abgestreiften Fesseln der alten von der Kirche beherrschten Ordnung zum Ausgangspunkt der Erklärung machte; sei es, daß man den Ameisenfleiß, den die protestantische Ethik freisetzte, ins Zentrum der Überlegungen rückte, sei es, daß man den Geist der Moderne als Überbau aus den überreif gewordenen ökonomischen Verhältnissen aufsteigen sah. Der Gedanke, daß das grandiose Unternehmen der vernunftgemäßen Weltgestaltung ein Reflex auf die demütigende Todesverfallenheit des Menschen sein soll, ist seinerseits so kränkend und erniedrigend, daß die Gesellschaftstheorie sich ihm versagt hat.

Aus dem gezähmten Tod wurde der verschämte Tod, über den man aus Rücksicht schweigt.

Der moderne Mensch fühlt sich als Macher und Könner durch und durch. Allenfalls beugt er sich den selbsterzeugten Sachzwängen, in denen er immerhin dem Werk seiner Hände und seines Hirns begegnet, wenn auch auf beklemmende Weise. Die Einsicht aber, daß er in letzter Instanz nicht agiert, sondern reagiert auf eine Macht, die er nicht selbst gesetzt hat und der er nichts gleich Mächtiges entgegenzusetzen hat, ist so anstößig und so lähmend zugleich, daß er sich in seinem Alltagsgeschäft und in seinen Betrachtungen über das Leben dadurch nicht irritieren und den Schneid abkaufen lassen will.

Der Rückblick auf das aus den Fugen geratene Jahrhundert der schwarzen Pest war der Frage gewidmet, wie die Lebenserfahrung einer Epoche – auch die Sterbeerfahrungen während der Pestzeit waren ja *Lebenserfahrungen* – das Todesbewußtsein prägen. Ebenso bedeutsam ist aber die umgekehrte Frage: welche Lebensäußerungen, welche kulturellen Leistungen, welche Vorstellungen vom Leben sind die Antworten auf die jeweiligen epochalen Todesbilder? Welchen Dienst erweisen die verschiedenen Lebensäußerungen den Menschen für die Bewältigung ihrer Todesfurcht, den einzelnen und ganzen Gesellschaften? Welche Gestalt darf der Tod annehmen, um den Bogen des für erträglich Gehaltenen nicht zu überspannen? Wird er geleugnet, ausgesperrt, überdröhnt, überlistet, vergessen, geduldet oder willkommen geheißen? Und wie wirkt der mißhandelte, geduldete oder willkommene Tod auf die Lebenden zurück?

Der Tod drückt dem Leben auch dann seinen Stempel auf, wenn er abschlägig beschieden, wenn der Dialog mit ihm verweigert, wenn er grob vor die Tür gesetzt wird. Er vermag sich in jedem Fall Geltung zu verschaffen.

Was macht es aber für einen Unterschied, ob wir das, was sich an Katastrophischem heutzutage um uns zusammengebraut hat, zurückführen auf ein panisches Entsetzen oder auf einen kühnen Aufbruch? Die Dinge werden ja dadurch keinen Deut besser oder schlechter. Auf welche Weise werden wir klüger, wenn wir die eine Perspektive gegen die andere vertauschen? Klüger vielleicht gar nicht. Eher noch ratloser als wir es ohnehin schon sind. An der Bestandsaufnahme ändert sich wenig, ob wir die Gefahren, in die sich die abendländische Zivilisation hineinmanövriert hat, nun so oder so betrachten. Wenn wir aber nach den Notausgängen aus diesem

Sachzwanggefängnis Ausschau halten, dann wird sich unsere Blickrichtung ändern müssen, je nachdem, ob wir unsere Gesellschaft kranken sehen an den Auswüchsen einer hybrid gewordenen Vernunft oder an den Ausgeburten einer panisch gewordenen Todesfurcht. Es ist durchaus möglich, daß es bei aller Skepsis leichter wäre, eine entgleiste Vernunft zur Vernunft zu bringen, als eine nachmetaphysische Todesangst zu besänftigen. Wenn *sie* die übermächtige Antriebskraft der modernen Zerstörungsbereitschaft ist, dann schwindet die Hoffnung, daß die Industriegesellschaft an den von ihr erzeugten Widersprüchen genesen könnte. Und es ist fraglich, ob die „methodische Selbstanwendung des wissenschaftlichen Zweifels", der „auf die immanenten Grundlagen und externen Folgen der Wissenschaft selbst ausgedehnt" wird (U. Beck 1986, S. 254), überhaupt hinabreicht in die Abgründe, aus denen die moderne Weltverbesserungsobsession aufstieg. 'Reflexive Modernisierung' als neue Phase des Projektes der Moderne setzt voraus, daß die Moderne ihre Wurzeln nicht in einem panischen Lebensgefühl, sondern in einem souveränen Entschluß hat und darum auch durch einen souveränen Entschluß revidiert werden kann.

Nur wenn in Betracht gezogen wird, daß die 'schwarze Pest' das Verhältnis der Menschen zum Tod nachhaltig ändert und daß das veränderte Verhältnis seinerseits eine geschichtsmächtige Kraft ist, kann diese Heimsuchung des 14. Jahrhunderts als Geburtsstunde der Neuzeit angesehen werden. Natürlich wird auch nach der Pest noch unter den heilsamen Bedingungen des gezähmten Todes gestorben; in Einzelfällen sogar bis in unsere Tage und unsere todfeindliche Kultur hinein. Aber geschichtlich durchgesetzt hat sich der heillose Tod mit seinen verheerenden Folgen.

3. Lebensspanne und Lebensverachtung

Der Tod, der die Würde des Menschen verletzt und der nicht mehr dem Willen Gottes, sondern einem launigen Schicksal oder einem ehernen Naturgesetz gehorcht und schließlich auch aus eigener Machtvollkommenheit handelt, ist entweder ein *Verhängnis* oder ein *Skandal*. Man kann ihm mit Klage begegnen oder mit Verachtung, mit Gleichmut oder mit Geringschätzung des irdischen Lebens, mit Empörung oder Rebellion; man kann ihm schließlich die Stirn bieten und ihm den Kampf ansagen. Auf alle diese Antworten sind die Menschen in ihrer Verstörung durch das blinde Wüten des Pesttodes verfallen. Anfangs waren es eher die kleinmütigen Reaktionen, mit denen sie die Todesfurcht zu beherrschen versuchten. Die großspurigen folgten später. Zuletzt gewann die Kampfansage an den Tod die Oberhand.

„Keine Zeit hat mit solcher Eindringlichkeit jedermann fort und fort den Todesgedanken eingeprägt wie das fünfzehnte Jahrhundert ... Aus dem großen Gedankenkomplex, der um das Sterben kreist, konnte diese Zeit in ihr Bild des Todes eigentlich nur *einen* Zug aufnehmen: den Begriff der Vergänglichkeit.“ (J. Huizinga 1975, S. 190)

Nicht nur der Totentanz, in dem der Tod unterschiedslos Menschen jeden Standes und Alters in die Polonaise zwingt, taucht als Sujet in der bildenden Kunst auf, sondern auch der verwesende Körper. Es ist, als sollte der Schrecken der bevorstehenden Zersetzung des eigenen Körpers gebannt werden durch die denkbar drastischste Ausmalung dieses Vorgangs in Wort und Bild: „Bis tief ins sechzehnte Jahrhundert hinein zeigen die Grabmäler die abscheulich variierten Darstellungen der nackten Leiche, verwest oder zusammengeschrumpft, mit verkampften Händen und Füßen und klaffendem Munde, mit den sich ringelnden Würmern in den Eingeweiden.“ (J. Huizinga 1975, S. 193) Es nähme wunder, wenn dies nicht die realistischen Bilder wären, die die Pest der kollektiven Erinnerung unauslöschlich eingebrannt hatte. Tod und Verwesung üben aber nicht nur auf die Bilderwelt eine unwiderstehliche Faszination aus, sie scheinen auch in das Gemüt und in das Selbstgefühl hineinzukriechen. Der lebendige Körper erscheint fast wie ein Trugbild, unter dessen Oberfläche sich die Auflösung unaufhaltsam vollzieht. Das ganze Leben wird zu einer Art Doppelleben, das immer schon stirbt, während es noch gelebt wird. Nur die deckende Haut ist den Augen gnädig, darunter aber ist der Verfall am Werk.

Die makabre Darstellung des faulenden Leibes geht auf ältere Traditionen zurück. Auch früher schon war der Körper, insbesondere der Frauenkörper, verunglimpft worden als 'Dreckbeutel', der nichts als 'Unrat' enthält. Damit sollte den Leuten die Fleischeslust vergällt und die Begehrlichkeit ausgetrieben werden, damit sie gefeit wären gegen Laster und Versuchungen aller Art. Wenn jetzt, nachdem der himmlische Lohn für ein rechtschaffenes und gottgefälliges Leben fragwürdig geworden ist, das Leben dennoch seiner Nichtswürdigkeit überführt wird, dann spielt wohl auch der Wunsch, daß man sich den Schmerz der Vergänglichkeit lindern will, eine Rolle. Wenn das Leben nichts taugt, dann muß man auch seine Hinfälligkeit nicht bejammern. Es liegt eine gewisse Beruhigung darin, das verächtlich zu machen, was man nicht haben kann. Daher die Bereitwilligkeit, sich schon zu Lebzeiten als Würmerfraß zu fühlen. Die Verhöhnung des Lebens dient nicht dazu, den Lebenshunger niederzukämpfen, sondern dazu, die Todesfurcht zu mildern.

In die Resignation und die grelle Drastik des Lebensekels mischen sich aber auch Töne der Klage über die Zerbrechlichkeit der Schönheit und der Lebensblüte. Man zeigt sich angewidert von der Häßlichkeit des Alters, und der Abscheu vor dem Alter nährt den Neid auf die Jugend: „So wird Eure Schönheit sich in Häßlichkeit wandeln, / Und Eure Gesundheit in düstere Krankheit, / ... Habt Ihr eine Tochter, so werdet ihr für sie ein Schatten sein; / *Sie* wird gesucht und begehrt werden, / Die Mutter aber von jedem verlassen." Und: „Was ward aus dieser glatten Stirn, / Diesen blonden Haaren, den gewölbten Brauen, / ... Und diesen schönen blutroten Lippen? ... / Die Stirne runzlig, die Haare grau, / Die Brauen kahl, die Augen erloschen ..." (J. Huizinga 1975, S. 197 f.)

Diese bittere Klage straft die Lebensverachtung Lügen, in ihr meldet sich der Lebenshunger. Mit ihr wird die Entdeckung der Lebensspanne vorbereitet, die es zu nutzen gilt; nicht um vorbereitet zu sein auf das große Weltgericht, nicht zur Rettung der Seele, sondern zur Ausschöpfung eines höchst diesseitigen Lebensgenusses.

Nicht nur mit Gezeter, Klage und Lebensekel versucht diese Zeit sich zu entlasten von dem Bann der Todesfurcht, auch die Vernunft wird bemüht, um der Vergänglichkeit und dem Verfall den Schrecken zu nehmen. Francesco Petrarca, der den Gedanken des skandalösen Todes, der die Würde des Menschen verletzt, zu denken wagte, zieht daraus im Alter dann doch nicht die Konsequenz, sich trotzig gegen den Tod zu empören, sondern erklärt den stoischen Gleichmut für das vernunftgemäße Verhältnis zum Tod, wiewohl er sich darüber klar zu sein scheint, daß die Gelassenheit gegenüber dem Tod eine hohe und schwer erlernbare Kunst ist. In seinem Spätwerk ›Von der Artzney bayder Glück des guten und widerwertigen‹ läßt er die Vernunft mit der Todesfurcht argumentieren. Wie eloquent und gelehrt aber die Vernunft den beharrlich und stereotyp immer wieder vorgebrachten Satz: 'Ich fürchte mich vor dem Tode', zu entkräften versucht, die Todesfurcht behauptet sich gegen alle Vernünftelei wie ein Kind, das sich nicht reden lassen will: 'Ich forcht mich jetzo seer vor dem tod'. Der Vernunft bleibt zu guter Letzt doch nur das Argument übrig, daß die Furcht des Todes die Furcht vor der eigenen Natur ist und daß der Mensch nun einmal „sey ein sterblichs thier" (F. Petrarca 1984, S. CLI).

4. Individualität und Todesfurcht

Der Dialog zwischen den beiden Allegorien der Todesfurcht und der Vernunft spiegelt den inneren Zwiespalt des Individuums an dieser Zeitenwende, an der die alte Ordnung zusammenbricht, wider. Wann immer eine übergreifende Ordnung, die dem einzelnen eine fraglose Stellung in einem Sinngefüge bietet, zusammenstürzt, entsteht ein Individualisierungsschub. Das Individuum wird aus der Ordnung verstoßen und auf sich selbst zurückgeworfen. Genaugenommen steht an dem Wendepunkt, der durch die Pest markiert ist, nicht die 'Erfindung' des Individuums auf der Tagesordnung, sondern der Übergang von einer Individualität in eine andere.

Wir haben „zwei Bedeutungen des Wortes 'Individuum' zu unterscheiden:

1. das *empirische* Subjekt, das spricht, denkt und will; das unteilbare Exemplar der menschlichen Gattung, so wie es sich in allen Gesellschaften beobachten läßt;
2. das *moralische*, unabhängige, autonome und so (wesentlich) nicht-soziale Wesen, wie es in unserer modernen Ideologie von Mensch und Gesellschaft zum Ausdruck kommt." (L. Dumont 1991, S. 74)

Nur das 'unabhängige' und 'autonome' Individuum, das um seine Einzigartigkeit und seine Bedeutung kämpft, trägt in sich den Widerspruch zwischen souveräner Vernunft und Todesfurcht aus: „Das Bewußtsein vom Tode geht gleichen Schritt mit der menschlichen Individualisierung, das will heißen, mit dem Auftreten einzigartiger Individualitäten, die sich von einem persönlichen Zentrum her formen." (P. L. Landsberg 1973, S. 16)

In Gesellschaften, in denen der einzelne wesentlich Exemplar der Gattung ist, scheint es kein helles und furchtsames Bewußtsein vom eigenen Ende zu geben: „In diesen Gesellschaften ist das Individuum zu wenig differenziert von seiner Gruppe, als daß es sich durch etwas anderes individualisiert fühlen könnte, als durch die Stellung in dieser Gruppe, seine Funktion im größeren Organismus. Wenn diese Stellung und Funktion nach dem Tod des Individuums auf ein anderes übergehen, so erwirbt dieses Individuum zugleich den Namen und gewissermaßen die Seele des Toten. Die Gruppe hat ein verlorenes Glied regeneriert. Es ist, als ob nichts geschehen wäre. ... Der Tod ist wesentlich nur der Übergang einer seelischen Kraft in ein anderes Individuum ...“ (P. L. Landsberg 1973, S. 15f.)

Der mittelalterliche Mensch ist nicht nur durch seine Stellung und Funktion in der Gemeinschaft individualisiert. Er ist einzigartig, denn sein Name ist „im Himmel angeschrieben“ (H. Blumenberg 1989, S. 24). Die Vorstellung, daß jedes Individuum in himmlischen Büchern verzeichnet ist, „dient entweder dem Gedanken der Vorherbestimmung der Schicksale oder dem der Abrechnung über die Taten der Menschen.“ (H. Blumenberg 1989, S. 26) Die Auffassung, in das 'Buch des Lebens' würden „Verdienste und Sünden eines jeden eingetragen“, es sei „eine Art individuelle(r) ‚Ausweis‘ oder ‚Kontoauszug, den man am Tor zur Ewigkeit vorlegt‘“ (A. Gurjewitsch 1984, S. 89), setzt sich am Ende des Mittelalters durch und etabliert bereits den Gedanken individueller Verantwortlichkeit für die Lebensführung. Ein Bewußtsein vom eigenen Tod ist damit durchaus gegeben. Die Biographie eines jeden Menschen zerfällt jedoch in zwei Teile: „Der erste Teil umfaßt das irdische Dasein, der zweite den Augenblick des Gerichts und der Vergeltung. Die Zeitdauer zwischen ... (dem eigenen) Tod und dem Ende aller Zeiten ist niemandem bekannt.“ (A. Gurjewitsch 1984, S. 87) Da sich aber das künftige Schicksal des Individuums im großen Weltgericht entscheidet, richtet sich der furchtsame Blick eher auf das Ende aller Zeiten als auf das eigene Ende.

Die Unverwechselbarkeit des mittelalterlichen Individuums unterscheidet sich grundlegend von der zwiespältigen zwischen Vernunft und Todesfurcht schwankenden Individualität, die sich der Mensch nach der Zeitwende zumutet. Dem mittelalterlichen Individuum war seine Einzigartigkeit von Gott zugesprochen, es fand sich in ihr vor, sie war gleichsam durch göttlichen Spruch über es verhängt. Über seinen Daseinszweck mußte sich der Mensch des Mittelalters nicht beunruhigen, mit Sinnzweifeln sich nicht plagen, und mit seiner Einzigartigkeit hatte er nichts zu schaffen. Seiner Bedeutung konnte er gewiß sein, denn er war als Mikrokosmos Repräsentant des Makrokosmos. Jedes Einzelwesen konnte sich als 'Miniatur' der großen Schöpfung auffassen und wissen, daß es die Bestimmung der ganzen Welt in sich trug.

Der auf seine Vernunft pochende neuzeitliche Mensch gewinnt ohne eigenes Zutun, durch sein bloßes Dasein keine Existenz als Individuum. Er muß sich vielmehr selbst erschaffen, sich auf eine „Intensität der Selbstbeziehung" einlassen, in der er sich selbst „zum Erkennungsgegenstand und Handlungsbereich" macht, „um sich umzubilden, zu verbessern, ... sein Heil zu schaffen." (M. Foucault 1986, S. 59) Indem er sich auf seine Vernunft beruft, tritt er heraus aus der heilsgeschichtlichen Ordnung, in der er seine fraglose Stellung, seinen vorherbestimmten Ort, einen zuverlässigen Halt und einen unbezweifelbaren Lebenssinn hatte. Er befreit sich von der göttlichen Vorsehung und unternimmt es, seinem Dasein selbst Sinn und Richtung zu geben. Der einzelne macht sich daran herauszufinden, wozu er und einzig er allein fähig ist. Dem Individuum wird seine Einzigartigkeit zur verpflichtenden Aufgabe: Die „Individualisierung besteht ihrem Wesen nach nicht nur darin, daß Menschen eine hellere und genauere Bewußtheit von ihrer persönlichen Eigenart gewinnen, sondern in der Tatsache, daß sie wirklich eigenartiger werden." (P. L. Landsberg 1973, S. 16) Nur in dem Maße, in dem er seine Eigenart und seinen Eigensinn entfaltet, gewinnt der Mensch Lebenssinn. Seine Freiheit besteht darin, sich zu besondern, und sein Risiko darin, an der Selbsterschaffung zu scheitern. Vormodern konnte jemand sein Seelenheil, nicht aber sich selbst verfehlen. Dem neuzeitlichen Individuum ist die 'Sorge um sich' so grundlegend aufgetragen, daß seine schiere Existenz, sein bloßes Vorhandensein dabei auf dem Spiel steht. Der Einzigartigkeit des Individuums wird in der Folge ein absoluter Wert beigelegt (M. Foucault 1986, S. 59).

Petrarca läßt seine 'Vernunft' noch zugunsten der Tugend der Demut und Gelassenheit argumentieren. Worauf das moderne Individuum wirklich hinauswill, zeigt sich erst eine gute Weile später.

Zum Inbegriff des frühmodernen *Selbstbewußtseins* ist mir das berühmte Münchener Selbstbildnis Albrecht Dürers aus dem Jahr 1500 geworden. Dafür, daß der Mensch selbst am Ende des Mittelalters ins Zentrum seines Interesses rückte, war die aufkommende Porträt-Kunst, also das Interesse am unverwechselbaren, individuellen menschlichen Antlitz, an sich schon ein Indiz. Daß der moderne Mensch, um sich im Zentrum Platz zu schaffen, Gott daraus vertreiben muß, das verrät das Dürer-Porträt. Unverkennbar ist dieses Selbstbildnis zugleich ein Christusbildnis. Das Haupt ist umrahmt von lang auf die Schulter fallendem, gelockten Haar, der Blick ist unverwandt auf den Betrachter gerichtet. Das Auffallendste aber ist die Gebärde der Hand: Der Maler trägt einen Mantel mit kostbarem Pelzkragen, und die Hand liegt auf der Brust unter dem Vorwand, den Kragen zusammenzuhalten. Dabei ist das Licht auf den überdeutlichen und, fast will es scheinen, überlangen Zeigefinger konzentriert. Die Handhaltung macht es möglich, daß der Finger auf den Dürer-Christus deutet. Den überlangen Zeigefinger kennen wir aus der mittelalterlichen Ikonographie nur an Johannes dem Täufer, der auf den kommenden Messias hinweist. Hier wird der Hinweis zum Selbstverweis. Fast könnte man die Usurpation des Christuskopfes und diese Gebärde blasphemisch nennen, das darin sich ausdrückende Selbstverständnis eine Anmaßung. Wäre da nicht der tiefe Ernst des Blickes. Der gibt eine Ahnung davon, was es kostet, über sich selbst zu herrschen und die Zusage der Gottesebenbildlichkeit so wörtlich zu nehmen, daß der Mensch 'homo creator' wird an sich selbst und sich die Last der Verantwortung für die Selbsterschaffung auf die Schultern lädt. „Man kann ebenso sagen, daß Dürer seine Person als Ebenbild Gottes hypostasiert, wie daß er das Bild Gottes vergegenständlicht und vergegenwärtigt, indem er ihm seine Züge verleiht.“ (D. Frey bei H. Theissing 1987, S. 24) Das allein macht den Ernst, der die Gestalt umgibt, jedoch nicht aus. Der Preis für die so weit getriebene Individualisierung ist eine durch nichts gemilderte Konfrontation mit der eigenen Vergänglichkeit. Nicht nur, daß sich das Individuum dadurch, daß es sich an die Stelle Gottes setzt, der Hoffnung auf das Jenseits begibt, macht den Tod zu einem endgültigen Ende. Der Anspruch auf Einzigartigkeit macht das individuelle Leben unerhört kostbar und unersetzbar. Das einzigartige Individuum kann in nichts und niemand fortleben, mit seinem Ende ist es unwiederbringlich verloren.

Wenn das Leben die einzige Gelegenheit ist, dann steigert sich die Verlustangst ins Unerträgliche.

Zudem ist die Aufgabe der Selbsterschaffung und Selbstverbesserung, die sich das Individuum zur Pflicht macht, prinzipiell immer unvollendet. Für dies Individuum kommt der Tod chronisch zu früh.

Bei der Gebärde des Selbstverweises, die sich der ganz auf sich gestellte Mensch abverlangt, bleibt es nicht. Der neuzeitliche Mensch war der Bürde, die er sich damit auferlegte, nicht gewachsen. Das Individuum kann seiner Unteilbarkeit nicht standhalten. Es unternimmt vielfältige Versuche, sich zu halbieren und nur seine Einzigartigkeit, nicht aber deren Kehrseite, die Todverfallenheit an sich gelten zu lassen.

Die Richtung des Fingerzeigs ändert sich abermals. Er zielt nun auf die Welt da draußen. Nachdem dem Menschen die Jenseitshoffnung abhanden kam, richtete er sich auf Diesseitshoffnung ein. Dabei ist ihm wiederum der Tod im Wege. Überall in der rätselhaften, fremden, feindlichen Welt da draußen liegt er auf der Lauer, immer auf dem Sprung, unberechenbar, allgegenwärtig. Der Fingerzeig auf die Welt wird zur aufgeregten Geste des 'Haltet den Dieb'. Doch allmählich ernüchtert sich der Blick, wird kühl und abschätzend wie bei einer Musterung von Material. Die Welt da draußen wird zum *Projekt*. Und der Finger bezeichnet das zu Machende. Wenn der Tod nicht mehr aus der Hand Gottes kommt, dann ist er ein Verhängnis der Natur; oder, wenn man sich die Natur weniger machtvoll denkt, ein Übel, ein Makel, der ihr anhaftet. Der Mensch, der an seine schöpferische und selbstschöpferische Fähigkeit zu glauben begonnen hat, wird sich daranmachen, sich eine zweite, verbesserte Natur zu schaffen: Der Mensch habe die Welt „zwar dankbar von Gott entgegengenommen, sie . . . ‚dann aber . . . bei weitem verschönert und verfeinert . . .'" (G. Manetti bei A. Heller 1983, S. 88); oder: der Mensch besitze „. . . beinahe denselben Genius wie der Schöpfer der Himmel und (könnte) irgendwie auch Himmel machen, wenn er nur die Werkzeuge und das himmlische Material erlangen könnte, da er sie sogar schon jetzt macht . . ." (M. Ficino bei A. Heller 1982, S. 88) „Wir können noch im irdischen Leben zum Himmel aufsteigen und vom Menschen zu Gott werden." (B. Varchi bei A. Heller 1982, S. 92) Diese Äußerungen sind nicht gerade zimperlich in dem, was ihre Autoren sich und ihresgleichen zutrauen. Und so wird der Widerstand gegen den Tod darauf konzentriert, ihm so viel hiesiges Leben wie möglich abzuringen.

Wir haben festgestellt, daß das Individuum seine Einzigartigkeit mit einem unbesänftigten Todesbewußtsein bezahlen muß. Das soll neuzeitlich nicht gelten. Individualität wird nicht mehr mit der Todes-Verachtung errungen, die, ihrer eigenen Niederlage gegenüber diesem übermächtigen Gegner Minute um Minute gewiß, sich dennoch ans Werk der Selbsterschaffung macht. Die Haltung ist nicht mehr die hoffnungslose, aber stolze Unterlegenheit, der zum Trotz man 'homo creator' wird. Die Tragik der Gottesebenbildlichkeit weicht aus dem Blick und macht einer aggressiven Zuversicht Platz. Nicht die standhafte Haltung gegenüber dem Tod, sondern die Aussicht auf unerschöpflichen Lebensreichtum beflügelt die Unternehmungen des modernen Menschen.

Nicht die *Verachtung* des Todes, sondern seine *Verbannung* aus der Sphäre des Lebens nimmt man sich vor. Da der Tod einstweilen unausweichlich bleibt, soll wenigstens das Leben, solange es dauert, von ihm gereinigt und die schmähliche Erinnerung an ihn getilgt werden.

II. Die Sicherung der Lebensspanne

Ehe die *Sicherheit* zu einem erstrangigen Thema und zu einem vordringlichen Bedürfnis des abendländischen Menschen werden konnte, zu einem Thema, dem er den bei weitem größten Teil seiner Aufmerksamkeit und seiner Schaffenskraft widmet, mußte sich „eine Übertragung vom Himmel auf die Erde ereignet haben. Solange das Abendland ... und solange der Abendländer jeden Abend im Vertrauen auf einen waltenden und wahrenden Gott einschlafen konnte, im Vertrauen darauf, daß der Himmel auf seiner Seite war – wie es in alle Handlungs-, Verzichts- und Hoffnungsrezepte eingegangen war, die man sich von einer Generation zur anderen überlieferte, und die eine christliche Gesellschaft allmählich zu handlichen Formeln für den Gebrauch ihrer Mitglieder verdichtet hatte (‚Hilf dir selbst, dann hilft dir Gott' oder ‚So Gott will' oder ‚Maria läßt keine Bitte unerhört') – solange der Mensch jeden Abend, bevor er zu Bett ging, jeden Morgen, bevor er sich erhob, jeden Mittag, bevor er seine leibliche Speise zu sich nahm, sich mit einem Gefühl tiefen Seelenfriedens der göttlichen Obhut anbefahl, so lange war *Sicherheit* eine Vokabel ohne Bedeutung oder richtiger: mit einer Bedeutung, die sich von derjenigen stark unterscheidet, die wir ihr beilegen. Die Sicherheit beruhte wesentlich und fast ausschließlich auf dem Vertrauen in Gott. Ihm verdankte man sie ..." Aber: „auf einmal schien den Menschen göttliches Einwirken nicht mehr notwendig, um die Ereignisse zu erklären, die für sie jetzt zu rein menschlichen werden." (L. Febvre 1988, S. 115) Auch wenn man der Unterstellung, der mittelalterliche Mensch habe sich in göttlicher Obhut in tiefem Seelenfrieden befunden, nicht traut, wenn man ihn sich verstörter und verängstigter vorstellt, so ist doch richtig, daß die Idee der Sicherheit nicht beherrschend werden konnte, solange die Zuständigkeit Gottes für den Lebenslauf der Menschen nicht bezweifelt wurde. Der einzelne und die Gemeinschaft schützen sich, so gut es eben geht, vor Gefahr, weil man ein von Gott gegebenes Leben nicht leichtfertig wegwirft; und der Rest ist Gott befohlen. Die moderne Selbstverständlichkeit, daß Sicherheit eine Frage der Stärke und Durchsetzungsfähigkeit sei, galt in dieser Vorstellungswelt nicht. Im Gegenteil: Die Starken, durch ihre Stärke zur Sorglosigkeit verführt, sind in eitlem Wahn befangen. Sie genießen in Wahrheit eine hochgradig zerbrechliche und anfällige Sicherheit, während die Schwachen und Gefährdeten unter der Verheißung stehen, daß die Kraft Gottes in ihnen mächtig ist (Geschichtliche Grundbegriffe 1984, Art, Sicherheit, S. 832).

In der Kathedrale St. Lazare von Autun findet sich ein Kapitell, das auf anrührende Weise den Sieg der Hoffnung über die Verzweiflung darstellt. Die Verzweiflung, die sich selbst mit einem Schwert durchbohrt, schaut vom Kapitell herab mit einem schmerzverzerrten Gesicht, das zugleich voller Bösartigkeit ist, fast schon eine dämonische Fratze. Auf ihr steht die Hoffnung, eine weibliche Gestalt, die in anmutiger Gebärde mit der Rechten auf die Früchte der Natur, auf die Gottesgabe, deutet und mit der Linken auf sich selbst. In dieser Geste zeigt sich, worauf sich die Hoffnung des vormodernen Menschen gründet: was Gott gibt und was in den eigenen Kräften steht, gewährt *zureichende, hinlängliche Sicherheit*. Über dieses Maß geht die Sicherheitsbegehrlichkeit nicht hinaus.

Zur Konstitution dieses Sicherheitsgefühls in seiner Selbstbescheidung gehört neben Gott- und Selbstvertrauen ein Drittes: Das irdische Leben ist vorläufig, ein vorübergehender Aufenthalt im Jammertal. Über seinem *Ende*, nicht über seinem Lauf liegt die eigentliche Verheißung, die die Hoffnung der Menschen nährt. Erst der wildgewordene Tod, die Erschütterung des Gottvertrauens und der keimende Zweifel an der Zusage, daß das eigentliche, erlöste, von allem Jammer befreite Leben dem Tod folgen werde, lassen die Frage danach, wie ein so fragiles, vergängliches und gefährdetes Wesen wie der Mensch Sicherheit gewinnen könne, mit bedrängender Heftigkeit aufkommen.

1. Selbstbegrenzung und Welterneuerung

Als sich der abendländische Mensch angesichts eines feindseligen Todes auf sich selbst gestellt sah, als er sich für seine Sicherheit selbst zuständig fühlte, eröffneten sich ihm zwei Wege, die in ganz verschiedene Richtungen führten. In Michel de Montaigne (1533 bis 1592) und Renè Descartes (1596 bis 1650) begegnen uns zwei herausragende Repräsentanten dieser einander ausschließenden Sicherheitsvorstellungen.

Über den Tod schreibt Michel de Montaigne um 1580: „Laßt uns also denselben mit unverücktem Fuße erwarten, und uns zur Gegenwehr setzen. Und damit wir ihm seinen besten Vortheil abgewinnen, so wollen wir einen ganz andern Weg erwählen, als man gemeiniglich geht. Wir wollen ihm das Fremde nehmen, wir wollen Bekanntschaft mit ihm unterhalten, wir wollen uns an ihn gewöhnen, wir wollen nichts so oft als den Tod in den Gedanken haben, wir wollen ihn unserer Einbildungskraft alle Augenblicke und unter allen möglichen Gestalten vorstellen. Wir wollen, wenn das Pferd stolpert, wenn ein Dachziegel herunter fällt, wenn wir uns nur im geringsten mit einer Nadel stechen, gleich die Betrachtung anstellen: *Wenn nun dieß das Leben kostete?*" (M. de Montaigne 1992, Bd. I, S. 114)

Und von der Todesfurcht sagt er, daß sie beständig eine „Ursache zu einer Marter" ist, die, sobald jemand ihr erlaubt, Macht über ihn zu gewinnen, „auf keine Art gelindert werden kann. Es ist kein einziger Ort, von welchem sie nicht herkommen sollte. Wir können, wie in einer verdächtigen Gegend, den Kopf immerfort herum drehen." (M. de Montaigne 1992, Bd. I, S. 107)

Der von Todesfurcht Gequälte liefert sich dieser Qual ohne Not aus. Die Todesangst und mit ihr alle anderen Ängste, die ja nur harmlosere Spielarten dieser letzten Angst sind, ist *vermeidbar*, gerade *weil* der Tod *unvermeidbar* ist. Es ist töricht, das Unvermeidliche, das Teil des eigenen Wesens ist, zu fürchten. Ebenso unvernünftig ist die Sorge um einen zu frühen Zeitpunkt des Todes, die dem Leben eine unaufhörliche und doch fruchtlose Wachsamkeit aufzwingt, denn: „Ihr möget noch so lange leben: deswegen werdet ihr die Zeit, da ihr todt seyn müßt, doch nicht vermindern. Es ist alles vergebens. Ihr werdet in diesem Zustande, vor welchem ihr euch so fürchtet, eben so lang seyn, als wenn ihr an der Mutter Brust gestorben wäret." (M. de Montaigne 1992, Bd. I, S. 129)

Im Vergleich mit der Ewigkeit oder auch nur mit der Dauer der Berge, Flüsse oder Bäume erweist sich die Sorge um das Mehr oder Weniger von ein paar Lebensjahren als belanglos. Erstaunlich, daß sich Montaigne, um der Todesfurcht ihre Unbegründetheit vorzuhalten und sie der Unvernunft zu überführen, beinah derselben Argumente bedient, die schon Petrarca gut 200 Jahre früher seiner 'Vernunfft' im Disput mit der 'forcht des tods' in den Mund legt. Tatsächlich ist, was die Vernunft ohne Zuhilfenahme des Glaubens gegen die Todesfurcht vorzubringen hat, mit einer Handvoll Argumenten abgetan. Das Räsonnement darüber hat bis auf den heutigen Tag, wofern es überhaupt stattfindet und nicht überanstrengter Sorglosigkeit gewichen ist, nicht viel Verfeinerung erfahren. Sie sind rasch zusammengebracht, die guten Gründe, sich nicht vor dem Tod zu fürchten:

Der erste und wichtigste ist schon genannt: Der Tod ist unausweichlich, und er ist Teil unseres Wesens. Sodann ist der Tod die Bedingung neuen Lebens: „Macht andern Platz, gleichwie euch andere Platz gemacht haben", lautet die Mahnung bei Montaigne (M. de Montaigne 1992, Bd. I, S. 129). Weniger paränetisch heißt es viel später bei Goethe über die Natur: „Leben ist ihre schönste Erfindung, und der Tod ist ihr Kunstgriff, viel Leben zu haben." (J. W. Goethe o. J., Bd. 33, S. 164)

Auch daß der Tod ein Schicksal ist, das wir mit allem, was lebt, wächst und gedeiht, teilen, sollte Montaignes Zeitgenossen lehren, ihn nicht zu fürchten: „Kömmt nicht alles an den Reihen? Ist wohl eine Sache, die nicht eben so gut als ihr altert? Tausend Menschen, tausend Thiere und tausend andere Geschöpfe, sterben eben den Augenblick, da ihr sterbet." (M. de Montaigne 1992, Bd. I, S. 132)

Ganz im Sinne Epikurs argumentiert schließlich auch Montaigne mit der Nichterfahrbarkeit des Todes. „Gewöhne dich an den Gedanken, daß der Tod uns nichts angeht. Denn alles Gute und Schlimme beruht auf der Wahrnehmung. Der Tod aber ist der Verlust der Wahrnehmung. ... solange wir existieren, ist der Tod nicht da, und wenn der Tod da ist, existieren wir nicht mehr", lehrt Epikur (A. M. Haas 1989, S. 3 f.). Bei Montaigne fällt das Argument weniger sophistisch, eher unverblümt aus: „Also ist es eine große Einfalt, daß ihr eine Sache verwerfet, die ihr weder selbst versucht habt, noch durch andere habt versuchen lassen." (M. de Montaigne 1992, Bd. I, S. 132)

Was nun die Lebensführung angeht, so kann jemand gelebt haben, wie er will, die Todesfurcht ist in jedem Falle gegenstandslos: Wer sein Leben Augenblick für Augenblick recht genützt hat, kann auch in jedem beliebigen Moment lebenssatt sterben.

Wer es aber ungenützt verstreichen ließ, dem ist es ohnehin zu nichts nütze. Warum sollte er es festhalten? (M. de Montaigne 1992, Bd. I, S. 128) Ein ausgeklügelter, geradezu spitzfindiger Gedanke.

Zu guter Letzt ist der Tod auch das Ende aller Plage und aller Knechtschaft. Um ihn als Befreier zu feiern, muß das Leben selbst als Kerker erlebt und als Ort der Pein erfahren werden, zumindest aber nicht wert erscheinen, daß man viel Aufhebens davon macht. „Unser Glaube hat keinen festern menschlichen Grund gehabt, als die Verachtung des Lebens. ... denn warum wollen wir uns vor dem Verluste einer Sache fürchten, welche, wenn sie einmal verloren ist, nicht bedauert werden kann?“ (M. de Montaigne, Bd. I, S. 124 f.)

Montaigne scheut sich nicht einmal, die Möglichkeit, sich selbst ein Ende zu setzen, als die letzte Freiheit zu preisen, mit der man jedweder Tyrannei ein Schnippchen schlagen kann. Keine Spur mehr von der Gewissensnot, daß der Selbstmörder Gottes Pläne durchkreuzt.

So ist also für Montaigne die Todesfurcht das gallige Ergebnis einer unbekömmlichen Lebensrezeptur, eines Gemisches aus leerer Lebensgier, Gedankenlosigkeit und Selbstüberschätzung. Das Mitleid, auf das der von Todesangst Gepeinigte pochen mag, wird ihm schroff verweigert. Statt dessen wird ihm seine Torheit vorgehalten und sein angebliches Verhängnis als selbstverschuldet entlarvt.

Vernunftgemäß leben heißt, sich der Todesfurcht entledigen. Jedoch wird dem Todesfürchtigen nicht Todesvergessenheit angeraten, er wird nicht zur Sorglosigkeit ermuntert und zum ungetrübten Lebenstaumel. Mit der „viehischen Sorglosigkeit“ (M. de Montaigne 1992, Bd. I, S. 113) hat Montaigne nichts im Sinn. Sie ist es gerade, die die Menschen so anfällig macht für die Furcht und die dem Tod so viel Macht über die Lebenden gibt. Man muß deshalb des Todes allzeit gewärtig sein und „zur Abreise gerüstet“. Nicht die Todes*mißachtung*, sondern die Todes*verachtung* ist eine Tugend. Die aber setzt in einem gewissen Sinne die Lebensverachtung voraus. Die Todesfurcht kann um so sicherer vermieden werden, je weniger jemand sich ans Leben bindet und je weniger Rücksichten auf Hinterlassenschaften ihn fesseln: „Ich befinde mich, Gott Lob, gegenwärtig in einer solchen Verfassung, daß ich fortwandern kann, wenn es ihm beliebt, ohne etwas zu bedauren. Ich wickle mich allerwegen loß. Ich werde von allen, ausser mir selbst, in kurzer Zeit Abschied nehmen können. Niemals hat sich ein Mensch so sehr gefaßt gemacht die Welt völlig und rein zu verlassen, und sich derselben vollkommener entschlagen, als ich es zu thun hoffe. Ein frischer Tod ist der beste Tod." (M. de Montaigne 1992, Bd. I, S. 118)

Hier meldet sich das selbstbewußte Individuum unverfälscht zu Wort. Das 'Gott Lob' und 'Wann es ihm beliebt' ist der einzige Tribut, den Montaigne in seinem Essay übers 'Sterben Lernen' noch an die Existenz Gottes entrichtet. Der Dank, der da formelhaft abgestattet wird, ist zudem – eigenartig verquer – ein Dank dafür, daß sich sein Autor ganz auf sich selbst zu stellen vermocht hat, daß er niemandem Dank schuldet, daß er aus eigener Kraft lebt und sich dem Tod ohne jedwede Protektion stellen wird. Mit einem gewissen Stolz verweist der Schreiber darauf, wie weit er es gebracht hat mit der Gleichgültigkeit gegen das Leben und wie bereit er ist, für seine Freiheit den Preis des allgegenwärtigen Todesbewußtseins und der Nichtigkeit seines Daseins zu bezahlen.

So gründlich übt Montaigne Daseinsaskese, daß er auch auf Nachruhm nicht spekuliert, um nur so tot wie möglich tot zu sein. Der Verführung, sich selbst in seinem Werk zu überdauern, erliegt er nicht. Auch diese Idee fesselt ans Leben. Um der Todesfurcht zu entgehen, versagt er sich die Liebäugelei mit jeder Form der Unsterblichkeit. Er sieht dem Ewigkeitsverlust ohne jede Tröstung ins Auge. Seine ausgeklügelte Argumentation gegen die Todesfurcht erscheint eher als eine Anstrengung des Geistes denn als eine Beschwichtigung des Gemüts. Montaigne führt konsequent zu Ende, was Petrarca begonnen hat. In der Konsequenz, mit der hier das Individuum sich ermächtigt, sich nur noch selbst verdankt und dem Glauben und der Heilsgeschichte abschwört, liegt es, daß nicht mehr *Gelassenheit* als das Vernunftgemäße gepriesen wird, sondern *Verachtung*, Todesverachtung.

Um Montaigne vor postmoderner Umarmung zu bewahren, müssen wir die *Gleichgültigkeit* gegen das Leben, die erreicht zu haben er sich rühmt, genau betrachten. Er spricht nicht einfach von Gleichgültigkeit, von allgemeiner Indifferenz, schon gar nicht von Bedeutungs- und Belanglosigkeit. Ihm ist es um die *Kunst* der Gleichgültigkeit zu tun. Gleichgültig ist ausschließlich das 'Ob' des einzelnen Lebens und sein 'Wie lange', keinesfalls aber das 'Wie' des Lebens. Montaigne läutet nicht ein Zeitalter der Postmoral und des Zynismus ein: „Meinetwegen mag man sich immer bemühen, und die Lebenspflichten so weit treiben, als man kann.“ (M. de Montaigne 1992, Bd. I, S. 119) „Der Nutzen des Lebens kömmt nicht auf desselben Dauer, sondern auf den Gebrauch an. Mancher, der kurze Zeit gelebt hat, hat lange gelebt. ... Es beruht auf euerm Willen, nicht auf der Anzahl der Jahre, die ihr gelebt habt.“ (M. de Montaigne 1992, Bd. I, S. 131)

Was als Lohn für ein pflichterfülltes und nützliches Leben in Aussicht gestellt wird, ist wiederum nur die Abwesenheit der Todesfurcht, die sogar eine wohlbehagliche Ruhe gewähren kann und das Vergnügen, das jede Mühe nun einmal in sich selbst trägt. Einen höheren Lebenssinn hat Montaigne nicht zu bieten. Auch den Trost des höheren Sinns läßt er entbehren.

Unduldsamer noch als Montaigne äußert sich René Descartes in seinen Betrachtungen über die ‘Leidenschaften der Seele’ über die Furcht. Er verurteilt die Furcht in jederlei Gestalt, nicht nur in der äußersten Gestalt der Todesfurcht. Als ‘leidenschaftlichen’ Gemütszustand oder Seelenqual läßt er sie überhaupt nicht gelten, sondern bezichtigt den Furchtsamen rundheraus der Feigheit. Furcht ist nicht nur töricht, sie ist verheerend. Wer sich ihr ausliefert, wird von ihr ausgehöhlt und gefährlich in seiner Widerstands- und Tatkraft geschwächt. Die Furcht ist dem Programm der vernunftgemäßen Weltgestaltung im Wege. Es gibt *ein* einschlägiges Mittel, um ihr zu widerstehen. Man muß sich vor Überraschungen feien, die ihre Hauptursache sind; man muß vorausschauend sein und jederzeit auf alle Eventualitäten vorbereitet.

„Was die Furcht oder den Schrecken betrifft, so sehe ich nicht, daß sie jemals lobenswert oder nützlich sein können. Auch ist dies nicht eigentlich eine Leidenschaft, sondern nur ein Äußerstes des Sichgehenlassens, des Erstaunens und der Furchtsamkeit, welche immer gänzlich lasterhaft ist, wie auch die Kühnheit ein äußerster Mut ist, der immer gut ist, vorausgesetzt, daß der Zweck, den man sich vornimmt, gut ist. Und da der Hauptgrund der Furcht in der Überraschung besteht, gibt es nichts Besseres, daran vorbeizukommen, als von Vorüberlegungen Gebrauch zu machen und auf alle Ereignisse vorbereitet zu sein, vor denen zu bangen, Furchtsamkeit verursachen kann.“ (R. Descartes 1984, S. 275) Und: „Die Furcht ... oder das Erschrecken, das der Kühnheit entgegengesetzt ist, ist nicht nur eine Kälte der Seele, sondern auch eine Verwirrung und ein Erstaunen der Seele, die ihr die Kraft rauben, den Übeln, die sie nahen sieht, zu widerstehen." (R. Descartes 1984, S. 273)

Das Interesse, der Furcht den Stachel zu ziehen, sie eines vernunftbegabten Wesens für unwürdig zu erklären, ist beiden Betrachtungen gemeinsam. Auch was die Befreiung von der Furcht betrifft, scheinen sich beide Autoren auf ähnliche Konzepte zu verlegen. Demjenigen, der in der Gefahr ist, von Furcht befallen zu werden, empfiehlt Montaigne, allzeit bereit zu sein, den Ernstfall des eigenen Endes jederzeit für möglich zu halten, um nicht dem Tod den Triumph des Überfalls zu gönnen und sich nicht von ihm überraschen lassen zu müssen. Descartes' Idee, daß das Überraschungsmoment das eigentlich Furchteinflößende ist, und daß die Furcht durch Vorbereitung und Voraussicht überlistet, d. h. überflüssig gemacht werden kann, scheint aus gleichem Geist zu sein.

Tatsächlich haben wir es jedoch mit zwei Optionen zu tun, die gegensätzlicher kaum sein könnten. Nur eine von ihnen war zukunftsweisend, die andere blieb folgenlos. Was Montaigne zu sagen hatte, war historisch ohne Nachhall. Descartes' Diffamierung der Furcht hingegen bahnte dem Projekt der Moderne den Weg. Zukunftsträchtig waren freilich nicht die Grübeleien über Ursache und Überwindbarkeit der Furcht; vielmehr wird das in der Verurteilung der Furcht unter der Hand sich meldende *Sicherheitsbegehren* Geschichte machen und Weltgestaltung inspirieren. *Sicherheit* soll künftig die Furcht *objektiv* erübrigen. Wenn der Furchtgeschüttelte von seinem *Laster* abläßt und sich die *Kühnheit* des ersten Schrittes abverlangt, wird er in der Folge seinen Lohn Zug um Zug in *wirklicher* Sicherheit haben. Das ist das Kalkül, das Descartes seinen zaudernden Zeitgenossen aufmacht. Am Ende steht eine Welt in Aussicht, in der es nichts zu fürchten gibt, weil die Anlässe der Furcht samt und sonders ausgeschaltet oder unter Kontrolle gebracht wurden. Die Furcht wird verurteilt, weil sie die Tatkraft hindert, die aufgebracht werden muß, um die Welt endgültig *sicher zu machen*.

Descartes' Anleitung zur Vermeidung von Angst und Schrecken enthält trotz der spartanischen Kürze das ganze auf Fortschritt gestimmte Konzept moderner Weltgestaltung. Fortschritt ist in seinem harten Kern nichts anderes als die Optimierung von Sicherheit, d. h. die sukzessive Minimierung von Unsicherheit, Gefahr und Unvorhersehbarkeit, wobei zur Erreichung des Ideals der Sicherheit durchaus große Risiken eingegangen und Opfer gebracht werden müssen. Daher die glühende Begeisterung für die Kühnheit und die Schmähung der Furchtsamkeit.

Nicht so sehr im Argument gegen die Furcht, aber in der Auffassung von Sicherheit unterscheidet sich Montaigne tiefgreifend von Descartes. Aus Montaignes Ermunterung zur Furchtlosigkeit springt keine Fortschrittsidee heraus. Sicherheit ist ihm überhaupt kein Ideal, das man vernünftigerweise anstreben könnte: „Wenn wir erwägen, wieviel Millionen andere Unfälle, ausser demienigen, welcher uns am meisten zu drohen scheint, noch über unserm Haupte schweben: so werden wir befinden, daß uns das Ende allezeit gleich nahe ist; wir mögen munter oder mit dem Fieber befallen seyn, wir mögen uns auf dem Meere oder in unsern Häusern, in der Schlacht oder in Ruhe befinden." (M. de Montaigne 1992, Bd. I, S. 117) „In Wahrheit, die Zufälle und Gefährlichkeiten bringen uns unserm Ende wenig oder gar nicht näher." (M. de Montaigne 1992, Bd. I, S. 117)

Der Tod tritt unverhofft in tausenderlei überraschender Gestalt auf, so daß keine Umsicht genügt, um ihm vorausschauend entgegenzuwirken und keine Wachsamkeit dazu verhilft, daß man ihm entgeht. Könnte man ihm entfliehen, so wäre Montaigne der denkbar eifrigste Verfechter der Feigheit, wie er freimütig bekennt (M. de Montaigne 1992, Bd. I, S. 112). Trotz seines Plädoyers für Furchtlosigkeit hat offenbar Montaigne mit Wagemut nichts im Sinn, und nach Kühnheit ist ihm nicht zumute. Keinesfalls würde er die Kühnheit in den Stand der Tugend erheben, ebensowenig wie er die Feigheit an sich lasterhaft nennen würde. Was er einzig gegen die Feigheit einzuwenden hat, ist, daß sie gegen den Tod nichts ausrichtet. Allenfalls noch spricht das klägliche Bild, das der Feigling abgibt, gegen sie. Angesichts der Unvermeidbarkeit des Todes sind Kühnheit und Feigheit, Sicherheit und Gefahr gleichermaßen absurde Leitvorstellungen. Das einzige, was es zu gewinnen gibt, ist Freiheit von Furcht, eine gewisse Ruhe und Behaglichkeit, ja sogar Heiterheit und Lebensgenuß inmitten der Unsicherheit und trotz der Allgegenwart des Todes. Diese Ruhe aber hat mit *Weltveränderung* nichts zu tun. Sie kann durch keine noch so gewaltige Anstrengung der Sicherung des Lebens errungen werden. Sie ist eine Möglichkeit, die *in* den Personen selbst schlummert.

Es ist eine schwindelerregende Leere, in die hinein Montaigne seine Anleitung zur Befreiung von Todesfurcht entwirft. Mit mehr

Einsamkeit und Haltlosigkeit kann die Freiheit des Individuums nicht bezahlt werden. Montaigne bekräftigt die Gebärde des Selbstverweises: es gibt keine Sicherheit außer der Ruhe, die das Individuum *in sich selbst* entstehen läßt, und keine Gewißheit außer der der *Unvermeidlichkeit* (und auch wohl Endgültigkeit) *des Todes*. Er hat alle Verbindungen zu den trostspendenden Gewißheiten der Vergangenheit abgebrochen. Aber er nimmt auch nicht Zuflucht zur positiven Gestimmtheit des aufbrechenden Neuzeitlers, der Hand an die Welt legen will, um seine Sicherheit zu besorgen. Montaigne steht auf der Grenze zwischen den Zeiten. Er ist auf die Schwelle der Neuzeit getreten, ohne sie zu überschreiten. Er verlegt sich nicht darauf, den Sinnverlust, der die Aufkündigung des Gottvertrauens begleitet, rasch wettzumachen durch die Herstellung neuen Sinns (H. Friedrich 1967, S. 21 f.; vgl. auch H. Böhme 1991, S. 9). Das Ende der Gewißheiten wird ihm nicht zur Herausforderung, neue Gewißheiten zu gewinnen und sich in vorwärtsweisende Aufgaben zu stürzen: Auch was den Zeitgeist angeht, entscheidet er sich für Nicht-Zugehörigkeit. Seine Sicherheit besteht darin, daß er den Aufenthalt in der ungeborgenen Lebensspanne bejaht und auszuhalten imstande ist. Damit verstellt er sich zu guter Letzt auch die Möglichkeit, sich vorbildlich oder heroisch zu fühlen und sich zum *Erzieher* aufzuschwingen. Um diese Rolle für sich in Betracht zu ziehen, müßte er ja eines verkündbaren Sinnes habhaft und einer Sinnverlautbarung fähig sein. Montaigne nimmt die Haltung der Selbstgenügsamkeit und des Ruhegebens ein, um sich hinreichend sicher zu fühlen.

Mit dem vormodernen Bewußtsein teilt Montaigne noch die *Erfahrung* der Unvorhersehbarkeit des Weltgeschehens: „Vormoderne Mentalitäten waren von keiner anderen Evidenz so tief durchdrungen wie von der: daß es immer anders kommt, als man denkt. Denn mag auch das Denken den Menschen zukommen, das Lenken bleibt in jedem Fall Sache der Götter." Diese Einsicht „kann keine Minute lang vergessen, daß menschliches Planen und Tun sich in der Mulde einer unübersteigbaren Passivität bewegt." (P. Sloterdjik 1989, S. 21) Weder bemüht Montaigne jedoch für die Unberechenbarkeit der Weltläufe den göttlichen Lenker, noch hat er etwas gemein mit der achselzuckenden Resignation, mit der die Feststellung, daß es immer anders kommt, als man denkt, getroffen wird. Er reagiert vielmehr auf diese Evidenz mit selbstbewußter Individualität, mit der *Fähigkeit des Aushalten-Könnens.* Er bildet sich, obwohl die Zeit schon darüber hinausgegangen ist, zum reinen Individuum und mutet sich zu, sich strikt auf sich selbst zu stellen. In so dünner Luft mögen die Repräsentanten der neuen Denkungsart nicht atmen. Sie überschreiten zuversichtlich die Grenze zur Neuzeit und üben die neue Gangart. Der Weltlauf soll nicht länger sich selbst überlassen bleiben, sondern in die Lenkung des Denkers überführt werden. Um Gott zu geben, was Gottes ist, dankt man ihm eine gute Weile noch die Gabe des Denken-Könnens, mit deren Hilfe er sogar zweifelsfrei beweisbar wird. Ist einmal der Mensch Denker und Lenker in Personalunion, dann wird ihm die Welt zum Projekt. „Der Projektcharakter dieses neuen Zeitalters resultiert aus der großartigen Unterstellung, man könne in ihm den Weltlauf bald so laufen machen, daß sich nur noch das bewegt, was wir durch unsere eigenen Aktivitäten vernünftigerweise in Gang halten wollen." Die Moderne wird die „alte Ökologie menschlicher Macht und Ohnmacht aus den Angeln (...) (heben). Beflügelt von einem geschichtemachenden Gemisch aus Optimismus und Aggressivität, hat sie die Herstellung einer Welt in Aussicht gestellt, in der es kommt, wie man denkt, weil man kann, was man will, und den Willen hat, zu *lernen*, was man noch nicht kann." (P. Sloterdijk 1989, S. 23 und 22) Das ist die Konsequenz, die das Vorhaben der Beseitigung von Überraschung in sich trägt.

In Montaigne und Descartes stehen sich die Figuren des *Selbstbildners* und des *Welterneuerers* gegenüber. Sicherheit bedeutet für den einen, der Welt ihre Unberechenbarkeit auszutreiben, für den anderen, der Unvorhersehbarkeit standzuhalten; für den einen, Unsicherheit auszuschalten, für den anderen, sie auszuhalten. Die Welt ist für den einen ein Objekt der korrigierenden Vervollkommnung, für den anderen eine sehr vorübergehende, befristete Bleibe, die man auf sich beruhen läßt. Vorausschau ist für den einen die Vorstufe zur Planung und Durchorganisation einer ansonsten ungebändigten und bedrohlichen Natur, für den anderen Einwilligung in die Vergänglichkeit und die Unverhofftheit des eigenen Endes. Erkenntnis ist für den einen fortschrittsträchtige Wahrheitsfindung und endet für den andern allemal bei der Einsicht in die Nichtigkeit der menschlichen Existenz.

Auf Wahrheitsfindung läßt sich Descartes jedoch nicht aus „abstrakter scientistischer Vermessenheit" (R. Specht 1986, S. 73) ein.

Sie ist nicht Selbstzweck und entspricht *nicht* einem *prometheischen* Drang. Die Erkenntnis soll dem Menschen *nützlich* werden. Über seine Erkenntnisbemühungen schreibt er: „Sie haben mich nämlich einsehen lassen, daß man zu Kenntnissen gelangen kann, die für das Leben ziemlich nützlich sind, und daß man anstelle der spekulativen Philosophie, die in den Schulen gelehrt wird, eine praktische finden könnte; sobald wir durch diese die Kraft und das Wirken von Feuer, Wasser, Luft, Sternen, Sphären und allerlei anderen uns umgebenden Körpern gerade so deutlich erkennen, wie wir die unterschiedlichen Geschäfte unserer Handwerker erkennen, vermöchten wir sie also für alle Zwecke zu verwenden, für welche sie geeignet sind, und würden dadurch zu Herren und Meistern der Natur." (R. Specht 1986, S. 69) Es geht darum, die „Sprache der Natur (zu) enträtseln, damit man ihr präzise Befehle geben kann." (R. Specht 1986, S. 70).

Bevor es so weit ist, muß Verzicht geleistet werden. Der Fortschritt in der Erkenntnis der Natur verlangt Opfer. Zuallererst Opfer an Gewißheit. Methodischer Zweifel an allen bisher gültigen Erkenntnissen ist geboten. Man muß sich aller Gewißheit entledigen, alles dem Zweifel preisgeben, nicht jedoch, um der letzten unaufhebbaren Unsicherheit des Daseins standzuhalten, sondern im Gegenteil, um auf die einzig verläßliche Weise Gewißheit und – in deren Folge – Sicherheit zu gewinnen. Auf Sicherheit muß einstweilen verzichtet werden, nicht weil sie unerreichbar ist, sondern gerade weil sie in der Reichweite menschlicher Bestrebungen liegt.

Der Zweifel wird so lange weitergetrieben, bis er auf einen harten Kern stößt, der ihm standhält. „Nichts außer einem festen und unbeweglichen Punkte verlangte Archimedes, um die ganze Erde von der Stelle zu bewegen; und ebenfalls ist Großes zu erhoffen, sofern ich etwas noch so Kleines finde, das fest und unerschüttert ist." Auf diesen unerschütterbaren Kern „muß sich eine Wissenschaft gründen lassen, die von klarer Erkenntnis zu klarer Erkenntnis schreitet und die Beherrschung der Natur erlaubt" (R. Specht 1986, S. 85).

Descartes hatte dafür Sorge getragen, daß er sich den langen Atem leisten konnte, den das gewaltige Vorhaben erforderte. Er bewahrte sich vor dem Schmerz der Vergänglichkeit und weigerte sich, sein Leben wegen seiner kurzen Dauer nichtig, belanglos und – sub specie aeternitatis – nicht der Rede wert zu finden.

Das Bedauern, mit dem er die knapp bemessene Lebensspanne bedenkt, gilt den Pflichten, die er nicht wird erfüllen können, nicht den unausgekosteten Lebensgenüssen. Über deren Versäumnis scheint er nicht in Panik geraten zu sein. Vor nagenden Zweifeln am Sinne des unausweichlich todgeweihten Lebens weiß sich der methodische Zweifler mit einem soliden Bollwerk aus Argumenten zu schützen. Und auch die Trostlosigkeit eines ungemilderten Todesbewußtseins erspart er sich.

Seine Philosophie gewährt ihm dagegen dreifachen Schutz:

– Sie garantiert ihm für sein Vorhaben der Naturbezwingung zum Wohl des Menschen einen über allen Zweifel erhabenen Sinn. Er ist gewiß, daß er einen Beitrag zu einem großen und guten Vorhaben leistet.
– So wie er sich auf den Schultern derer stehen sieht, die vor ihm waren, so will auch er den Nachkommen seine Schultern hinhalten, damit sie höher hinauskommen. Das gibt ihm die Gewißheit, daß seine Wirksamkeit nicht mit ihm erlischt, sondern im Fortschritt der Enkel aufgehoben sein wird.
– Schließlich versorgt ihn seine Philosophie mit der Hoffnung, daß die Existenz des Menschen sich nicht in ihrer Diesseitigkeit erschöpft. Diese Hoffnung ist fast schon zur Gewißheit geworden, denn sie ist im Feuer des durchdringenden Zweifels gehärtet. Er hatte sich die Unsterblichkeit der Seele ebenso wie die Existenz Gottes 'unwiderleglich' bewiesen.

So gewinnt Descartes sogar eine wohlgefällige Zufriedenheit mit dem Erreichten: „Dennoch lasse ich nicht ab, mich mit einer außerordentlichen Genugtuung des Fortschritts zu erfreuen, den ich in der Erforschung der Wahrheit bereits gemacht zu haben meine, und mit solcher Zuversicht in die Zukunft zu blicken, daß, wenn es überhaupt unter den Beschäftigungen der Menschen … eine wahrhaft gute und bedeutende gibt, ich so kühn bin zu glauben, es sei diejenige, die ich gewählt habe." (R. Descartes 1948, S. 15)

Descartes hat einen Königsweg gefunden: Weder läßt er sich seine selbstbewußte Individualität durch ein trostloses Todesbewußtsein vergällen. Noch bezahlt er die Tröstung des Glaubens mit seiner Freiheit als Individuum (vgl. J. P. Sartre 1948, S. 183 ff.).

Dennoch ist es verblüffend genug, daß der Bewunderer der Kühnheit und Verächter der Furcht sich so besorgt, geradezu versessen, der Herstellung von Sicherheit verschreibt, während der andere, der an sich einen Hang zur Feigheit wahrnimmt und sogar billigt, sich mit einer gewissen Heiterkeit in dem schwindelnden Schwebezustand über dem Abgrund des Nichts erhält.

2. Factum statt Fatum

Durchgesetzt hat sich nicht die Idee einer selbstgenügsamen Sicherheit, die wesentlich darauf beruht, daß man sie nicht begehrt – wer nichts will, dem fehlt nichts –; zu verlockend war die Verheißung, daß das Sicherheitsproblem ein für allemal gelöst werden könne. Die Entscheidung fiel endgültig zugunsten der Auffassung, daß die Welt in Angriff genommen und die Natur bezwungen werden müsse. Um der Sicherheit willen sollte eine zweite Natur *hergestellt* werden, auf die man sich verlasen zu können glaubte, weil man sie so genau kannte, wie man eben nur *das* kennt, was man selbst *gemacht* hat. Als sicher durfte schließlich nur noch das Gemachte gelten. Nur was gemäß eigenen Absichten und Plänen gestaltet war, konnte dem Ideal der Berechenbarkeit, Vorhersehbarkeit und Durchschaubarkeit genügen. Nur das Selbstgeschaffene ließ sich vom Zufall befreien. Alles was im Rohzustand des Wilden war, erschien voller Tücke, eine dunkle diffuse Drohung ging fortwährend von ihm aus. Darüber hinaus war es eben roh, unvollkommen, im Vorstadium seiner besseren Möglichkeit. Seine *bloße Gewordenheit* haftete ihm als Makel an. So galt allem, was die Natur ohne menschliche Zutat hervorbrachte, zugleich der mißtrauische und verächtliche Blick. Montaigne brandmarkte diese Geringschätzigkeit noch bevor sie endgültig siegreich war, als hoffärtig und überheblich: „...die Früchte, welche die Natur für sich und nach ihrem ordentlichen Laufe hervor gebracht hat, (nennen wir) *wilde* ...: da wir doch vielmehr diejenigen, welche wir durch unsere Kunstgriffe verderbet, und von der gemeinen Ordnung abgebracht haben, *wilde* nennen sollten. Bey ienen haben die wahren, die nützlichen und natürlichen Tugenden und Eigenschaften, ihre Lebhaftigkeit und Munterkeit; welche wir bey diesen aus der Art gebracht, und nach unserm verderbten Geschmacke gezogen haben. Und gleichwohl übertreffen verschiedene Früchte ... ohne Wartung, selbst nach unserm Geschmacke, die unsrigen an Schmackhaftigkeit und Annehmlichkeit. Es würde unbillig seyn, wenn die

Kunst unsere große und mächtige Mutter die Natur überträfe. Wir haben der Schönheit und Pracht ihrer Werke durch unsere Erfindungen so zugesetzt, daß wir sie ganz erstickt haben. Gleichwohl macht sie allerwegen, wo ihre Reinigkeit hervor leuchtet, unsere nichtigen und unbesonnenen Unternehmungen zu Schande. ...

Wir können mit allen unsern Bemühungen nicht das Nest des kleinsten Vögelchens, dessen Bau, Schönheit und Nutzbarkeit nachmachen: ia, nicht einmal das Gewebe der verächtlichen Spinne. Alle Dinge, sagt Plato ..., werden entweder durch die Natur, oder durch den Zufall, oder durch die Kunst, hervor gebracht. Die größten und schönsten, durch eines von den beiden ersten: die geringen und unvollkommenen, durch die letztere." (M. de Montaigne 1992, Bd. I, S. 369 f.)

Solche rückwärtsgewandten Betrachtungen, solche Unterschätzung und Verächtlichmachung der menschlichen Fähigkeiten, hatten sich schon geraume Zeit, bevor Montaigne darüber sinnt, überlebt. Der Wille, den Lauf und die Erscheinung der Dinge, unter die Absichten der planenden Vernunft zu beugen, war darüber hinweggegangen, lange bevor Descartes ihn ausdrücklich und programmatisch ermunterte. Descartes lieferte geradezu nachträglich das umfassende theoretische Konzept für das, was längst im Gange war. Als er „den Menschen als Herrn und Besitzer der Natur proklamierte, war die Naturbeherrschung, zumindest in gewissen Klassen der Gesellschaft, bereits eine Selbstverständlichkeit." (H. und G. Böhme 1985, S. 33)

3. Reflexion contra Reflexivität I: Die Unterwerfung der Natur

„Die Idee der Naturbeherrschung setzt ... die Selbstdistanzierung des Menschen von der Natur voraus. Sie ist eine Ausgeburt der höfischen Welt und der entwickelten Stadtkultur. Was man beherrscht, ist nicht seinesgleichen. Der Mensch muß von der Natur abgerückt sein, um sie zum Gegenstand der Beherrschung zu machen." (H. und G. Böhme 1985, S. 33) So selbstbewußt und souverän hat sich die Selbstdistanzierung und das Abrücken von der Natur nach der von mir eingenommenen Perspektive vielleicht nicht vollzogen. Wenn die *Sicherheit* des Menschen der Dreh- und

Angelpunkt der Unterwerfung der Natur war, dann waren andere Beweggründe als die Verfeinerung der Lebensart im Spiel; die Sicherheit war durch die Natur, die eigene hinfällige und die äußere gewalttätige als unendlich gefährdet erfahren worden. Solange die Natur als ein von Gott geschriebenes Buch, in dem auch der Ungebildete die göttlichen Lehren zu lesen vermochte (Historisches Wörterbuch 1984, Art. Natur, Sp. 442), aufgefaßt wurde, so lange war die Idee ihrer Beherrschung unerlaubt; sogar Eingriffe in sie waren heikel (vgl. H. und G. Böhme 1985, S. 32f.). Die Natur und die Heilige Schrift waren Bücher, die auf einen einzigen Autor verwiesen und ihre Entsprechung war nicht nur eine Analogie, sie war gleichsam buchstäblich oder wörtlich zu nehmen. Die Natur hatte ihre Bestimmung darin, etwas über sie selbst Hinausweisendes, nämlich den Willen Gottes, zu repräsentieren, und damit stand unumstößlich fest, daß sie nicht verbesserungs-, sondern nur deutungsbedürftig war (Historisches Wörterbuch 1984, Art. Natur, Sp. 442). Dies innige Verhältnis zwischen Gott und Natur mußte erheblich gelockert sein, ehe die Natur zur Beherrschung und Besserung freigegeben werden konnte.

Im Übergang zur Neuzeit gewann die antike Naturauffassung an Bedeutung, nach der die Natur – im Gegensatz zu Kultur, Technik und Kunst – dasjenige ist, „was unabhängig vom Menschen ist, was aus sich selbst lebt." Die Natur bezeichnet danach „das Bestehen der Dinge durch sich selbst, die Existenz nach eignen und unabänderlichen Gesetzen" (F. Schiller bei H. und G. Böhme 1985, S. 28). Zwar bleibt auch nachmittelalterlich noch lange Zeit unbestritten, daß Gott das Gesetz in die Natur eingeschrieben hat. Die metaphysische Abgebrühtheit, derer es bedurfte, um das zu leugnen, wurde nur langsam erworben. Dennoch forderte eine in gewissem Sinn eigengesetzliche Natur eher zum Durchschauen ihrer Gesetze heraus, während man sie als von Gott geschriebenes Buch nur anschauen, kontemplieren, sich in ihr zurechtfinden konnte.

Als feindliches Gegenüber konnte die Natur nur Profil gewinnen, wenn man sie Gott ein Stück weit entfremdet hatte. Um zur Natur*beherrschung* fähig zu sein (was etwas anderes ist, als ihr den eigenen Lebensunterhalt abzuringen), mußte der Mensch nicht nur *sich* von der Natur distanzieren, sondern er mußte in seiner Vorstellung auch einen Keil zwischen sie und ihren Schöpfer treiben. Daß er sich eine vorsichtige Entmachtung Gottes zutraute, war die Vorbedingung für das Projekt der Naturbeherrschung. Ehe nicht die Gesetze der Natur und der Wille Gottes in ein schillerndes Rivalitätsverhältnis versetzt worden waren, war an die Unterwerfung der Natur nicht zu denken.

Das galt mehr noch für den Tod: Erst wenn sich die Natur in gewissem Grad vom Willen Gottes emanzipiert hatte, konnte der Tod, der ein Teil von ihr war, als eigenmächtig vorgestellt werden, als Widersacher, der sein Furioso auf eigene Rechnung inszeniert, und der Gottes und des Menschen Feind ist. Seine Emanzipation war die Voraussetzung dafür, daß er zuerst grauenvoll und dann skandalös werden konnte, statt als gottgewollt und 'natürlich' zugleich akzeptiert zu sein. *Tod und Natur müssen erst eigenmächtig werden, ehe sie vom Menschen beherrscht werden können.*

Zur Ermächtigung von Tod und Natur haben die Schwarze Pest und die übrigen Katastrophenerscheinungen dieses krisengeschüttelten Jahrhunderts: die gewaltigen Erderschütterungen um die Mitte des 14. Jahrhunderts, Hungersnöte, die ersten Erfahrungen mit Feuerwaffen ein Gutteil beigetragen. Die Denkmöglichkeit, die da mit dem antiken Verständnis einer nach eigenen Gesetzen waltenden Natur in der Luft lag, wurde begierig aufgegriffen. Die Chronisten schwanken bei der Suche nach den Ursachen der Katastrophen hin und her. Aber die Neigung, eine eigengesetzliche Natur und einen eigenmächtigen Tod am Werke zu sehen, ist überdeutlich.

Zögernd und halb widerwillig, so scheint es, werden die Heimsuchungen schließlich doch als gottgewollt gedeutet, sofern die Chronisten fromme Leute waren (A. Borst 1990 A, S. 528 ff.). Die Lockerung des Verhältnisses von Gott und Natur ist also einerseits die Bedingung, die es möglich macht, das kühne Unterfangen der Naturbeherrschung in Angriff zu nehmen, andererseits macht sie die Unterwerfung der Natur überhaupt erst zur bitteren Notwendigkeit, da ja in ihr kein Sinn mehr, sondern nur noch gefährliche Willkür waltet. Anders: Nur eigenmächtig ist die Natur eine Bedrohung, aber umgekehrt kann sich der Mensch nur einer eigenmächtigen Natur gegenüber zum Herrn aufschwingen und sie, ohne blasphemisch zu sein, für erneuerungsbedürftig erklären.

Wenn nun der Drang, die Natur ins Joch zu zwingen, aus einem Gefühl unerträglicher Unsicherheit und tödlicher Bedrohung entspringt; wenn er inspiriert wird durch ein verzweifeltes Sicherheitsbegehren, dann scheint es nahezuliegen, daß die Kampfansage vor allem der übermächtigen Natur, ihren zerstörerischen Kräften gilt, denen sich der Mensch ausgeliefert fühlt.

Naturbeherrschung ist jedoch keineswegs nur die Bannung der Gefahren, die in der Natur lauern. Es geht um die *ganze* Natur. Auch dort, wo sie nur „Werden, Wachstum, Wuchs“ (Historisches Wörterbuch 1984, Art. Natur, Sp. 422) oder Geburt ist, wo sie dem Menschen nicht in die Quere kommt oder sogar Segen spendet, soll sie bezwungen werden. Nicht nur die unheimliche, auch die heimliche, nicht nur die drohende, auch die stille Natur ist Angriffsziel.

Eliminierung von Überraschung ist ein viel umfassenderes Vorhaben, als daß es mit Eindämmung oder Beseitigung von Gefahr getan wäre. Die Maßlosigkeit dieser Unternehmung entspricht der Unersättlichkeit des Sicherheitsanspruchs. Diesem Vorhaben gemäß muß jede Erscheinung der Natur, insbesondere aber das, was noch nicht einmal in Erscheinung getreten, also verborgen ist, mit *Reflexion* durchdrungen werden. Die heimliche Natur ist dabei eine noch größere Herausforderung als die unheimliche, deren Gefährlichkeit immerhin geahnt werden kann und hier und da in Explosionen offenkundig wird.

Das Totalitäre, das diesem Bezwingungswillen von Anbeginn eigen ist, ist mit der Metapher der Naturbeherrschung nur unzulänglich bezeichnet. Ich will versuchen, dem Charakter dieses Projekts auf die Spur zu kommen, indem ich es als einen Kreuzzug gegen das *'sich'* beschreibe. Vernunftgemäße Umwandlung der Natur bedeutet, daß die Reflexion das 'sich' zum Verschwinden bringt, d. h.: Die Reflexion kehrt sich gegen die Reflexivität. Diese Feststellung ist mehr als ein Wortspiel. Es tritt darin ein Widerspruch zutage, der am Ende auf die Selbstaufhebung der Reflexion hinausläuft.

Bewegungen, Abläufe, Vollzüge, die durch reflexive Verben beschrieben werden, ähneln sich auf eine charakteristische Weise: Sie bezeichnen eine besondere Art des In-der-Welt-Seins. Dieser besonderen Art zu existieren, geht es seit dem Beginn der Moderne an den Kragen. Sie ist vom Artensterben ebenso bedroht wie Tier- und Pflanzenarten, und zwar aus den gleichen Gründen, weil ihr der Boden entzogen wird.

Für welche besonderen Eigenheiten steht also das Wörtchen 'sich'?

Erstens: Wo immer es auftaucht, sagt es, was die Dinge, die Erscheinungen, die Verläufe oder Lebewesen *von sich aus*, aus sich heraus, d.h. aus eigenen Kräften *vermögen*. Das 'sich' zeigt also ihre *Eigenmächtigkeit* und ihren *Eigenwillen* an: Was sich bewegt, enthält seine eigenen Antriebskräfte, es ist sein eigener Beweger. Was sich ereignet, geschieht ohne fremde Veranlassung, es nimmt seinen eigenen Lauf.

Zweitens: Das Reflexivum 'sich' bezeichnet darüber hinaus, was ein Agens *an sich selbst vollbringt*. Damit offenbart es die Tatsache seines *Eigensinns*. Es zeigt an, daß etwas sein Ziel in sich selbst hat, daß das Agierende zugleich Ziel des Agierens ist, ein Agens, das sich nicht für Zwecke außerhalb seiner selbst verwenden läßt. Was sich bildet, erschöpft seinen Daseinszweck in seiner Selbstgestaltung. Das gilt gleichermaßen für das, was sich verändert oder sich entwikkelt. Der Sinn liegt in der Hervorbringung oder Erneuerung seiner selbst.

Drittens: Das Reflexivpronomen deutet ferner darauf hin, daß jemand oder etwas *für sich selbst* tätig ist. Es frönt seinem *Eigennutz*, das heißt, es vermag sich selbst nützlich zu sein. (Oder auch umgekehrt: Es fördert seinen eigenen Schaden.)

Viertens: Schließlich enthält die reflexive Wendung auch noch einen Hinweis darauf, daß die Dinge *bei sich bleiben*, sich treu bleiben, ihrer *Eigenart* entsprechen. Sie tun, was sie tun, auf ihre eigene Weise.

Die allgemeinste und einfachste Aussage, die sich über reflexive Vollzüge machen läßt, ist die, daß das handelnde Subjekt zugleich das erleidende Objekt-Subjekt seines Handelns ist. 'Reflexiv' ist ein Tun, das keine Subjekt-Objekt-Spaltung kennt. Reflexives Tun beschreibt also eine Art Bumerangbewegung. Die Bewegung bricht von ihrem Ursprung auf und krümmt sich in sich selbst zurück, so daß Ausgangspunkt und Zielort identisch sind. Das soll sich unter dem Programm der Naturbeherrschung ändern. Der moderne Mensch will nicht nur selbst Veranlasser der Bewegung werden. Er will sie auch strecken, sie geradebiegen, sie von ihrem Ausgangspunkt weglenken; um im Bild zu bleiben: die Bumerangbewegung in eine Pfeilbewegung zwingen.

a) Die Brechung der Eigenmächtigkeit der Natur

Die mit sich selbst beschäftigte Natur ist dem Menschen sowohl in ihrer Eigenmächtigkeit als auch in ihrer Selbstgenügsamkeit verdächtig. Eigenmächtig entzieht sie sich seiner Kontrolle und selbstgenügsam verweigert sie sich ihm und läßt ihn unversorgt zurück. Der erhabenen Gleichgültigkeit gegenüber seinen Belangen will er, kaum daß er auf sie aufmerksam geworden war, ein Ende setzen. Er beschließt ihre Inbetriebnahme, um sie ihrer Eigenmächtigkeit zu berauben, und kann sich dabei noch schmeicheln, ihr zu ihrer besseren Möglichkeit zu verhelfen. Was sie in ihrem geistlosen Kreisen um sich selbst zustande bringt, erscheint geradezu armselig im Vergleich zu dem, was möglich ist, wenn er sie unter sein Kommando stellt, ihr – in Descartes' Worten – präzise Befehle erteilt. Denn 'homo faber' hat eine schlagende Kombination im Auge: *ihr* Material und *ihre* Energie gepaart mit *seiner* Vernunft eröffnen ungeahnte Steigerungsmöglichkeiten, Steigerungen an Menge der Hervorbringungen und Tempo der Abläufe vor allem. Freilich lassen sich diese kühnen Pläne nur mit einer ‚natura morte', mit einer toten Natur verwirklichen. Erst muß sie den Hirntod erleiden, auf Material und Energie reduziert sein, ehe er sie mit seiner Vernunft reanimieren kann.

Es blieb dem 20. Jahrhundert vorbehalten, diesen Prozeß nicht nur symbolisch, sondern handfest und praktisch zu vollziehen. Der fortgeschrittenste Stand des medizinischen Know how liefert Beispiele dafür, wie wenig metaphorisch die Rede von der ertöteten Natur und ihrer technischen Wiederherstellung ist. Die *Technik* der Knochenmarkstransplantation ist ein Anwendungsfeld für diese Art von Bezwingungswillen. Das Knochenmark des leukämiekranken Patienten wird zu seinem eigenen Besten einer 'supraletalen Strahlendosis' ausgesetzt, die sicherstellt, daß seine Blutbildung vollkommen abgetötet wird. Auch seine Abwehrkräfte werden zum Erliegen gebracht, damit sie sich nicht gegen das implantierte Knochenmark, das 'lebende Ersatzteil' richten. Wenn dann noch die Bedingung absoluter Sterilität seines Lebensraumes erfüllt ist, hat der Patient eine Chance von fünfzig zu fünfzig Prozent. Entweder sein Körper verweigert dem fremden 'Material' die Aufnahme, dann stirbt er unmittelbar an der Immunschwäche, die ihm zusätzlich zugefügt wurde. Oder die Blutbildung kommt mit Hilfe der gesunden Blutstammzellen wieder in Gang, dann kann der Patient sein 'normales' Leben mit 'durchschnittlicher' Lebenserwartung dort fortsetzen, wo es durch die lebensbedrohliche Krankheit unterbrochen wurde.

Eine Mischung aus menschlicher Vernunfttätigkeit und von der Natur bereitgestelltem Material hat die Hinfälligkeit und mangelnde Robustheit der Lebenskräfte kompensiert.

Die Tötung der Natur scheint zugleich die verläßlichste Weise ihrer *'Entschreckung'* (Th. Lessing). Der umgebrachte Gegner ist der am gründlichsten besiegte. So scheint es. Jedoch: „Vergil berichtet über einen König aus alter Zeit, der, wenn er strafte, so unnatürlich grausam war, daß er gern einen Toten an einen Lebenden fesselte. Der ... konnte sich von seiner widerwärtigen Last nicht trennen. Die Leiche war fest an seinen Körper gebunden, Hand an Hand, Gesicht an Gesicht, Mund an Mund. Wenn er sich hinlegte, legte sich die Leiche hin, und sie stand auf, wenn er aufstand, wo auch immer er hinging, die Leiche war dabei bis zu dem ersehnten Augenblick, als der Tod ihn erlöste." (M. Walser 1985, S. 43)

Ein grauenhaftes Gleichnis für das Verhältnis von herrschendem Menschen und beherrschter Natur, wenn es denn eines ist. Das, was wir 'Umweltvergiftung' zu nennen uns angewöhnt haben, wäre das Leichengift der toten Natur. Und der Mensch, an sie gefesselt, weil er ja trotz aller Leugnung ein Teil von ihr ist, ginge an dem Gifte zugrunde. Die Kontraproduktivität eines totalitären Sicherheitsverlangens ist offenkundig. Eine neue Reflexivität, eine schädliche, setzt sich durch. Die herrscherliche Gebärde, die vom Menschen ausgeht, wendet sich gegen ihn selbst und zwingt ihn ins Joch.

Es ist jedoch nicht nur Kontraproduktivität im Spiel, sondern auch Täuschung über die unbestreitbaren, sichtbaren Erfolge im Vorhaben, die Natur zu beherrschen und ihr die Gangart vorzuschreiben: „Wir haben ... die Natur im Hinblick auf unsere Maßstäbe befragt, sie mit unseren Maßen gemessen und gewogen. Was herauskam, war eine Natur, mit der wir umgehen und die wir nach unseren Wünschen verändern können ... Aber – wir sind über unserem Erfolg einer Verwechslung zum Opfer gefallen: Die Natur, mit der wir auf diese Weise umgehen, ist nicht die Natur selbst ... Die(se) Natur hat nicht unsere, sondern ihre Maßstäbe. Sie spricht nicht für den Menschen, sondern für sich, sie steht dem Menschen nicht gegenüber, sondern umgreift ihn (Th. v. Uexküll 1953, S. 9).

b) Die Austreibung des Eigensinns der Natur

Ähnlich folgenschwer ist die Brechung des Eigensinns der Natur. Der Mensch gibt sich nicht damit zufrieden, daß sie ihren Sinn, unbekümmert um sein Wohlergehen in sich selbst hat. Sie soll für ihn Sinn machen. Anders herum: er will ihr Sinn verleihen, ihr seinen Sinn aufprägen. Aber da unterläuft ihm wiederum eine Verwechslung von erheblicher Tragweite. Es geht ihm nicht eigentlich darum, der Natur Sinn zuzuschreiben – etwa so, wie einst der mittelalterliche Mensch sie als lesbares Buch aus Gottes Hand verstand – er will ihr vielmehr seinen Zweck setzen. Was sie *eigensinnig* an sich selbst vollbrachte, soll sie jetzt *zweckmäßig* an ihm gutmachen: eine Art Schadloshaltung für die stiefmütterliche Behandlung, die er durch sie erfuhr. Das heißt, er betreibt ihre Umgestaltung zum *Mittel* für Zwecke außerhalb ihrer selbst. Was wiederum etwas anderes ist, als sich von ihr ernähren zu lassen.

Seit diese Anstrengung eindrucksvolle Erfolge gezeitigt hat, seit der zweiten industriellen Revolution, leben wir in einem *'Mittel-Universum'* (G. Anders), in einer künstlichen Welt, „in der es *keine Akte oder Gegenstände mehr gibt, die nicht Mittel* wären, die nicht Mittel sein sollen, deren Zweck nicht darin bestünde, die Produktion oder Wartung weiterer Mittel zu gewährleisten, weiterer Mittel, deren Zweck wiederum darin besteht, weitere Mittel zu erzeugen oder erforderlich zu machen usw." (G. Anders 1988, S. 364 f.) In letzter Konsequenz heißt das: Alles muß sich daran bewähren und sein Daseinsrecht damit erstreiten, daß es gut für etwas ist, daß es gut für menschliche Zwecke ist. Nichts ist seiner selbst wegen respektabel, schätzenswert, sinnstiftend, bedeutungsvoll.

Man könnte einem reinen Mittel nachsagen, daß es jeglichen Sinnes entkleidet ist: was Mittel ist, stellt keinen Sinn dar. Es *hat* allenfalls Sinn, und zwar *als Mittel*. Auf der Suche nach Sinn kann man bei einem Mittel nicht verweilen, man wird weiterverwiesen, auf dessen Zweck, der den Sucher ebenfalls leer ausgehen läßt, weil auch er wiederum nur Mittel ist, und ihn an die nächste Instanz weiterreicht. Im Mittel-Universum wird der Mensch wie Treibholz bewegt. Wiederum erfährt er quälende Reflexivität zweiter Ordnung: was er bewegen wollte, treibt ihn an. Der archimedische Punkt, auf dem der Weltbeweger Standfestigkeit zu finden hoffte, gerät ins Schlingern. Im Mittel-Universum wird der Sinn buchstäblich aufgezehrt. Seine Quellen versiegen. Der Mensch, der durch Sinnsetzung Heimat in der Natur finden wollte, findet sich im Gegenteil in 'sinnentleerter Obdachlosigkeit' (R. Safranski) vor.

c) Die Umlenkung des Eigennutzes der Natur

So unduldsam wie gegen die Eigenmächtigkeit und den Eigensinn der Natur ist das Programm der Naturbeherrschung auch gegen ihren Eigennutz. Den will der Naturbeherrscher auf seine Mühlen lenken. Ihren Eigennutz läßt er nur noch insoweit gelten, wie sein Nutzen dadurch nicht geschmälert wird. Auch dieser Programmpunkt wurde sehr erfolgreich erledigt. Die Überlistung der Natur und ihre Indienstnahme gelang. Nur sehen wir heute, daß eine um ihren Eigennutz gebrachte Natur, also eine solche, die *sich* nicht mehr nützlich sein darf, zu guter Letzt zum Versorgungsfall wird. Oder, um im Bild einer zur Maschinerie ertöteten Natur zu bleiben: zum Wartungsfall. Naturbeherrschung ist heutzutage zu einem Gutteil Ausbesserung, Wartung, Reparatur, um den Zusammenbruch der immer anfälliger werdenden Apparatur noch ein wenig hinauszuzögern. Weil aber der Zeitpunkt ihrer endgültigen Schrottreife für die nicht allzu ferne Zukunft antizipiert wird, wird mit Ernst und Eile an einem Ersatz, an einem Austauschmodell herumlaboriert. Dessen Ideal ist ironischerweise eine *naturgetreue Nachbildung der Natur.*

Im September 1991 ist ein solches Modell der Natur in der Wüste von Arizona/USA in Betrieb genommen worden. In einer Art Riesen-Terrarium, einem luftdicht von der Außenwelt abgeschlossenen Gebilde aus Glas und Stahl und termitenresistenter Dichtungsmasse, 165 m lang und 28 m hoch, sollen zwei Jahre lang 3500 Tier- und Pflanzenarten, gewartet von 8 Menschen, die sich Ökonauten nennen, ihr Dasein fristen. „Unter den Pflanzen sind afrikanische Akazienbäume, Kakteen und Bananenbäume. Zu den Tieren gehören Schlangen, Affen, Seesterne, Austern, Regenbogenfische, Schildkröten, vietnamesische Hängebauchschweine, Bienen und Kakerlaken." (Hamburger Abendblatt, September 1991) Sie alle sollen sich wechselseitig in guter Balance halten und sich Nahrung und alles zum Überleben Notwendige gewähren. Fünf Klimazonen im Innern bieten hinreichend Abwechslung, vor allem aber eine Kompexität, auf die sich die Betreiber etwas zugute halten. Eine Windmaschine sorgt für kühle Fächelung, eine Wellenmaschine dafür, daß Wellen ans Ufer des 'Ozeans' rollen, eine Gezeitenschaltung dafür, daß sie es im Rhythmus von Ebbe und Flut tun und eine Berieselungsanlage dafür, daß es regnet. Ein Stückchen 'Regenwald' nebst etwas 'Savanne' auf ein paar hundert Quadratmetern Raum heißt 'Wildnis'. Das ganze Unternehmen nennt sich Biosphäre II, ein Hinweis darauf, daß auch hier – wie im Computerwesen –, in Generationen wachsender Perfektion gerechnet werden soll. Biosphäre II wird von außen von einem 'mit Computern ausgerüsteten Nervenzentrum' überwacht und soll ein „Symbol für einen neuen umweltbewußteren Lebensstil" sein.

„Wir verfolgen mit der 'Biosphäre II' drei Ziele", erläuterte einer der am Projekt beteiligten Wissenschaftler, der Biologe Mark Nelson, „wir wollen erstens auf engem Raum das Ökosystem auf der Erde studieren. Wir wollen zweitens Ökotechnologie wie biologische Systeme zum Säubern und Umwälzen von Wasser, Luft und Nährstoffen testen. Drittens wollen wir die Möglichkeit untersuchen, ob der Mensch eines Tages nach dem Vorbild von 'Biosphäre II' permanente Raumstationen oder Kolonien auf anderen Planeten errichten kann." (Hamburger Abendblatt, Sept. 1991)

Der Tonfall hat sich entschieden verändert. Das ist nicht mehr der harsche Ton des Naturunterwerfers, der in Feindesland vordringt, Beute macht und seine Fremdherrschaft mit 'präzisen Befehlen' aufrichtet. Eher klingt Besorgnis heraus. Es ist von einer Natur die Rede, der man zu Hilfe eilen muß. Die Natur ist kein ebenbürtiger Gegner mehr, sondern ein eher schütterer Pflegefall. Gerungen wird nicht mit ihrer Feindseligkeit, sondern mit ihrer Hinfälligkeit. Gefahr geht von ihrer Gebrechlichkeit aus, nicht – wie vormals – von ihrer Übermacht.

Andererseits: So kleinlaut ist das Projekt 'Biosphäre II' wieder nicht, daß es sich damit begnügte, die schädlichen Folgen der Naturbeherrschung durch verschärfte Naturbeherrschung zu mildern. Seine Betreiber wollen höher hinaus. Sie fühlen sich verantwortlich für ein Zwischending zwischen Arche Noah, Garten Eden, Retorte und mobiler Heimateinheit.

Als *'Arche Noah'* bietet 'Biosphäre II' die tröstliche Aussicht, daß sogar der endgültige Kollaps des Originals (Biosphäre I) überstanden werden kann, vorausgesetzt, daß man sich sorgsam gegen seine verderblichen Einflüsse versiegelt und allenfalls über Filter, Schleusen und hochsensible Überwachungsanlagen mit ihm verkehrt. Daß als Standort für diesen Ökobunker die 'Wüste' gewählt wurde, zeigt, wie ernst man es mit der Simulation des Ernstfalls nimmt.

Und doch geht in der Katastrophenvorsorge die Projektidee nicht auf. Man hat Lieblicheres im Sinn: die Wiedergewinnung des verlorenen Paradieses, eines versöhnten, gedeihlichen und ersprießlichen Miteinanders des Menschen mit allen Tieren und Pflanzen des 'Gartens'. An eine Wiedereröffnung des Gartens Eden ist gedacht, in dem der Mensch kraft seines Verstandes alles Störende beseitigt, das Miteinander gut ausbalanciert und dafür Sorge getragen hat, daß alle Insassen sich entsprechend ihrer Veranlagung gegeneinander gut und nützlich benehmen; ein Paradies, das komplett ist und deshalb – wie es sich für Paradiese ziemt – nichts zu wünschen übrig läßt; eine Bleibe, in der das Wünschbare und das Erreichte zusammenfallen. Die Versöhnlichkeit des Miteinanders ist eine des reibungslosen Funktionierens; sie ist hergestellt, Ergebnis einer wohlerwogenen Auswahl des Passenden, wobei jedes Einzelwesen lebend oder sterbend, im Fressen oder Gefressenwerden zum Wohl des Ganzen beizutragen hat. Es wurde ein *System von Nützlichkeit* installiert und in ein – idealiter – stabiles Gleichgewicht gebracht, in dem das Überflüssige und Unnütze nach Möglichkeit vermieden und das Schädliche und Störende unnachsichtig ausgesondert wird, kurzum: eine neue Art prästabilierter Harmonie.

Dem Ideal der *gemachten Natur* ist das Projekt in der Wüste von Arizona unmittelbar auf den Fersen. Eine überraschungsfreie, vollkommen kalkulierbare Retortennatur steht zur Disposition. Etwaige doch auftretende Überraschungen sind allenfalls untrügliche Indizien für Planungslücken und Verfahrensfehler; sie sind also vermeidbar, wenn auch noch nicht vollständig vermieden. Dies Stückchen Natur aus der Flasche läutet eine neue Etappe in der Geschichte der Naturbeherrschung ein. Das Zeitalter des Kolonialismus, der ungezügelten Bereicherung und Ausplünderung wird abgelöst durch eine Ära der Konstruktion widerstandsfähiger Ersatznaturen. Nicht daß man sich nicht auch dazu die Bauelemente aus der Natur holen müßte. Aber wirkliche Könnerschaft beweist sich gerade durch äußerste Mäßigung im Verbrauch. Triumphe feiert diese Art von Naturbeherrschung, wenn ihr die *naturgetreue Nachbildung der Natur* gelingt, und damit ist rüder Raubbau unvereinbar, ebenso wie die Überlistung der Natur. Der Stolz des neuen Bio-Ingenieurs liegt nicht darin, die Natur zu überbieten, sondern darin, es ihr gleichzutun, eine Kopie zu erstellen, die der Natur täuschend ähnlich sieht, minus allerdings deren Unberechenbarkeit. Das Diktum vom neuen, umweltbewußteren Lebensstil, der in dieser Kunstwelt gelernt und praktiziert werden soll, ist keineswegs heuchlerisch, sondern aus dieser Perspektive redlich gemeint. Bescheidenheit und Respekt gegenüber der Natur gehören unbedingt zur neuen Moral des Bio-Engineering. Respektvoll wird die Retortenwelt an den Maßstäben gemessen, die die Natur draußen setzt, und vor ihnen muß sie bestehen. Nur eines wird unerbittlich verfolgt: das *'Von Selbst'*. Keinesfalls bedeutet Umweltbewußtsein die Wiederherstellung, besser, das Gewährenlassen des Eigennutzes. Keine der 3500 Tier- und Pflanzensorten hat in der Retortennatur ein Daseinsrecht als Lebewesen. Sie sind Systembausteine, Funktionsträger. Ihre Anwesenheit in der 'Flasche' legitimiert sich durch ihre spezifische Projekttauglichkeit. Wert hat, was im System des reinen Nutzens eine Aufgabe zu erfüllen vermag. Alles andere bleibt entweder auf der Reservebank oder wird nolens volens zum Aussterben freigegeben. Das ist die Kehrseite des Respekts: *Das Original wird zum 'Drop out' der Kopie*.

Gleichwohl: *in* der Flasche herrscht eherne Ökomoral. Da wird fleißig recycled, geschont und gespart; gehegt, gepflegt und bewahrt; gereinigt, entsorgt und zirkuliert. Die Form des Wirtschaftens ist schiere Subsistenz. Waren- und Geldzirkulation sind bedeutungslos, so scheint es. In Wahrheit ist jedoch, so wie das 'Ökosystem' (dies ist ja längst der geläufige Begriff auch für die aus der Mode gekommene 'Natur') eine 'naturgetreue Nachbildung der Natur' ist, das Tun und Wirtschaften eine *kulturgetreue Imitation der Subsistenz.* Das eine so wenig tragfähig wie das andere; was jedoch nicht hindern wird, daß sich die Bilder der Biosphäre tief in künftige Vorstellungs- und Symbolwelten, das Mensch-Natur-Verhältnis betreffend, eingraben werden.

Einen Schönheitsfehler hat allerdings die smarte Umweltbeflissenheit der Ökonauten: Nach zwei Jahren, wenn die Nullnummer der Retortennatur ausgelaufen sein wird, wird in der Wüste von Arizona eine enorme Müllhalde zurückbleiben; ein Schrotthaufen von einer so zähen Konsistenz und Dauerhaftigkeit, daß sich der Zahn der Zeit daran stumpfnagen wird und die Natur mit ihren Zersetzungskräften sich vergeblich um dessen Wiedereinverleibung mühen wird.

Und noch eins: trotz Bescheidenheit und Respektgebarens sind die Pläne an einem Punkte hochfahrend – im vollen Sinne des Wortes – geblieben. Das Ideal der Befreiung aus der Abhängigkeit von Stiefmutter Natur, die Trennungsabsicht wurde keineswegs aufgegeben. Im Gegenteil: man kann gar nicht genug Distanz zwischen sich und sie legen. Dazu soll 'Biosphäre II' die Voraussetzungen schaffen: Die Erdennatur wird nachgebaut, verpackt und als handliches Reisegepäck zu fernen Planeten befördert. Dort wird sie installiert und kann komfortabel mit durchaus heimatlicher Behaglichkeit inmitten der Eiseskälte und Finsternis des Weltalls bewohnt werden.

d) Die Bezwingung der Eigenart der Natur

In der Brechung der Eigenart der Natur kann sich der Mensch erst richtig als ihr Herr fühlen. Erst wenn sie seine Züge trägt, wenn er sie als Geist von seinem Geist erkennen kann, wenn sie seinen Vorstellungen gehorcht, ist sie ihm geheuer. Es geht bei ihrer Bezwingung nicht nur um ihre Nützlichkeit und Berechenbarkeit, sondern auch um ihre Gestalt. In ihrer Gestaltung vergewissert sich 'homo creator' seiner Schöpferkraft, mehr als in ihrer Überlistung oder technischen Niederringung. Daß er ihre Wucherungen und Exuberanz mit seinem Formwillen bändigen kann, bestätigt ihm seine Dominanz über sie.

Die Freiheit, die er sich gegenüber der Natur herausnimmt, indem er ihr gegenübertritt als ihr Neuschöpfer, ist allerdings durch sein Sicherheitsbegehren geknebelt. Er ist nicht souverän in seinem Schaffensakt, da ihm die Angst im Nacken sitzt. Sein Gestalten steht unter dem Vorzeichen der Ausmerzung von Überraschung, so kann er sich auf einen Dialog mit seinem Gegenüber nicht einlassen. Er formt die Natur mit Unterwerfungsabsicht; das schränkt seine schöpferischen Möglichkeiten ein. Begradigung, Durchordnung und Durchregelung, darauf läuft das, was ihm zu tun übrig bleibt, schließlich hinaus.

Wie alles durch und durch Versklavte, ist auch die geformte Natur, die ihre Gestalt nicht einem Gespräch, sondern einer Bezwingung verdankt, stumm, blöde und stumpfsinnig, wie eine „Stadtwüste mit (ihren) identischen, sich wiederholenden und in einer Pseudo-Ewigkeit erstarrten Formen." (P. Virilio 1989, S. 15)

„Die Freiheit, die der Mensch gegenüber der Natur gewinnt, wird erkauft mit deren Fremdwerden ... Die durch Ordnung und Regel unterworfene Natur hat dem Menschen nichts mehr zu sagen." (H. und G. Böhme 1985, S. 30) Wäre es aber nicht auch denkbar, daß die Natur dem Menschen gegenüber verstummt, nicht weil sie ihm fremd, sondern bis zum Überdruß bekannt und bis zur bleiernen Langeweile gleichförmig geworden ist? Stumm und nichtssagend ist sie, weil die *Wahrnehmung* ganz in den Bann der gemachten Natur geriet. Da man, einer alten Lebensregel zufolge, nur sieht, was man gerade im Sinn hat, und da der Mensch nur die unterworfene und die noch zu unterwerfende Natur im Sinn hatte, konnte er auch nur sie sehen. Das Gemachte und das Noch-zu-Machende drängten sich in den Vordergrund seiner Aufmerksamkeit, so sehr, daß es schließlich allein zu existieren schien. Darin besteht ja die Verwechslung der gemachten 'Natur' mit der Natur selbst (vgl. S. 46). Die Fixierung der Sinne auf die selbstgemachten Formen ist auf eine „Art von Imperialismus der Furcht" zurückzuführen (P. Virilio 1989, S. 16). Die Wahrnehmung wird projektkonform und blind für alles, was vom Projekt nicht erfaßt ist. Was jenseits des Gemachten oder Machbaren lag, entschwand dem Blick. Das Schicksal der *Eigenart* der Natur wurde nicht nur durch ihre Überformung besiegelt, sondern auch durch die Verödung der Sinne und der Wahrnehmung des Menschen. Überall begegnet die Vernunft nur noch sich selbst, das Andere ihrer selbst ist ihr abhanden gekommen.

Der Mensch bleibt nach der Unterwerfung der Natur oder schon im Verfolg ihrer Unterwerfung schwer geschädigt zurück. Indem er ihre Eigenmächtigkeit entmachtet, entzieht sie ihm ihre Bekömmlichkeit. Indem er ihren Eigensinn umbiegt, schwindet ihm der Sinn. Indem er ihren Eigennutz umlenkt, schwindet ihm ihr Segen. Und indem er ihre Eigenart umformt, schwinden ihm die Sinne.

4. Reflexion contra Reflexivität II: Die Unterwerfung kultureller Tätigkeiten

Der Kreuzzug der Reflexion gegen die Reflexivität endet nicht mit der Unterwerfung der eigenmächtigen Natur. Er findet seine Fortsetzung in der Unterwerfung eigenmächtiger Kultur, der eigenen sowohl wie auch der fremden. Nicht nur natürliche Abläufe, sondern auch kulturelle Tätigkeiten, sofern sie reflexiv sind, signalisieren dem fortschrittstrunkenen Neuzeitler 'Regelungsbedarf' und verlangen danach, rationalisiert, also mit Vernunft durchtränkt zu werden.

Was Menschen in Gemeinschaften aus sich heraus, an sich selbst, für sich selbst und auf ihre eigene Weise tun, ist tief in kulturellen Selbstverständlichkeiten eingewurzelt, die in jahrhundertelanger Tradition gewachsen sind. Die Fähigkeit, sich zu ernähren, gehört ebenso dazu wie die, sich zu bilden, sich zu bewegen, sich zu vergnügen, sich zu verständigen, sich zu wärmen oder sich zu bekriegen. Kurzum: Reflexive Tätigkeiten wachsen zur Subsistenz zusammen, zur Fähigkeit, sich in einer Gemeinschaft zu erhalten.

Auf vielfache Weise behindern diese Tätigkeiten das Projekt der vernunftgemäßen Weltverbesserung.

Erstens: Sie sind *nicht innovativ genug*. Als kulturelle Selbstverständlichkeiten entwickeln sie ein Beharrungsvermögen und erzeugen eine Enge, die dem vorwärtsstrebenden Menschen der Moderne Atemnot bereitet.

Zweitens: Sie sind *nicht ergiebig genug*. Aus ihrer ärgerlichen Selbstgenügsamkeit springen keine Überschüsse, mit denen man wuchern könnte, heraus.

Drittens: Sie sind in dem, was sie zustande bringen, *nicht perfekt genug*. Sie bleiben immer etwas schuldig, lösen die verfolgte Absicht nie ganz ein und schleppen so einen unabgegoltenen Rest dessen, was sie beseitigen wollen, mit: Wer sich ernährt, ist die Sorge ums tägliche Brot nicht los. Zu sehr ist er abhängig von tausend Unwägbarkeiten. Wer sich bewegt, hat den Stillstand nicht überwunden, weil seine Kräfte erlahmen und die Glieder ermatten. Wer sich bildet, bleibt ein Dilettant, weil sein Horizont zu eng ist. Wer sich wärmt, am Feuer vielleicht, hat es nie ganz warm. Es bleibt immer ein Frösteln dabei. (Unnachahmlich hat J. S. Bach in der Johannes-Passion in jener Szene, in der Petrus zu den Häschern ans

Feuer tritt, unerkannt, wie er hofft, um sich mit ihnen zu wärmen, dargestellt, was es mit dem 'reflexiven Wärmen' auf sich hat. Der Text des Evangelisten lautet: 'und wärmeten sich', und die Melodie macht eine winzige Schüttelbewegung, die den Hörer das Frösteln geradezu mitvollziehen läßt.) Reflexive Tätigkeiten befreien den, der sie ausführt, nicht gänzlich von dem Zustand, den sie aufheben sollen. Sie können den Mangel, um dessen Beseitigung willen sie unternommen werden, nicht vollends beheben. Sie sind von einem Hauch von Vergeblichkeit umgeben; nicht nur, weil sie unvollständige Zustände herbeiführen, sondern mehr noch, weil *sie nichts endgültig erledigen*. Sie schaffen keine befriedigenden Endzustände, sie lösen ihre Aufgaben nie ein für allemal, sondern immer nur für den Augenblick. Ähnlich den reflexiven Abläufen in der Natur, die in sich selbst zurücksinken, auf- und untergehen, werden und wieder vergehen, und dabei nicht eigentlich vorankommen, münden auch reflexive Tätigkeiten, anstatt fortzuschreiten, in die Wiederholung. Denn die Zustände, die sie schaffen, verfallen. Sie gewähren nur vorübergehende Beruhigung und bieten nur ein jeweiliges Auskommen. Ihre Hervorbringungen werden nicht selbständig. Sie lösen sich nicht von den Tätigkeiten. Sie konstituieren keine dauerhafte Welt der Gegenstände. Das von ihnen Zustandegebrachte ist unbeständig wie die Tätigkeiten selbst. Den reflexiven Tätigkeiten fehlt der 'Gerinnungsfaktor', der es fertigbringt, daß aus *dem Tun Tat-Sachen* entstehen. Wenn der moderne Mensch vorankommen will, muß er den quälenden Wiederholungszwang ebenso wie die bleibende Unsicherheit, die sein Tun begleiten, überwinden. Er muß sein Werk abschließen, ein wenigstens vorläufiges Optimum erreichen, von dem aus weitere Aufschwünge möglich sind, statt immer wieder von vorn anzufangen.

Viertens: Schließlich sind reflexive Tätigkeiten *nicht kontrollierbar* und *nicht beherrschbar* genug. Es sind ja Tätigkeiten, die sich weder zentraler Veranlassung verdanken, noch allgemein-menschlichen Zwecksetzungen dienen. Ortsgebunden, wie sie sind, entziehen sie sich der Erfassung, der Planung und der Verwaltung von oben und von außen her. Das organisierende Zentrum stößt ihnen gegenüber auf eine „hermetische Undurchsichtigkeit" (J.-F. Lyotard 1977, S. 28). Sie sind weder der Rationalität der Produktion noch jener der bürokratischen Organisation einzufügen. Sie stehen in engem, unauflöslichem Zusammenhang mit den Orten, an denen sie entstehen, und sind auf ihre Lokalität abgestimmt. Sie prägen das Gesicht der Gemeinschaft, die sie zu ihrer Selbsterhaltung hervorbringt. Was immer diese Tätigkeiten erzeugen, bleibt angewiesen auf die Pflege, den Gebrauch und den Erhalt durch die Kulturgemeinde. Umgekehrt aber garantieren und schützen diese Hervorbringungen auch die Selbständigkeit der Gemeinschaft (vgl. P.R. Mooney 1986). Diese Subsistenz entzieht sich der Lenkung. Und auf Lenkbarkeit kommt es an, wenn es kommen soll, wie man denkt.

Für eine planende Vernunft, die die Erde von einem festen und unbeweglichen archimedischen Punkte aus von der Stelle bewegen will und die sich auf Weltbetrachtung aus der Zentralperspektive eingeschworen hat, sind reflexive Tätigkeiten zu unzuverlässig und zu zerstreut.

Unter der Perspektive der Moderne also läßt sich resümieren: Reflexive Tätigkeiten sind beengend und behindernd, sie sind unzulänglich und unzureichend, sie sind reduziert und redundant, und sie sind schließlich unbeständig und dem Zugriff zentraler Steuerung entzogen. Das alles ist Grund genug, um sie aus dem Verkehr zu ziehen. Grund genug, um nicht länger zu dulden, daß sie sich selbst überlassen bleiben. Der Lauf der Dinge und das Tun der Menschen werden von homo faber in Regie genommen: Was sich bewegte, soll in Bewegung versetzt werden, was sich ereignete, veranlaßt werden, was sich entwickelte, nach präzisen Vorstellungen entworfen werden, was sich veränderte, nach Plan ungestaltet werden.

Geschehnisse werden in Verfahren überführt, Ereignisse in Operationen, Verwandlungen in Verbesserungen und Erneuerungen in Innovationen. Künstlichkeit erringt ein radikales Monopol. Unter diesem Zugriff wird die Natur zur Großbaustelle und die Tätigkeiten zur Großveranstaltung.

Die Instrumente, mit deren Hilfe diese Umwandlungen vollstreckt werden, sind die Maschinen und die Institutionen. Etwas schematisiert könnte man sagen: Die Maschinen beerben die materiellen Abläufe und Tätigkeiten, die Institutionen die ordnenden, kulturellen und sozialen Tätigkeiten (die übrigens zuvor ungeschieden waren). Betrachten wir die Institutionen unter dieser Perspektive des Niedergangs der Reflexivität, so kann man, wie verschieden im einzelnen ihre gesellschaftlichen Funktionen sind, ihren letzten und gemeinsamen Daseinszweck darin vermuten, daß sie das Schicksal eben des 'sich' besiegeln sollen: Die Schule räumt auf mit den Möglichkeiten, *sich zu bilden*, die Medizin untergräbt die Fähigkeit, *sich zu heilen*. Die Justiz erübrigt die Anstrengung, *sich zu versöhnen*, das Transportwesen setzt der Notwendigkeit, *sich zu bewegen*, ein Ende. Die Kirche versperrt den Weg des *Sich-Hinwendens-zu-Gott*, und das Sozialgesetz läßt die Gewohnheit, sich und einander *zu helfen*, außer Gebrauch kommen. Durch den Supermarkt wird die Mühsal des *Sich-Ernährens* abgeschafft. Und alle zusammen zersetzen die Fähigkeiten, befreien aber auch von der herben Notwendigkeit, *sich selbst zu erhalten*.

So wie der moderne Mensch die unberechenbare und Verhängnis androhende Natur beargwöhnt, so mißtraut er auch sich selbst in seinen schwachen Fähigkeiten. Berührungsangst gegenüber dem Hautkontakt mit der Natur nötigt ihn, zwischen sich und sie immer raffinierteres Gerät zu schanzen. Und Widerwillen gegen seine eigene Unzulänglichkeit veranlaßt ihn, zu seinem Wirken durch Apparate und Instanzenzüge auf Distanz zu gehen und dadurch zugleich seine Wirksamkeit zu potenzieren. Man kann den fortschreitenden Prozeß der Zivilisation einerseits als eine kontinuierliche Verlängerung der Vermittlungsketten zwischen dem Menschen und der Natur beschreiben, im Dienste der Sicherheit. Andererseits zivilisiert der Neuzeitler sein Tätigsein dadurch, daß er die jeweilige, epochal erreichbare Höchstleistung zu Gerät und Institution gerinnen läßt, gleichsam als Befestigung seiner Stellungen im Kampf mit sich selbst und seiner beschämenden Schwäche. So installiert er gesicherte, bewährte, zufallsbereinigte Stützpunkte als solide Basis für weiteren Fortschritt, der schlechterdings nicht auf Sand gebaut werden darf.

Inzwischen allerdings hat die *Erstarrung des Tuns* in Apparatur und Bürokratie einen solchen Grad erreicht, daß die Verhältnisse zu versteinern drohen. Der Bewegungsspielraum wird immer enger und die Sachzwänge übernehmen das Kommando.

Überall verursachen Gerät und Institution Staus, Engpässe und Stockungen. Nichts geht mehr. Der fast zur Gewohnheit gewordene Autostau auf allen Straßen und zu allen Tages- und Jahreszeiten ist paradigmatisch für diese neue Unbeweglichkeit. Vom „kinetischen Karfreitag" ist in diesem Zusammenhang die Rede (P. Sloterdijk 1989, S. 43).

Die *Versteinerung** erweist sich als der Fluch der *installierten Sicherheit*. Überall stößt der moderne Tatendrang auf Verhärtungen und Verkrustungen, die wie Denkmäler längst überholter Sicherungsbemühungen herumstehen. Überall eckt er an; mehr und mehr steht *das Gemachte dem Machen im Wege*. Das Bestreben, Sicherheitslücken ein für allemal zu schließen und Unsicherheiten endgültig zu erledigen, hat die Welt und die Verhältnisse betonhart werden lassen. Der Königsweg, auf dem *Sicherheit und Freiheit* gleichzeitig unermeßlich gesteigert werden sollten, droht, sich als klägliche Sackgasse zu erweisen. Sicherheit und Freiheit zeigen sich erneut unversöhnlich. Die Vorstellung, der Freiheitsdrang könnte sich daran bewähren, daß er eine Welt nach dem Geschmack des sicherheitsbegehrlichen Menschen entstehen ließ, war trügerisch. Die alte Einsicht, daß jeder Zugewinn an Freiheit mit einer Einbuße an Sicherheit beglichen werden muß, wie auch umgekehrt jeder Zuwachs an Sicherheit ein entsprechendes Stück Freiheit kostet, setzt sich wieder ins Recht. Problem*lösungen* führten zu Welt*verfestigungen*; von ihnen gehen heute die größten Gefahren aus. Der prometheische Drang läßt sich jedoch dadurch nicht einschüchtern. Es gibt weiterhin nur eine zulässige Richtung, und das ist die nach vorn. Die mit Umkehr verbundene Änderung der Blickrichtung wird als irrational nach wie vor verpönt. Die schlichte Einsicht, daß man sich vom Abgrund dadurch entfernt, daß man ein Stück zurücktritt, steht unter dem Verdacht, es sollten alle zivilisatorischen Errungenschaften zurückgenommen werden. Die Rationalität, der sich die 'vernunftgemäßte Weltgestaltung' verdankt, ist von vornherein halbiert: Das Zurück steht unter striktem Denkverbot. In der Feststellung, daß man die Geschichte nicht zurückdrehen könne, ist ein abschließendes Urteil zu dieser Frage ergangen.

Wie aber kommt man vorwärts in einer gefährlich versteinerten und zugestellten Welt? Wie läßt sich die Idee der Eliminierung von Überraschung weitertreiben, ohne daß man sich den neuen Ge-

* Gegen die Verwendung des Begriffs 'Versteinerung' in diesem Zusammenhang hat Ivan Illich zu Recht protestiert um der Ehrenrettung der Steine willen. Ich kann dennoch auf den Begriff nicht verzichten. Unsere Sprache hat kein Wort für den Vorgang, der hier beschrieben wird. Technische Interventionen dieses Ausmaßes sind 'unbeschreiblich' und 'unaussprechlich' geworden.

fahren, die von den Verfestigungen, Verkrustungen und Erstarrungen ausgehen, ausliefert. Wie kann man fortfahren mit der Herstellung von immer mehr *Tatsächlichkeit*, ohne die Idee der Freiheit verabschieden zu müssen? Ich sehe gegenwärtig vier große Anstrengungen zur Lösung des erneut virulent gewordenen Widerspruchs zwischen Sicherheit und Freiheit am Werk.

a) *Die Vollendung der Tatsächlichkeit*

Die erste Anstrengung konzentriert sich darauf, die Ersatzwelt der Maschinen und Apparate so einzurichten, daß der Mensch mit seinen offenkundigen Qualitätsmängeln nicht mehr darin herumpfuschen muß. Der immer wieder für allerlei Pannen vom Zuschnitt des Tschernobyl-Desasters verantwortliche *'Faktor Mensch'* soll endgültig ausgeschaltet werden. Menschliches Tun überhaupt wird überflüssig gemacht. Nicht nur die reflexiven Tätigkeiten fallen dieser Radikalkur zum Opfer, auch das Machen und Managen wird dem Menschen aus der Hand genommen. Die konstruierte Welt erledigt alles im Alleingang. Die manuellen Tätigkeiten werden den Maschinen übertragen, die lenkenden Tätigkeiten, also alles, was im weitesten Sinne den Institutionen oblag, übernehmen Computer. Der Knopf- oder Tastendruck wird zur 'terminalen Einheitserfahrung' (P. Sloterdijk) menschlichen Tätigseins. Es wird der Traum von der *Vollendung der Tatsächlichkeit* geträumt. Am Ende steht eine Weltgestalt, in der es nichts mehr zu tun gibt, weil alles getan ist. Um die Freiheit braucht sich dieses Vorhaben nicht zu sorgen, es erwirbt sie beiläufig, weil das Reich der Notwendigkeit endgültig besiegt sein wird. Was übrigbleibt, ist zwangsläufig das Reich der Freiheit. Der Stillstand ist nicht mehr zu fürchten, denn nun bedeutet er die Wiedererlangung des Paradieses, in dem es ja auch nichts zu verbessern gab, weil alles 'sehr gut' war. Der Mensch wird zum tatenlosen Beobachter und Nutznießer einer endgültig fertigen Welt.

Wie weit dieses Bemühen schon gediehen ist, zeigt folgende Beschreibung: „Tief in einem Pinienwald beim Fujiyama in Japan steht eine Reihe sehr schlicht aussehender, gelber Gebäude. In den schwach beleuchteten Bauten arbeiten mechanische Roboter nonstop vierundzwanzig Stunden täglich und stellen Teile für Werkzeugmaschinen her. Die Fabrik nimmt eine Bodenfläche von knapp 18 000 Quadratmetern ein und wird von einem einzigen Menschen beaufsichtigt, dessen einzige Aufgabe darin besteht, die Maschinen auf Fernsehschirmen zu überwachen. Computerprogramme steuern die gesamte Operation. Sie bestimmen, was zu tun ist und wie lange es zu dauern hat. Die Programme koordinieren jede der Myriaden von Tätigkeiten in der Fabrik, ohne daß irgendein Mensch in der Fabrikhalle ist. Der einzige menschliche Beitrag zum Prozeß ist das Erstellen des Programms.“ (J. Rifkin 1988, S. 130)

Noch! In diesem Szenario wird dem Menschen schon nicht einmal mehr der Knopfdruck zugemutet und zugetraut. Noch deutlicher zeigt sich die Unduldsamkeit gegen menschliche Intervention im Szenario der Weltraumkapsel, deren Insassen ein Astronaut und ein Hund sind, wobei dem Astronauten die einzige Aufgabe zukommt, den Hund zu füttern und der Hund darauf trainiert ist, den Astronauten zu beißen, falls dieser, in einem Anflug von Verwirrung oder Verängstigung, das selbstlaufende System der Raumkapsel zu beeinflussen versucht.

b) Die Simulation der Beweglichkeit

Während die erste Anstrengung darauf zielt, *menschliches Tun zu erübrigen* und demgemäß die Einschränkung des Bewegungsspielraumes von homo faber nicht für abträglich, sondern für wünschenswert befunden wird, richtet sich die zweite Anstrengung darauf, die *Bewegung zu erübrigen* und sich so mit der Versteinerung zu arrangieren. Bewegung wird nur noch *simuliert* in virtuellen Welten. In den simulierten Welten ist der Spielraum wieder *grenzenlos*. Nicht endgültige Tatsächlichkeit ist der Leitgedanke, sondern endlose Vorläufigkeit: „Wir können neue selbstgemachte Welten konstruieren. Diese neuen Welten fließen direkt aus der Psyche. Sie sind die Paradiese unserer eigenen Phantasie. Wir können uns jetzt ein für allemal von den Beschränkungen der bisherigen Schöpfung befreien. Wir haben es jetzt in unserer Macht, Materie auf Energie zu reduzieren und Energie auf Information. Wir können die Schranken niederreißen, die der Wirklichkeit Form und Substanz gegeben haben, und die Welt neu erdenken als etwas, das nur aus Information besteht, aus Botschaften und Anweisungen.

Eine solche Welt ist grenzenlos; sie kann nach Bedarf umgemodelt werden, sie kann dazu programmiert werden, in und aus Formen zu fließen, sie kann in zahllose neue Strukturen ediert werden." (J. Rifkin 1988, S. 194) Die virtuellen Welten sind nicht nur Ausflucht aus der deprimierenden Realität, sondern haben ihren praktischen Zweck in der Entlastung der überlasteten Wirklichkeit.

Die bedrohlichste Form tödlicher Versteinerungen sind die Rückstände und bleibenden Überreste aus dem avanciertesten Sicherheitssektor, der damit zum avanciertesten Unsicherheitssektor wurde: die atomaren Verseuchungen und das atomare Arsenal. In diesem Bereich ist die Herstellung von Tatsächlichkeit auch für ihre unbelehrbarsten Verfechter an die Grenze gekommen. Einen Ausweg aus den atomaren 'Sachzwängen' finden sie seit neuestem in der *Virtualisierung der Bombe*:

„Wird Amerikas Nuklear-Arsenal der Zukunft aus 'virtuellen Bomben' bestehen, die nur als digitale Daten im Computer existieren?" Die US-Rüstungsindustrie beginnt sich mit dieser Idee anzufreunden: „Bomben-Technologie wird weiter erforscht und entwickelt, aber nur noch im Ernstfall von bereitstehenden Fabriken wirklich zusammengebaut." Der Plan heißt in militärischen Kreisen 'Long Shadow'. „Die Bombe der Zukunft", sagt Nuklear-Stratege Richard Wagner, „‚wird einfach zu bauen, zuverlässig und extrem sicher sein'. Schon heute können Nuklear-Bomben entwickelt werden, deren Zuverlässigkeit für 50 Jahre ohne weitere Tests garantiert sei. Deshalb würden durch 'Long Shadow' die sehr teuren Nuklear-Tests reduziert. Zur Zeit, so Wagner, werden die meisten Tests durchgeführt, um zu überprüfen, ob die Bomben im Depot noch funktionieren." (die tageszeitung, 9. Dez. 1991)

Alles geht weiter wie bisher. Die Simulation macht's möglich, denn unbegrenzte Möglichkeiten mitten in aller Verfahrenheit sind ihr Metier. Mit Hilfe der Simulation von Völkermordmaschinen soll man sogar in deren Schatten aufatmen können. In simulierten Welten ist jede Ethik antiquiert und obsolet. Wo nur noch mit beliebigen wechselnden *Möglichkeiten* operiert wird, entsteht ein ethikfreier Raum.

Virtualisierung hilft auch dem im Stau zur Unbeweglichkeit verurteilten Autoinsassen. Zu künftigen Abenteuern muß er nicht mehr aufbrechen. Er kann den trägen Körper zu Hause lassen und die Welt im Gedankenflug durchmessen. Cyberspace-Technologien sollen ihm dazu verhelfen, Erfahrung zu simulieren, ohne auf Fahrt gehen zu müssen. Auch ein erwünschtes Maß an Risiko und Abenteuer wird ihm simulierbar sein, ohne daß er seine Sicherheit preisgeben müßte. Ein Höchstmaß an Sicherheit wird kombinierbar mit einem Höchstmaß an Weltläufigkeit.

c) *Die Imitation subsistenter Tätigkeiten*

Eine dritte Anstrengung scheint der Behauptung zu widersprechen, die Zurücknahme unbekömmlicher Entwicklungen stehe unter Denkverbot. Tatsächlich gibt es Beispiele einer Rückbesinnung auf Existenz- und Betätigungsformen, die der Reflexivität täuschend ähnlich sehen. Ich denke an Tätigkeiten, die nicht durch das Reflexivpronomen 'sich', sondern durch die Vorsilbe 'selbst' qualifiziert werden. Wie Pilze schießen in neuester Zeit Wortkombinationen mit dem Wörtchen 'selbst' aus dem Boden, entfachen eine wahre Begeisterung am 'Selbstmachen' und wecken und bestärken den Glauben, daß man es könne. Begriffe wie Selbsterfahrung, Selbstversorgung, Selbstverwirklichung, Selbstverwaltung, Selbstertüchtigung, Selbstheilung, Selbstverantwortung, Selbstschutz und – alle anderen in sich aufhebend – *Selbsthilfe* haben Konjunktur. Sie scheinen einen Weg zu weisen, wie man als drückend empfundene Abhängigkeiten abschütteln könne, wie man sich wieder auf sich selbst stellen und selbstsicher werden könne. Ganz im Gegensatz zu der Anstrengung, menschliches Tun zu erübrigen und den Menschen perfekt und endgültig durch intelligentes Gerät zu ersetzen; ganz im Gegensatz auch zu dem Bemühen, den Menschen die Rolle von tatenlosen Spielern mit virtuellen Welten zuzuweisen, scheinen diese Konzepte das Subjekt wieder in sein Recht zu setzen. Diese Begriffe insinuieren, daß das Subjekt Herr im eigenen Haus sein könne und solle. Es scheint, als solle der versteinerten Tatsächlichkeit wieder verflüssigendes Tun entgegengesetzt werden, als würden Personen freigestellt zu unreglementierter Lebensgestaltung aus eigenem Vermögen, nach eigenem Gusto und zu eigenem Nutz und Frommen. Es scheint, als besönne man sich auf beweglichere, vielgestaltigere Regelungen gemeinsamer Angelegenheiten (H. v. Hentig).

Tatsächlich hat die *Selbsthilfe* mit den reflexiven, subsistenten Tätigkeiten, an deren Verschwinden der moderne Lenkungswille so rege interessiert war, nichts gemein. Selbsthilfe ist nicht die Wiederbelebung subsistenter Tätigkeiten, sondern sie ist im selben Sinne ein Subsistenzdouble, wie 'Biosphäre II' ein Naturdouble ist. Alle Eigenheiten, die die reflexiven Tätigkeiten kennzeichnen, fehlen der Selbsthilfe. Sie ist weder eigenmächtig, noch eigensinnig, noch eigennützig – allenfalls in einem sehr derivativen Sinne –, noch schließlich eigenartig. Sie handelt, dem 'Selbst' zum Trotz, in fremdem Auftrag. Sie findet durchaus nicht im Abseits der globalen Optimierung statt, sondern ist Teil des Programms. Selbsthilfeaktivitäten sind Verrichtungen des Selbst an sich selbst zur Beseitigung seiner Normalitätsdefizite. Mit ihnen kommen die Selbsthelfer ihrer Normalitätspflicht nach. Wer sich der Selbsthilfe verschreibt, handelt eben nicht aus eigenem Antrieb, sondern hechelt variablen Standards hinterher, die je nachdem, was sich eine Gesellschaft an Wohlfahrt leisten kann, mal ermäßigt und mal hinaufgeschraubt werden. Er verfährt auch nicht eigensinnig. Denn die Entscheidung, sein Leben *selbst* zu managen, setzt voraus, daß er zutiefst einwilligt in die Diagnose, seine Situation sei *problembeladen*, und er selbst sei ein *Problemfall*, des Managements bedürftig. Diese Diagnose aber wird ihm gestellt. Er agiert nicht eigennützig, denn die Frage, ob er Hilfe braucht, entscheidet sich nicht an seinem Wohlergehen oder Mißbefinden, sondern an einem abstrakten, von Personen ganz losgelösten Maßstab, dem geltenden Wohlfahrtsstandard. Schließlich bleibt auch die Eigenart des Tuns auf der Strecke. Denn Selbsthilfe ist Auftragsarbeit, eine Art Imitation von Expertenleistung und der Qualitätskontrolle durch Dienstleistungsexperten durchaus unterworfen. Selbsthelfer sind die Hilfstruppen der Experten: „Der Arzt kann den Selbstpfleger als seinen Assistenten begreifen, den er mit Behandlungsbefugnis für seinen einzigen Patienten ausstattet." (I. Illich 1982, S. 51) „*Self medication* spaltet mich auf, sowohl in einen Arzt als auch in dessen Patienten. Schon das Wort allein macht mich zum Kollegen des Arztes wie auch zum Klienten." (I. Illich 1982, S. 50) Die Selbsttätigkeiten aller Art – die oben angeführte Liste ließe sich beliebig verlängern um so gängige wie entlarvende Wörter wie Selbstkontrolle, Selbstprüfung und Selbstkritik – sind also ihrerseits an der Herstellung von Tatsächlichkeit und Verhärtung beteiligt. Sie erhärten die Ansprüche der dekretierten Normalität auf Folgeleistung. Solider können solche Ansprüche nicht befestigt werden, als dadurch, daß selbstberufene

Selbsthelfer ihr Normalitätsmanko und ihre diesbezügliche Bedürftigkeit schuldbewußt anerkennen und sich zuständig fühlen für die Bereinigung des Normalitätsvergehens, dessen sie sich durch subnormales Wohlbefinden schuldig gemacht haben.

Darüber hinaus erfüllt die Selbsthilfe eine andere überaus wichtige Funktion. Sie eröffnet dem eingeschüchterten und tatenlosen Zuschauer der maschinellen Weltbewältigung ein Betätigungsfeld, das ihn bewahrt vor Anomie, Langeweile, Überdruß, Sinnkrisen und kränkenden Überflüssigkeitsgefühlen, lauter explosiven Befindlichkeiten, die ihrerseits ein Sicherheitsrisiko darstellen.

So wie im Umgang mit der Natur gewalttätiger Kolonialismus zwar noch praktiziert, tatsächlich aber überholt ist und der maßstabsgetreuen Neukonstruktion der Natur Platz gemacht hat, so ist auch in den Institutionen die Zeit des rüden Bürokratismus und strikter zentraler Steuerung vorüber. Wo es vernünftig und up to date zugeht, sind Dezentralisierung und Selbstorganisation angesagt.

Eine Rückkehr zu pseudosubsistenten und quasi-reflexiven Tätigkeiten kann auch andernorts beobachtet werden. Ein Beispiel aus dem Agrarsektor:

Weltweit wurden und werden die verschiedensten Arten des 'Sich-Ernährens' ersetzt durch zuverlässige, industrielle *Verfahren* der Nahrungsmittelproduktion, die von den Wechselfällen des Akkerbaulebens weithin befreit sind. Die Unvorhersehbarkeit, mit der Menschen, die sich ernährten, leben mußten, lagen jenseits der Grenze der für zumutbar erachteten Lebensunsicherheit. Ein-für-allemal-Lösungen für die Ernährungsfrage wurden in Angriff genommen, die mit Begriffen wie 'Keim- und Wachstumsgarantie', 'Wetterbeständigkeit', 'Schädlingsresistenz', 'Höchstertragssorten' die Zuversicht nährten, daß man mit den Unwägbarkeiten im Nahrungssektor fertig geworden sei. '*Garantie*' sollte höchst prekären Abhängigkeiten von den Launen der Witterung und der Natur ein Ende setzen. Mit Hilfe von Maschinen, großen Anbauflächen und mehrfach chemisch gehärtetem Ausgangsmaterial (das nur noch euphemistisch als 'Saatgut' bezeichnet werden kann) sollte die Sorge ums täglich Brot abgeschafft und Nahrungsproduktion zur industriellen Routineangelegenheit gemacht werden. Heute setzt sich die Einsicht durch, daß der Preis für beinharte Ertragsgarantien steinharte Böden sind, denen unter der Last der Maschinen Luft und Leben ausgegangen ist; eine spezifische, höchst unwillkommene Sorte von Versteinerung.

In richtiger Einschätzung der Ursachen sinniert man neuerdings darüber, wie man den versteinerten und ausgelaugten Produktions*faktor* 'Land' durch besänftigendes, erweichendes, pflegliches Tun zurückverwandeln kann in ertragsspendenden Grund und Boden. Dabei gibt man sich durchaus traditionsbewußt. Sorgfältige Beobachtungen hier und da noch vorkommender traditioneller Anbauweisen führten zur Entdeckung eines *TLC-Faktors* (Informationszentrum Dritte Welt [Hrsg.] 1983, S. 104). Der TLC-Faktor wird zur Erklärung dafür bemüht, daß bäuerliche Familienbetriebe mit überkommenen Anbaumethoden per Hektar Land größere Erträge erwirtschafteten als modernste, großtechnologisch ausgestattete Latifundienwirtschaften. *'TLC'* bedeutet: 'tender loving care', die sanfte, liebevolle Pflege des Ackers. In Verkennung des Eigennutzes, der *sich ernährende* Gemeinschaften nötigt, bewahrend mit dem (Lebens-)Grund umzugehen (auch ohne ökologisch geschärftes Gewissen), werden hier romantisierend – und sogar lernwillig – Liebe und Zartheit unterstellt, die sich dann als *Faktor*, als Strategie-Element, im Programm der Produktionssteigerung wiederfinden. Auch hier: kulturgetreue Nachahmung reflexiver Tätigkeiten. Wenn vom *'Faktor'* die Rede ist, sollte man hellhörig sein. Der 'Faktor' stammt aus dem Fundus des Utilitarismus.

Der *TLC-Faktor* hat mit Tenderness und Love, die da generös in vormoderne Landwirtschaft hineininterpretiert werden, in Wahrheit nichts zu tun. Mit subsistenten und eigennützlichen Tätigkeiten auch nicht; gerade so wenig, wie Selbsthilfe mit reflexivem Tun gemein hat. Schließlich darf er auch mit Respekt vor dem lebensspendenden Grund und Boden nicht verwechselt werden. Das wäre genauso irrig, als wollte man die Berücksichtigung des 'Faktors Mensch', die dringend angeraten wird, überall, wo es sicherheitstechnisch zugeht, als Ausdruck des Respekts vor der Person begreifen.

d) Die Selbsthärtung des Menschen

Der 'Faktor Mensch' gibt das Stichwort für die vierte große Anstrengung, die gegenwärtig unternommen wird, um der katastrophenträchtigen Versteinerungen Herr zu werden. Die modernsten

Techniken und Wissenschaftsbranchen werden darauf angesetzt, den Menschen so nachzubessern, daß er auf den Stand seiner Geräte kommt und den Gefahren, die in den von ihm geschaffenen *Tatsachen* lauern, standhalten kann. Die Einsicht, daß ihm ausgerechnet von seinen elaboriertesten Machwerken tödliche Gefahren drohen, ist für den Weltverbesserer nur schwer oder gar nicht zu schlucken. Sie bedeutet das *Aus für die Sicherheitsdoktrin* der Neuzeit, die als Spiritus rector des Projekts der Weltverbesserung wirkte. Gerade um seiner Sicherheit willen hatte es ja der moderne Mensch für notwendig befunden, seine Welt selbst zu machen. In einer berechenbaren, überraschungsfreien, durchschauten, also in einer 'vollständig verstandenen' Welt wollte er leben, um sicher zu sein. Als vollständig verstanden galt das, was man selber herstellen konnte, was man nicht nur erklären, sondern auch entwerfen und machen konnte (J. Herbig/R. Hohlfeld [Hrsg.] 1990, S. 287). Nur das Hergestellte – so die Doktrin – entspricht dem Ideal der Kontrollierbarkeit und Beherrschbarkeit, d. h. dem Ideal der Ausmerzung von Unsicherheit.

Auf doppelte Weise wird also der fortschrittsgläubige Zeitgenosse jetzt verstört. Nicht nur, daß er sich einer beispiellosen Unsicherheit gegenübersieht, die wahrhaft Anlaß für Furcht und Zittern bietet. Unter der Hand ist die Welt erneut so unsicher geworden, daß der Untergang mit Mann und Maus geradezu als einzige Gewißheit erscheint. Fraglich nur noch, welche Art von Untergang das Rennen macht: der strahlende, der heiße, der eisige? Die Überflutung, die Verseuchung, die Vermüllung, das Ersticken?

Quälender noch als die Bedrohung wäre jedoch die Erkenntnis, daß der unter seinem eigenen Optimierungsdiktat stehende Neuzeitler als Hersteller versagt hat; daß homo creator sich bis auf die Knochen blamiert hat. Das ganze Projekt der vernunftgemäßen Weltgestaltung ein grandioser Fehlschlag? Der notorische Weltverbesserer hätte sich als konstitutioneller Untergeher entpuppt? Es sollte doch kommen, wie er dachte. Er wollte Denker und Lenker zugleich sein. Und nun wäre die ernüchternde Feststellung zu treffen, daß der denkende Lenker den Karren in den Dreck manövriert hat; daß das Projekt festgefahren und manövrierunfähig geworden ist? Er müßte eingestehen, daß er die Welt untergangsreif 'verbessert' hat, daß seine Artefakte sich als bösartig erweisen, unregierbar nach eigener Pfeife (und ihm auf der Nase herum-) tanzen –

eine wildgewordene zweite Natur? Die Staffage, seiner Sicherheit zuliebe installiert, sollte verrückt spielen und ihm zum Verhängnis werden? Wie stünde er da, wenn die Naturbeherrscherpose unversehens in die fahrigen Gesten panischen Entsetzens umschlüge; wenn dem Sicherheitsexperten alle Sicherungen durchbrennten?

Düstere Aussicht auf der ganzen Linie. Es sei denn, *homo creator* stellte nicht seine *Kreationen* in Frage, sondern sich selbst als *Kreatur*. Nicht das Hergestellte ist dann unzureichend, sondern er selbst; und zwar deshalb, weil er an einem eklatanten Mangel an Hergestelltheit leidet. Daß er selbst nach wie vor nur geworden und noch nicht gemacht ist, schafft ein Mißverhältnis, das die Balance des Ganzen ins Wanken bringt. Nicht seine Tatsachen sind ihm fehlgeschlagen. Vielmehr kann er nicht mit ihnen mithalten, weil er nicht tatsächlich genug ist.

Die hoffnungslose Zurückgebliebenheit des Menschen hinter seiner Gerätewelt diagnostiziert Günther Anders schon in den 50er Jahren. Er zeigt sich tief beunruhigt über dieses Mißverhältnis, dessen explosiven Charakter er durchschaute, lange bevor ökologische Katastrophenmeldungen sich überschlugen. G. Anders bescheinigt dem Produzenten des 20. Jahrhunderts 'Antiquiertheit' durch und durch. Er sei unfähig, auf dem laufenden seiner Produktion zu bleiben. Wir sind, schreibt er, „als zeitliche Wesen ... in Unordnung". Wir lungern „wie verstörte Saurier zwischen unseren Geräten" herum. Die Asynchronisiertheit des Menschen mit seiner Gerätewelt erzeugt ein 'prometheisches Gefälle' (G. Anders 1980, S. 16 ff.). Was jedoch G. Anders zufolge den Erzeuger gegenüber seinen Artefakten so ins Hintertreffen geraten ließ, ist, daß seine *Seele* nicht Schritt halten konnte mit seiner *Schaffenskraft*. Er kann Erstaunliches vollbringen, aber seine Fähigkeit, sich die Folgen seines Vollbringens vorzustellen, bleibt dahinter weit zurück. Das Wissen und das Gewissen, das Tun und das Fühlen, das Vernichten-Können und das Trauern-Können klaffen immer weiter auseinander, so daß die lebenswichtige und wahrscheinlich unbeantwortbare Frage die ist, wie das *seelische Können* erweitert werden könnte, damit das Gewissen, das Fühlen und das Vorstellen dem Herstellen Einhalt geböten.

Das ist nun freilich nicht die Frage, die die fieberhaft explorierenden neuen Humanwissenschaften nebst ihren tatendurstigen Anwendern umtreibt. Ihnen wird ein anderes 'prometheisches Gefälle' zum Ärgernis: das Gefälle zwischen der avancierten Künstlichkeit der Lebenswelt und der beschämenden Naturbelassenheit, die der Mensch an sich selbst wahrnimmt. Der Diagnose der Antiquiertheit wird ohne Wenn und Aber zugestimmt, die Schlußfolgerungen sind jedoch gänzlich andere. Im Jahr 1962, nur sechs Jahre nach G. Anders eindringlicher Warnung, werden im anderen Lager vollmundige Töne angeschlagen, die die Andersschen Kassandrarufe selbst der Antiquiertheit überführen. Eben ist erst die „Entzifferung der ersten Chiffren des genetischen Codes" verlautbart worden, da erklärt der Bakteriengenetiker Joshua Lederberg unverhohlen, was man vorhat mit der ärgerlich antiquierten eigenen Spezies: „‚Nun können wir den Menschen definieren. Genotypisch besteht er aus sechs Fuß einer bestimmten Sequenz von Kohlenstoff-, Wasserstoff-, Sauerstoff-, Stickstoff- und Phosphatatomen ...' Dieses Wissen aber, so forderte Lederberg, sei zur gentechnischen Verbesserung des Menschen zu nutzen." (J. Herbig/R. Hohlfeld [Hrsg.] 1990, S. 286) Kein 'Zurück zur Seele' also. Nur keine Sentimentalitäten. Harte und erhärtete Tatsachen sind gefragt als Ausgangsmaterial für die Umrüstung des Menschen. Es soll *Hand an ihn gelegt* werden, da muß er von allem befreit werden, was *unbegreiflich* war an ihm. 'Seele, Gewissen, Fühlen und Vorstellen' werden entlarvt als Mystifikationen schierer Unkenntnis, als unzulängliche, überholte, hilflose Hilfskonstruktionen. Durchdringende Kenntnis erbringt nüchternere Ergebnisse: Der Mensch, ein Bündel von codierten Informationen, eine Molekularmaschinerie, ein bearbeitbarer Rohstoff, Baumaterial; mal mehr das eine, mal mehr das andere, je nach dem Operationsfeld, auf dem sich die Humaningenieure tummeln.

Erstaunlich, zu welcher Selbstentwertung homo sapiens, der Dichter und Denker, sich herabläßt, um mit sich schalten und walten zu können. Aber nur, wenn er sich zum Rohmaterial zergliedert, kann er sich nach eigenem Gutdünken neu synthetisieren. (Das Reflexivpronomen, dessen ich mich hier bediene, ist irreführend und uneigentlich. Die Konstruktionsaufgabe, die in Angriff genommen werden soll, ist natürlich nicht reflexive Tätigkeit im oben beschriebenen Sinn. Der Humangenetiker tut das alles nicht *sich, sondern seinesgleichen.*)

Homo creator steigt tief hinab, um danach um so höher aufsteigen zu können über verschiedene Stadien der Teilfertigung von seinesgleichen bis hin zur erwünschten, absichtsgemäßen Neukonstruktion. Das ist jedenfalls die Idee. „In nicht allzu ferner Zukunft könnte auch der Mensch, der bisher Subjekt des naturwissenschaftlichen Fortschritts gewesen ist, zu dessen Objekt werden." (J. Herbig/R. Hohlfeld [Hrsg.] 1990, S. 281) Damit ist die Frage noch nicht geklärt, wer in dieser Prozedur zum Subjekt-Täter und wer zum Objekt-Opfer (die Täter würden gewiß nicht von Opfern, sondern von Nutznießern reden wollen) ausersehen ist.

'Geschaffen, nicht geboren', das ist das neue Credo, an dem sich zeigen soll, was menschliches Wesen in seiner Höchstform ist.

Die *gentechnische Verbesserung* des Menschen steht also auf dem Programm. An welche Art von Aufbesserung und Nachhilfe ist dabei gedacht? Allen Monsterphantasien wird mit einer schlichten, bescheiden dünkenden Antwort das Wasser abgegraben: Der Mensch ist ein leidanfälliges Wesen. Die neue Wissenschaft sieht sich in der Lage, ihm Leid zu ersparen. Es zeigt sich, daß scheinbar unverrückbare Grenzen zwischen unvermeidlichem Leid, in das man sich fügen muß, und überflüssigem Leid, das bekämpft werden kann, ins Schwimmen geraten. Leiden, die noch gestern unvermeidlich waren, sind heute überflüssig. Sie ihren Lauf nehmen zu lassen, sich mit ihnen abzufinden oder zu arrangieren, wäre unbarmherzig, nachlässig oder sogar aktiv zynisch. Überflüssiges Leiden ist *behebbares* und darum um jeden Preis *zu behebendes* Leiden. Die Rede vom 'Leid' ist allerdings ein Zugeständnis an überkommene sprachliche Gepflogenheiten. Leid ist als Seelenbefindlichkeit oder Gemütszustand so antiquiert wie die Seele selbst. Was wir Leid zu nennen gewohnt sind, wird in den Biowissenschaften Zug um Zug als „molekularer Defekt" enttarnt. 'Leid' ist suboptimales Funktionieren. „Krankheiten (zum Beispiel) erscheinen als Maschinendefekte und (sind) durch biomedizinische Ingenieurkunst reparierbar." (J. Herbig/R. Hohlfeld [Hrsg.] 1990, S. 289 und 281)

Es vergeht kaum noch ein Monat, in dem nicht neue innere Fehlschaltungen im Menschen aufgespürt werden, die für diese oder jene leiderzeugende oder unerwünschte Befindlichkeit zuständig sind, für Kriminalität oder Alkoholismus, für Krebs oder Gewaltneigung (R. Gronemeyer 1992, S. 18f.). Leiden sitzt in den Genen oder hat seinen Ursprung in Fehlfunktionen, in falschen Mischungsverhältnissen, in einem Zuviel von dieser oder einem

Mangel an jener chemischen Substanz. Es kann demzufolge Schritt um Schritt je nach dem Stand der Erkenntnis und der Ausgeklügeltheit der Verfahren abgestellt werden, was gleichbedeutend ist mit der Feststellung, daß es abgestellt werden *muß*. „Die Moderne hat uns mit Handlungstheorien überfüttert – vom Erleiden hat sie nie etwas anderes gewußt als dies, daß es als Motor für Handlungen 'benutzt' werden kann.“ (P. Sloterdijk 1989, S. 28)

Nachdem die generelle Marschroute für die Verbesserung des Menschen festgelegt ist, teilt sich der Vorstoß in zwei Richtungen, die aufeinander abgestimmt sind. In der einen Richtung wird *Freiheit* angestrebt, die Freiheit der Wissenschaft, die darin besteht, nichts von dem ungetan zu lassen, was wissenschaftlich oder technisch möglich ist und dabei immer neue Grenzen niederzureißen und immer neue Horizonte zu eröffnen. In der anderen Richtung wird *Sicherheit* anvisiert.

Es ist bestechend, wie gut der bloße Hinweis auf die Überflüssigkeit von Leiden die Frechheit und Zügellosigkeit des ganzen Unternehmens kaschiert. Ist man dem Wohlklang dieses Versprechens einmal erlegen, dann ist das Projekt der gentechnischen Richtigstellung des Menschen gegen Einwände gut gehärtet. Sobald die Ersparnis vermeidbaren Leides zum unveräußerlichen Recht und seine Beseitigung zur moralischen und fürsorgerischen Pflicht erklärt ist, kann jede Diskussion um Selbstbegrenzung einer grenzenlos neu- und habgierig gewordenen Wissenschaft im Keim erstickt werden.

Es liegt an der Wissenschaft, die Behebbarkeit eines Leidens in Aussicht zu stellen, und im Handumdrehen wird es zum Skandal, zum 'sinnlosen Leiden', dessen Beseitigung um der Menschenwürde willen das ethisch Gebotene ist. Diese philantropische Heuchelei leistet der Maßlosigkeit des Bemächtigungsstrebens Vorschub. Der unter massiven Verdacht und in arge Bedrängnis geratene Fortschrittsenthusiasmus hat seine Unschuld zurückgewonnen. Wenn er auch aus Rücksicht auf allerlei Empfindlichkeiten unter anderem Namen firmiert. Nicht mehr im Namen des Fortschritts, sondern im Dienste des Lebens und zur Abwehr von Leiden werden heute die Großtaten von Naturwissenschaft und Technik inszeniert.

Der hehre Gedanke, daß vermeidbares Leid bekämpft und nicht erduldet werden sollte, ist geborgt aus einer rebellischen Tradition, für die Namen wie Karl Marx, Georg Büchner und Heinrich Heine stehen; eine Tradition, in die sich die moderne Humanwissenschaft jeglicher Provenienz zu Unrecht einreiht. Gemeint ist in dieser Anklage das Leid, das jenen entsteht, auf deren Kosten sich die Reichen einen Wanst anfressen: „Wir wollen auf Erden glücklich sein. / und wollen nicht mehr darben, / Verschlemmen soll nicht der faule Bauch, / Was fleißige Hände erwarben.“ (H. Heine 1964, S. 150)

Das ist der Kontext, in dem Leiden als skandalös angeprangert wurde. An diesen Kontext will man in Wissenschaftskreisen nicht gern erinnert sein, denn das würde die Aufmerksamkeit auf die ungeheure Gefräßigkeit des naturwissenschaftlich-technisch-industriellen Komplexes lenken und die prosaische Frage aufwerfen, wieviel überflüssiges Leid in der Gestalt von Hunger, an dem immer mehr Menschen täglich krepieren, z. B. durch einfaches Unterlassen der Unsummen verschlingenden Großprojekte behoben werden könnte.

Ivan Illich fordert, die Spitzenleistungen technisch-naturwissenschaftlicher Leidbeseitigung mit einer progressiven Luxussteuer zu belegen zur Finanzierung einfacher leidmindernder Anwendungen für alle (I. Illich 1991 S. 226). Von alters her wurde menschliches Leid nicht nur als Willkür der Götter gedeutet, sondern es wurde auch als von den Menschen selbst verursacht angesehen. Es hatte seinen Platz in *Tat-Folge-Zusammenhängen*: „So verkündet Zeus z. B. zu Beginn der Odyssee: ‚Nein! wie die Sterblichen doch die Götter beschuldigen! Von uns her, sagen sie, sei das Schlimme: Und schaffen doch auch selbst durch eigene Freveltaten, über ihr Teil hinaus, sich Schmerzen (ἄλγεα)‘“ (Historisches Wörterbuch 1980, Art. ‘Leiden’, Sp. 207). Da klingt die Unterscheidung zwischen unvermeidlichem Leiden, das der Menschen ‘Teil’ ist, und vermeidbaren Leiden, die sie sich selber einbrocken, bereits an. Vermieden werden kann das selbstgemachte Leid durch Klugheit. „Der Kluge stellt sich auf das Walten der ‘Gerechtigkeit’ (δίκη) rechtzeitig ein, indem er den ‘Frevel’ (ὕβρις) vermeidet, während der Dumme die Konsequenzen seines Handelns als Leiden zu ertragen hat, das ihm jedoch die Möglichkeit offen läßt, zur Erkenntnis und zur Besonnenheit (σωφροσύνη) zu gelangen.“ (Historisches Wörterbuch 1980, Art. ‘Leiden’, Sp. 207)

Dieser Logik der Gerechtigkeit, dem Fluch, der auf der Hybris liegt, will sich der Vernunftmensch des 20. Jahrhunderts nicht mehr beugen. Seine Sicherheitsbemühungen zielen darauf, den *Tat-Folge-Zusammenhang* zu zerschneiden. Von Tat-Folgen soll nicht mehr die Rede sein, sondern nur noch von *Inkompatibilitäten.* Der Mensch ist seinen Hervorbringungen inkompatibel geworden. Zugegeben, die Rechnung, daß es zu guter Letzt nur noch Wirkungen seiner Absichten und seiner Taten geben sollte, ist nicht aufgegangen. Die Resultate seiner Planungen zerfallen vielmehr in zwei Kategorien: in beabsichtigte und unbeabsichtigte, geplante und ungeplante, erwünschte und unerwünschte, kurz: in Wirkungen und Folgen.

Die Wirkungen erhöhen seine Sicherheit und seine Potenz, die Folgen sind ein Unsicherheitsfaktor erster Ordnung. Sie schädigen und bedrohen ihn. Um sie unschädlich zu machen, verfällt man auf ein uraltes Sicherheitskonzept, das man am Beginn der Neuzeit verächtlich beiseite geschoben hatte. Man besinnt sich auf die Sicherheit, die man am eigenen Leibe trug, die in den eigenen Kräften und Fähigkeiten, in der Geschicklichkeit und Tüchtigkeit lag; aber nicht, um zu ihr zurückzufinden, sondern um sie auf dem Höchststand der Technik zu doubeln. Es geht um die konstruierte Widerständigkeit des Menschen gegen seine Hervorbringungen. Den Drohungen, die von seinem versteinerten Inventar ausgehen, soll mit der *Selbsthärtung* des Menschen begegnet werden. Da die unerwünschten Nebenfolgen des Herstellens zu vermeiden nicht gelungen ist, soll der Tat-Folge-Zusammenhang dadurch unschädlich gemacht werden, daß die Folgen am Menschen abprallen. Weil er als Kreatur seinen Kreationen unterlegen ist, tritt er die Flucht nach vorn an: größtmögliche Anpassung an ihre Erfordernisse; den Kreationen eine Kreation werden, den Artefakten ein Artefakt, den Versteinerungen eine Versteinerung, den Tat-Sachen eine Tat-Sache. Das ist die Bedingung der Möglichkeit, weiterzumachen wie bisher.

III. Die Beschleunigung des Lebenstempos

1. 'Die Zeit fleusst weg wie Wasser'

Die Zeit, insbesondere der Umstand, daß sie so außerordentlich knapp bemessen ist, ist wahrscheinlich das am meisten traktierte Thema des modernen Menschen. Die Klage über einen eklatanten Mangel an Zeit ist ein alltagsroutiniertes Zeremoniell, an dem sich tunlichst auch derjenige beteiligt, der nichts zu klagen hat. Wer etwas auf sich hält, kann sich nicht leisten, Zeit in Hülle und Fülle zu haben. Nur geschäftige Eile verleiht die Aura der Bedeutsamkeit. Wieviel wundervolle Pläne, zu deren Realisierung man das Zeug zu haben meint, bleiben unausgeführt aus Zeitmangel. Umgekehrt aber auch: Wieviel Anstrengung, wieviel wissenschaftlicher und technischer Scharfsinn wird darauf verwandt, den Grundmangel der menschlichen Existenz, eben den Mangel an Zeit, zu beheben. So wird denn die knappe Zeit je nach Bedarf zur willkommenen Exkulpation für Unterlassungen oder zum Rechtfertigungsgrund für waghalsige Unternehmungen, denen auf diese Weise Zustimmung sicher ist. Ein Vorhaben, das verspricht, der leidigen Zeitmisere des modernen Menschen beizukommen, ist bestens legitimiert. Der Doppelcharakter der *Zeitknappheit*, daß sie nämlich Großtaten inspiriert oder entmutigt, daß sie den Menschen tatendurstig oder kleinlaut macht, entspricht dem Doppelgesicht der Zeit selbst.

Die Rede von der Zeit ist widersprüchlich. Unsere Sprache gibt uns die Möglichkeit, die Zeit einmal als eigenmächtig handelndes Subjekt auftreten zu lassen oder ihr den Status eines behandelten Objekts zu geben. Wir bedienen uns mal der einen und mal der anderen Redeweise, ohne zu bedenken, daß die beiden Vorstellungen von der Zeit einander ausschließen. Die Zeit kann nicht gleichzeitig selbstherrlich und Gegenstand menschlicher Handhabung sein. Sie kann nicht herrschsüchtig und unterworfen zugleich sein, nicht Souverän und verfügbarer Besitz in einem.

In Sprichwörtern sind Erfahrungen, die Menschen über Jahrhunderte mit der Zeit gemacht haben, geronnen. Sie handeln nahezu ausschließlich von der eigenmächtigen Zeit, unter die der Mensch sich demütig beugen muß. Von der bemächtigten Zeit wissen sie wenig. Die machtvolle, gebieterische Zeit ist ihrerseits doppelgesichtig. Sie bringt Heil und Unheil, sie ist segensreich und vernichtend, gnädig und unerbitterlich: (Deutsches Sprichwörterlexikon 1880, Bd. 5, Art. Zeit) „Die Zeit heilt alle Wunden." (139) Und: „Die Zeit hat Zähne mit scharfen Kanten, sie zerreibt Kiesel und Diamanten." (137) „Die Zeit ist der beste Arzt" (146) Und: „Die Zeit frisst alles." (118) „Die Zeit ist edel." (152) Jedoch: „Die Zeit ist die größte Tyrannin." (151) „Die Zeit gibt rhat." (130) Sie besiegt alle Traurigkeit, sie bringt Glück, aber auch Leid. Sie ist ein gnädiger Gott, aber ein Räuber und Dieb ist sie auch. Sie ist Gnade und Leben und macht gesund, aber: „Zeit machet alt vnd naget das hertz ab; zeit machet kranck vnd bringt in das grab." (712)

Ihre schmerzlichste Eigenheit ist ihre Flüchtigkeit; und doch hält sie auch darin Tröstliches bereit, den Trost des Vergessens und der mit der Zeit sich einstellenden Linderung des Leids: „Die schlechte Zeit bleibt so wenig stehen als die gute." (89) Wo die Flüchtigkeit der Zeit beklagt wird, da gilt die Klage der eigenen Vergänglichkeit: „Die Zeit geht hin, der Tod kommt her." (129) „Die Zeit entfleucht und kehrt nie mehr zurück." (110) „Die Zeit bringt auch wol aus der Wiege in den Sarg." (98) Zeit ist die erfahrbare Zeit; sie ist ablesbar am Werden und Vergehen; sie ist beinah gleichbedeutend mit der Lebensdauer. Alles was über die flüchtige Zeit ausgesagt wird, gilt auch für das verrinnende Leben: „Zeit ist Leben und Leben ist Zeit." (704), sie „fleusst weg wie Wasser" (116).

Beruhigend immerhin, daß die zerrinnende Zeit keine Standesunterschiede kennt: „Die Zeit ist ein Gut, von dem der Arme so viel besitzt als der Reiche." (154) Aber auch darauf ist kein Verlaß: „Die Zeit ist gleich lang, nützt aber nicht allen gleich." (159)

Alle diese Sprichwörter gleichen sich in der Ansicht, daß die Zeit dem menschlichen Zugriff entzogen, daß der Mensch ihr in seiner Vergänglichkeit ausgeliefert ist und daß sie nach ihrem eigenen Gesetz mit ihm verfährt. Selbst da, wo Rat für einen klugen Umgang mit der Zeit erteilt wird, wo also der Mensch immerhin als Handelnder und nicht nur die Willkür der Zeit Erleidender in Betracht gezogen wird, erschöpft sich die anempfohlene Klugheit darin, daß er die Zeichen der Zeit beachtet, sich ihrem Maß angleicht, seine Ungeduld bändigt und sich bewußt ist, daß alle Dinge ihre Zeit haben. Die Zeit ist souverän. Schneller als sie sein zu wollen, ist unbekömmlich. Nur gleichauf mit ihrer Gangart kann der Mensch ihre Wohltat erfahren; nur im Einklang mit ihrem Rhythmus hat er ein Auskommen mit ihr; nur wenn er einwilligt in das, was sie bereithält, kann er ihrer Unberechenbarkeit zuvorkommen. Die rechten Dinge zur rechten Zeit tun, das erscheint als das einzige, was der Mensch gegenüber der Zeit in der Hand hat: „Die Zeit wartet auf niemand, man muss sie benutzen, wenn sie da ist." (233) Oder: „Die Zeit lässt sich nicht drängen." (175) „Man muss sich nach der Zeit richten, die Zeit richtet sich nicht nach uns." (412) In England sagt man: "If time is not favourable to thee, render thyself favourable to it." (412) Zum klugen und fruchtbringenden Umgang mit der Zeit gehört auch, daß man sie 'auskauft'. (409): „Gut angewandte Zeit trägt Früchte für die Ewigkeit." (329) Daß Zeit Geld ist, was auch schon sprichwörtlich geworden ist, steht freilich schon auf einem anderen Blatt.

Insgesamt ist die Zeitweisheit, die sich in Sprichwörtern niedergeschlagen hat, aus heute herrschender Perspektive überaus ärgerlich. Daß dem Zeitgenossen die Zeit so aus dem Ruder läuft, ist für seine Vorstellung von Sicherheit und Berechenbarkeit der Welt intolerabel. Daß die Zeit in dieser Vorstellungswelt der Fortuna zum Verwechseln ähnlich wurde, auch sie eine Vollstreckerin eines unausweichlichen Schicksals, bringt den modernen Menschen in Harnisch. Er kann nicht hinnehmen, daß sie über ihn herrscht, nach eigenem Gutdünken die Gaben des Lebens austeilt oder vorenthält, gedeihen läßt und wieder hinwegrafft. Das spräche allem, was der Mensch sich als Weltlenker vorgenommen hat, Hohn. Schon ihre mythische Personifizierung ist eine Zumutung für aufgeklärte Denkungsart: Zeit handelt nicht, sie ist allenfalls eine Bedingung, unter der sich menschliches Handeln und Erfahren vollzieht. Für I. Kant ist sie „eine alle erfahrung bedingende anschauungsweise." (J. und W. Grimm, 1854/1984, Bd. 31, Sp. 538)

Aber auch die Langsamkeit und Bedächtigkeit, zu der der Mensch sich durch diese Zeitanschauung verurteilt sähe, ist unannehmbar. Er fühlt sich nicht dazu berufen, seine Zeit mit Abwarten hinzubringen und sich sein Tempo von einer unbegriffenen Macht diktieren zu lassen. Moderne Rede von der Zeit springt anders mit ihr um. Die Zeit fügt sich menschlichen Absichten, sie wird zum Ökonomiefaktor. Sie kann gespart, gewonnen und kontrolliert werden; man hat keine Zeit zu verlieren, und doch scheint es zuweilen angezeigt, sie zu vertreiben, ja sogar totzuschlagen. Sie ist nicht nur meßbar, sondern auch kalkulierbar und planbar, teilbar und einteilbar, kann optimal genutzt und zu Geld gemacht werden, sie erscheint dehnbar, vermehrbar und verlängerbar, aber sie läßt sich auch verkürzen und raffen. Keine Rede mehr davon, daß alles seine Zeit hat. Nicht alles, aber schon das meiste, hat die Zeit, die ihm vorgeschrieben wird; die zugebilligte Dauer sowohl wie auch den vorherbestimmten Zeitpunkt seines Eintreffens und Wiederverschwindens.

So wie dem neuzeitlichen Menschen im Umgang mit der Natur nur das als hinreichend sicher erscheint, was er selbst gemacht hat, so gilt ihm auch nur die Zeit als zuverlässig, die er fest im Griff hat. Die Zeit erweist sich jedoch – da sie nicht zum Sehen und zum Anfassen ist – als besonders widerspenstig gegenüber der Absicht, sie unter seine definitive Kontrolle zu zwingen.

2. Uhrzeit und Heilszeit

Wie rückständig, überholt und hinderlich die eigenmächtige Zeit dem Menschen, dem es um ihre Beherrschung zu tun ist, auch scheint, sie ist in ihrer Willkür doch bereits eine Erfindung der Neuzeit. Dem mittelalterlichen Menschen war die Zeit weder als Doppelgängerin der Fortuna bekannt, noch als unerbitterliche Herrscherin über seine beklemmend kurze Frist. Die Zeit war Gottes. Ehe der Mensch es wagen konnte, die Unterwerfung der Zeit unter sein Regiment zu betreiben, mußte Gott als Herr der Zeit entmachtet werden. Ähnlich wie auch die Naturbeherrschung erst ihren Lauf nehmen konnte, als die Natur, statt Gottesgabe zu sein, eigenmächtig und feindselig geworden war.

Die Zeitwende von der Zeit Gottes zur Zeit des Menschen wird markiert durch eine einzigartige Erfindung. Die folgenreiche Neuerung, von der zu reden ist, ist die Räderuhr. „Um oder kurz vor 1300 taucht die mechanische Uhr, genauer: die Uhr mit mechanischer Hemmung in Europa auf." (G. Dohrn-van Rossum 1988, S. 97) Ihr Erscheinen ist nicht spektakulär. Im Gegenteil: wer sie erfand und wann sie zum ersten Mal installiert wurde, liegt im Dunkeln. Die ersten Räderuhren gaben keinen Anlaß zu öffentlicher Aufgeregtheit. Sie blieben dort, wo Zeitmeßgeräte und Zeitrechenkunst jahrhundertelang ihren Ort hatten, im sakralen Raum der Kirche. Denn dort versahen sie ihren Dienst. Uhren waren im Mittelalter ein unverzichtbarer Bestandteil des Klosterlebens. Sie regelten den Gebetstag und trugen Sorge dafür, daß die Zeiten der Stundengebete pünktlich anberaumt und genau eingehalten werden konnten. Vor der Erfindung der Räderuhren begnügten sich die Mönche mit Sonnenuhren, die aber bei trüber Witterung und während der Nacht die Zeitangabe verweigerten. Deshalb waren oft zusätzlich Wasseruhren in Gebrauch. Der Abt Cassiodor schreibt im 6. Jahrhundert an seine Mönche: „Wir wollen euch nicht über die Stundenmaße (horarum moduli) in Unkenntnis lassen; bekanntlich wurden sie zu großem Nutzen der Menschheit erfunden. Deshalb ließ ich für euch zwei Uhren machen, einen Stundenweiser (horologium), den das Sonnenlicht speist, und eine Wasseruhr (aquatile), die bei Tag und Nacht ständig die Stundenzahl angibt. Denn an manchen Tagen scheint die Sonne selten; dann führt das Wasser auf Erden wunderbar aus, was die von oben gesteuerte Leuchtkraft der Sonne nicht leistet. So hat die Kunst der Menschen das von Natur Getrennte zu einträchtiger Wirkung gebracht. Beide Uhren gehen so gleichmäßig und richtig, als würden ihre Anzeigen durch vermittelnde Boten aufeinander abgestimmt. Sie sind dafür vorgesehen, die Krieger Christi mit sichersten Zeichen zum Gottesdienst aufzurufen, wie mit schallenden Trompeten." (A. Borst 1990, S. 27)

Aber auch die Wasseruhren hatten ihre Anfälligkeit. Im Winter froren sie in den kalten Klosterräumen ein. So gab es zusätzlich Kerzenuhren. Kerzen einer bestimmten Dicke, in die auf genau bemessener Höhe ein Nagel eingeschlagen war, wurden zur Zeitmessung abgebrannt. War die Kerze bis auf den Nagel niedergebrannt, dann fiel er auf eine metallene Unterlage und gab so ein akustisches Signal. Auch die Kerzenflamme konnte jedoch leicht verlöschen.

Die Räderuhren brachten einen enormen Zugewinn an Verläßlichkeit. Monumental wie sie waren, fristeten sie doch ein eher unbeachtetes und verborgenes Dasein in den Chorumgängen und Seitenschiffen der großen Kirchen. Allerdings hielten sie bereits in der Stadt Einzug. Sie fanden nicht so sehr in den klösterlichen Abteien als in den städtischen Kathedralen, in London, Oxford und Canterbury, in Chartres und Beauvais Verwendung.

Aufsehen erregten die neuen Uhren jedoch erst, als sie das Halbdunkel der Kirchen verließen und ins Licht der städtischen Öffentlichkeit traten (vgl. T. Hausmann 1979, S. 10f.). Nicht ihre Erfindung, aber ihre Verbreitung und Verstädterung steht in einem zeitlichen Zusammenhang mit der Schwarzen Pest (Vgl. K. G. Zinn 1989, S. 108f.). Es ist ein bemerkenswertes Zusammentreffen, daß der Italiener Giovanni de Dondi ausgerechnet im Jahr 1348 mit dem Bau einer Räderuhr beginnt, die 16 Jahre später auf dem Marktplatz zu Padua aufgestellt wird und, wie ein Weltwunder bestaunt, größte Berühmtheit erlangt. Francesco Petrarca bedenkt den Schöpfer dieses Meisterwerks in seinem Testament: „Mit Rücksicht hierauf (auf die Geringfügigkeit seiner Hinterlassenschaft) sparte ich den bis zuletzt auf, der der Erste hätte sein sollen, nämlich den Magister Johann de Dondis, den Arzt und Physiker und unbestritten den Ersten unter den heutigen Astronomen, der auch 'von der Uhr' genannt wird, nach dem Planetarium, jenem Wunderwerk, das er gefertigt hat und das die unwissende Menge für eine Uhr hält. Diesem bestimme ich 50 Golddukaten zum Ankauf eines kleinen Ringes, den er zu meinem Gedächtnis tragen soll." (F. Petrarca 1980, S. 210)

Was ist so neu an der Zeit, die die Räderuhr verkündet, daß von einer Zeit-Wende gesprochen werden muß? Petrarca mokiert sich über ein ignorantes Publikum, das zu gebührlichem und angemessenem Staunen nicht fähig ist. Was die Menge in Padua einfältig bewundert, ist eine Uhr, was sie aber nicht begriffen hat, ist, daß es sich bei dem Dondischen Wunderwerk um viel mehr als eine mechanische Zeitanzeige handelt. Es ist ein *menschengemachter Kosmos*, der von da ab den Paduanern sagt, was die Stunde geschlagen hat. „Ein siebenseitiges Rahmenwerk, etwa viereinhalb Fuß hoch, umfing den äußerst komplizierten Mechanismus, der auf den quadratischen Seitenflächen die Bahnen der sieben Wandelsterne darstellte. Neben dem Stundenring gaben zwei Tafeln Auskunft über die Aufgänge und Untergänge der Sonne im Laufe des Jahres. Auch waren die Heiligen eines jeden Tages angegeben, und auf einem immerwährenden Kalender die beweglichen Feste des Kirchenjahres. Ein einziges Gewicht hielt die vielen Räder in Bewegung, deren Gang von einer Waagunrast mit verstellbaren Gewichtsmassen im Zweisekunden-Schlag geregelt wurde." (T. Hausmann 1979, S. 11) Schon 1377 vergleicht der Naturwissenschaftler Nicole Oresme nicht mehr die Uhr mit dem Universum, sondern das Universum mit der Uhr: Das Universum sei wie ein horloge, das weder vorgehe noch nachgehe noch stehenbleibe und im Sommer wie im Winter, bei Nacht wie bei Tag seinen Dienst tue. „Das ist so ähnlich, wie wenn ein Mensch ein *horloge* gemacht hat und in Gang setzt und es sich dann von selber bewegt." (A. Borst 1990, S. 81)

Homo creator hatte die Bühne betreten. Der Konstrukteur eines solchen Kosmos konnte sich mit dem Schöpfer der Weltmaschine vergleichen. (A. Borst 1990, S. 81) Die neuen Uhren waren bereits der Inbegriff einer menschengemachten Zeit. Zwar blieben sie bis ins 19. Jahrhundert auf die Sonne als einziges Zeitnormal angewiesen. Um ihre erhebliche Gangungenauigkeit auszugleichen, wurde weiterhin an ortsfesten Sonnenuhren Maß genommen. Aber im Gegensatz zur Sonnenuhr gehorchten sie, einmal eingestellt, nur noch den Gesetzen ihrer inneren Mechanik. Die Sonnenuhren konnten mit ihrem Schattenstab die Zeit so auf den Boden oder an die Wand schreiben, wie der Sonnenstand sie diktierte. Sie waren Stunde um Stunde Abbild oder Niederschrift des Sonnenlaufes im Wechsel der Jahreszeiten und blieben stumm, wenn die Sonne sich verhüllte. Die Zeit der Sonnenuhr teilte den Tag von Sonnenaufgang bis Sonnenuntergang in 12 gleich lange Stunden. Das bedeutete, daß die Tagesstunden im Sommer lang und im Winter kurz waren, während sich umgekehrt die Nachtstunden im Winter längten und sommers verkürzten. Diese schwankenden Temporalstunden stimmten mit dem Arbeitsanfall in der Landwirtschaft vortrefflich überein, gewährten sie doch viel Zeit, wenn es viel zu tun gab, und wenig, wenn die Witterung und Jahreszeit zur Muße zwang. Die bewunderungswürdigen Zyklen der Monatsbilder an den großen Kathedralen Frankreichs und Italiens zeigen den Monat Januar als eine Figur, die die Schuhe ausgezogen hat und die Füße am Feuer wärmt, Symbol der winterlichen Muße.

Die Räderuhr emanzipiert sich vom Tagesgestirn und von den Gestirnen der Nacht und verkündet eine Zeit sui generis. Das wird einschneidend wirksam vor allem dadurch, daß sie Tag und Nacht in 24 gleich lange Stunden, sogenannte Äquinoktialstunden, teilt, eine Zeiteinteilung, die in der Anschauung der Natur nicht gefunden werden kann, eine reine Konstruktion.

In drei Kontexten konnte der mittelalterliche Mensch Zeit *erfahren.* Erstens durch Beobachtung des Laufes der Sterne, zweitens in der Verrichtung der durch den Jahreslauf sich charakteristisch wandelnden Tätigkeiten, die jeweils ihre Zeit hatten, und drittens in den Festen des Kirchenjahres und den Gedenktagen der Heiligen.

Es scheint, als knüpfe die astronomische Uhr Giovanni de Dondis an die Tradition *dieser* Zeiterfahrung an. Mit den beiden Kalendarien der Heiligengedenktage und der beweglichen Feste des Kirchenjahres leistet sie genau das, womit sich mittelalterliche Zeitrechnung, die Computistik, jahrhundertelang befaßt hatte. Tatsächlich aber sind diese Zeitanzeigen der neuen Uhr nur noch wie ein Zitat der mittelalterlichen Zeitrechnung. Um den tiefen Wandel, der sich vollzogen hat, wenigstens zu ahnen, müssen wir eine Vorstellung vom Wesen der mittelalterlichen Zeitrechnung gewinnen.

Computistik, das war zuallererst die gelehrte Kunst, den Ostertermin nach dem Gang der Gestirne und weit im voraus zu berechnen. Bei dieser Berechnung mußte außerordentliche Sorgfalt walten, denn für die Feier der Auferstehung durften die Christen keinesfalls einen beliebigen Tag bestimmen, sondern mußten den von Gott vorgesehenen nachrechnen (A. Borst 1990, S. 27). Die alte Zeitrechnung diente dazu, dem Menschen, der in ihre Geheimnisse eindrang, Anteil an der göttlichen Ordnung und dem Lauf der Heilsgeschichte zu geben. „Wenn wir durch sie (die Arithmetik und Astronomie) die Stunden lernen, wenn wir die Monatsläufe ausrechnen, wenn wir den Zeitraum des wiederkehrenden Jahres erkennen, werden wir durch die Zahl belehrt und vor Verwirrung bewahrt“, schreibt Cassiodor um 550 n. Chr. (A. Borst 1990, S. 26). Die Zahlen, deren man sich für die Zeitrechnung bedient und die sich aus den Zeitmessungen ergeben, sind keineswegs bloße Meßdaten, sie sind vielmehr voll tiefer Symbolik, die den Andächtigen auf die Wunder der Schöpfung und auf die Zeichen des Heilsplanes Gottes verweisen. Jede Zahl hat ihre tieferen Bedeutungen und weist über sich selbst hinaus. Die Kombinationen der Zahlen enthüllen weitere Geheimnisse: Mit der Zahl Zwei „beginnen die Zahlen im eigentlichen Sinne, und ihre Symbolik kann sowohl die der Gerechtigkeit, als auch die der Zwietracht sein.“ Auch die Drei wird „vollkommen genannt. Als erste ungerade Zahl hat sie eine

Mitte zwischen Anfang und Ende." Aber sie ist im christlichen Verständnis vor allem die Zahl der Trinität und auch der dreitägigen Höllenfahrt Christi. Die Vier begegnet in den vier Elementen, den vier Jahreszeiten, den Himmelsrichtungen, Lebensaltern und Kardinaltugenden. Sie enthält darüber hinaus den Hinweis auf die vier Paradiesflüsse und die vier Evangelisten. Die Sechs ist eine in sich vollkommene Zahl, „weil sie sowohl Summe als auch Produkt ihrer Teile eins, zwei und drei ist". Wahrhaft vollkommen ist sie für den Gläubigen, weil sie auf das Sechstagewerk des Schöpfers verweist. Die Sieben ist die Zahl des Ruhetages nach der Schöpfung und symbolisiert „durch ihre Zusammensetzung aus drei und vier einerseits Seele und Geist, andererseits Leib und Materie, aber auch die Trinität und die vier Kardinaltugenden Klugheit, Tapferkeit, Mäßigkeit, Gerechtigkeit". (Vgl. G. Ladner 1992, S. 103 f.)

Mittelalterliche Zeitrechnung war also nicht auf naturwissenschaftliche Bestimmung der Zeit oder eine in unserem Sinne korrekte Chronologie aus, sondern auf ihre heilsgeschichtliche Deutung. Zeitrechnung und -messung um ihrer selbst oder rein irdischer Belange willen werden als pure Hoffart gegeißelt. Schon Augustin polemisierte gegen einen allzu rechnerischen Umgang mit der Zeit: „Im Evangelium liest man nicht, daß der Herr gesagt hätte: Ich schicke euch den Heiligen Geist, damit er euch über den Lauf von Sonne und Mond belehre. Er wollte Christen machen, nicht Mathematiker." (A. Borst 1990, S. 22) Ein heftiger Streit entbrannte um die Frage, wie weit der Mensch mit der Ergründung der Heilsgeschichte durch Zeitrechnung gehen dürfe. Während die einen sich in der Pflicht glaubten, die Kalenderarithmetik durch exaktere Beobachtung und Messung und immer feinere Untergliederung der Zeit zu vervollkommnen, um die irdischen Zeitläufe an die göttliche Ordnung anzunähern, sahen die anderen darin bereits einen Eingriff in die Zeitsouveränität Gottes. Insbesondere galt es, der Versuchung zu widerstehen, mit mathematischen Spekulationen und Zahlenallegorese das Ende der Zeit voraussagen zu wollen. Die Versuchung war jedoch oft stärker als alle Mahnungen: 'Vor Gott', so rechnet eine Prophezeiung des Endes, 'ist ein Tag wie tausend Jahre, und tausend Jahre sind wie ein Tag. Da aber Gott die Welt in sechs Tagen geschaffen hat, dauert die Welt von ihrem Anfang bis zu ihrem Ende sechstausend Jahre, nämlich sechs Weltalter von je tausend Jahren. Fünf Weltalter sind vor der Fleischwerdung

Christi vergangen. (Dies wird errechnet mit Hilfe der alttestamentlichen Genealogien). Eines steht nach ihm noch aus.' So wird das Weltende um das Jahr Tausend erwartet. (A. Borst 1990, S. 32) Mittelalterlicher Chronologie geht es also nicht darum, Ereignisfolgen an einem abstrakten Zeitkontinuum aufzureihen, sondern Ereignisse unterschiedlichster Art, die zu verschiedensten Zeiten geschehen sind, bedeutungsvoll miteinander in Beziehung zu setzen. Unsere Vorstellung von Chronologie ist dabei nur *ein* Ordnungsgesichtspunkt unter anderen. Deshalb konnten die Kreuzfahrer am Ende des 11. Jahrhunderts vermeinen, „nicht die Nachfahren der Henker Christi, sondern diese Henker selbst zu bestrafen." (J. Le-Goff 1970, S. 293) Obwohl es dem peniblen Zeitverständnis des 20. Jahrhunderts nicht sehr liegt, wie großzügig da mit der Vorstellung von Gleichzeitigkeit umgesprungen und wie unbedenklich eine gut tausendjährige Geschichte in die Zeitgenossenschaft eingemeindet wird, sind wir doch sicher nicht gut beraten, wenn wir diese Zeitauffassung als „wirre historische Vorstellungen" (R. Wendorff 1980, S. 111) abtun und überlegen belächeln. Es handelt sich nicht um eine unterlegene, sondern um eine *andere* Betrachtung der Zeit.

3. Die Zeit beginnt zu ticken

Mit dem Auftreten der Räderuhren wird die Zeit – kaum merklich zunächst – *entsakralisiert*. Zwar ahmen astronomische Uhren vom Typus des Dondischen Planetariums das ewige Kreisen des Kosmos nach und vergegenwärtigen mit ihren sakralen Kalendarien die heilsgeschichtliche Bedeutung der Zeit; sie scheinen noch ganz Sachwalterinnen der alten Zeitordnung zu sein. Tatsächlich aber hat die große Uhr auf dem Marktplatz von Padua die alte Zeit überholt. Sie ist bereits Repräsentantin der *tickenden* Zeit. Das ruhige Kreisen ihres Kosmos beruht auf ihrer unruhigen inneren Mechanik, und der Zweisekundentakt macht ihr Wesen aus.

Die *bedeutsame Zeit* der Heilsgeschichte war fragwürdig geworden in diesem von Krisen, Seuchen, Beben und Kriegen – die durch den Gebrauch von Feuerwaffen eine völlig neue Dimension erhielten – geschüttelten Jahrhundert. Es entsteht ein Bedarf nach *kalkulierbarer Zeit*. Der monotone Schlag der neuen Uhren ist der Garant ihrer Unbestechlichkeit. Gerade ihre Gleichgültigkeit gegenüber der Bedeutung von Geschehnissen macht ihre Verläßlichkeit aus. Was an den Stadttürmen installiert wird, ist *objektivierte Zeit*. Objektiv ist diese Zeit im doppelten Sinn: sie ist ein dingliches Gegenüber, ein in die Welt gesetztes Machwerk. Und sie ist zum anderen abstinent gegenüber Sinn und Bedeutung, unberührt vom Weltgeschehen und vom Lauf der Dinge, von eherner Gleichförmigkeit. Sie hat ihren Sitz *in der Uhr*. Dort entsteht sie, von dort aus verschafft sie sich Geltung.

Sie verdankt sich weder den Himmelsbewegungen noch menschlichen Seelenregungen. Sie ist das vollkommene Gegenteil der Zeit, von der Augustin spricht. Augustin gelangte nach sorgfältiger Überlegung zu der Überzeugung, die Zeit entstehe und wohne in der Seele. Er fand heraus, daß von der Zeit nicht gesagt werden könne, sie *sei*. Die Vergangenheit *ist* nicht, denn ihr Wesen besteht darin, daß sie *nicht mehr* ist. Die Zukunft *ist* ebenfalls nicht, denn sie enthält alles, was *noch nicht* ist. Und die Gegenwart ist von so unendlich kurzer Dauer, daß sie selbst keine Ausdehnung hat. „Könnte man irgendwas von Zeit sich vorstellen, so winzig, daß es gar nicht mehr sich teilen läßt, auch nicht in Splitter von Augenblicken: solche Zeit allein wäre es, die man ‘gegenwärtig’ nennen dürfte; sie aber fliegt so reißend schnell von Künftig zu Vergangen, daß auch nicht ein Weilchen Dauer sich dehnt. Denn sowie sie sich ausdehnt zerfällt sie schon wieder in Vergangenheit und Zukunft.“ (Augustinus 1987, S. 633 ff.) Augustinus folgert daraus: „... nicht eigentlich läßt sich sagen: Zeiten ‘sind’ drei: Vergangenheit, Gegenwart und Zukunft; vielmehr sollte man genau genommen etwa sagen: Zeiten ‘sind’ drei: eine Gegenwart von Vergangenem, eine Gegenwart von Gegenwärtigem, eine Gegenwart von Künftigem. Denn *es sind diese Zeiten* als eine Art Dreiheit *in der Seele, und anderswo sehe ich sie nicht*: (Hervorhebung M. G.) und zwar ist da Gegenwart von Vergangenem, nämlich Erinnerung; Gegenwart von Gegenwärtigem, nämlich Augenschein (contuitus); Gegenwart von Künftigem, nämlich Erwartung.“ (Augustinus 1987, S. 641 ff.)

Einer so unzuverlässigen, wägenden, gewichtenden und deutenden Instanz wie der erinnernden, erwartenden und anschauenden Seele kann die neue Zeit nicht anvertraut werden. Nicht gläubige Anschauung ist ihr gegenüber die angemessene Haltung, sondern Akzeptanz ihrer Unerbitterlichkeit. Die aus der Seele freigesetzte und in die Uhr gebannte Zeit hat ihre eigene Gültigkeit. Aber es bringt unschätzbare Vorteile, sich dem zwingenden Gleichtakt der Uhr zu beugen. Gerade wegen der unbestechlichen Strenge der Uhrzeit kann man mit ihr rechnen. Und da sie menschengemacht ist, läßt sie sich auch den Absichten *ihres Schöpfers* gefügig machen. Sie läßt sich in Zeitabschnitte teilen, die einander nach ihrer Dauer exakt gleichen, unabhängig davon, was in ihnen geschieht und was staunende, furchtsame und hoffende Seelen erfahren. Da die in die Uhr eingeschriebene Zeit *vor* aller Erfahrung und unabhängig vom Geschehen, gleichsam dinglich wie ein Gerüst existiert, lassen sich Ereignisse in sie eingliedern, in ihrer Dauer messen, in der Reihenfolge sortieren und in eine geordnete Linie bringen. Aber nicht nur das; mit Hilfe der mechanischen Uhren kann man den Ereignissen und Tätigkeiten eine vorherbestimmte Dauer zumessen; man kann ihnen die Zeit der Uhr vorschreiben, statt sie ihre eigene Zeit haben zu lassen. Man kann ihr Auftreten zu vorherbestimmter Stunde inszenieren, ihre Reihenfolge vorab festlegen. Man kann sie mit Hilfe der Uhr synchronisieren und koordinieren, ihr Zusammentreffen organisieren, ihre Gleichzeitigkeit und ihr Nacheinander festlegen. Zeit kann rationiert und kontingentiert werden, sie kann planvoll eingesetzt werden in ökonomische Kalküle. Da sie sich nach Menge rechnen läßt, wird sie auch bewirtschaftbar. Die so beherrschbare Zeit kann ihrerseits zu einem Herrschaftsinstrument werden, mit dem sich Arbeitstage, Arbeitslöhne und Pausenzeiten bemessen lassen.

4. Die tickende Zeit ist ihrer Zeit voraus

Das 14. Jahrhundert hat allerdings für viele der Möglichkeiten, die in der neuen Uhr schlummern und die sie zur 'Schlüsselmaschine' der Moderne (Lewis Mumford) machen, noch keine Verwendung. Die Zeit ist noch nicht gleichauf mit ihren Uhren.

Erstens: Das Diktat der *abstrakten* Zeit, die man von der Uhr abliest oder von ihrem Schlagwerk vernimmt, setzt sich nur bedingt durch. Noch lange konkurriert die abstrakte Zeit der Äquinoktialstunden mit der erfahrbaren Zeit. Nur zu bestimmten Geschäften lassen sich die Menschen durch die Uhr rufen, im übrigen halten sie sich weiterhin an die Zeitordnung, die sich ihrer Wahrnehmung aufdrängt. Zeiterfahrung entsteht aus Differenzen: aus dem Wechsel von Tag und Nacht, Arbeit und Muße, Sommer und Winter. Im Immergleichen bleibt die Zeit undeutlich. Die tickende Zeit kann erst den Sieg davontragen, wenn die Unterschiede in den natürlichen Lebensbedingungen beseitigt sind. *Je gleichförmiger der Lauf der Dinge, desto unumschränkter herrscht die tickende Zeit.* Erst wenn die Nacht durch künstliche Helligkeit zum Tag gemacht werden kann (W. Schivelbusch 1983), erst wenn die menschlichen Tätigkeiten ganzjährig gleichförmig geworden sind und man klimatisiert durchs Jahr kommt, erst wenn überhaupt aus Tätigkeiten keine Zeiteinteilungen mehr herausspringen, weil der rasende Maschinentakt sie regiert, wird der Mensch ohne Alternative an die Zeit der Uhr gefesselt und auf sie angewiesen. Die Uhr wird zur Prothese seiner verkümmerten Zeiterfahrung.

Zweitens: Auch von den prinzipiellen Möglichkeiten der zeitlichen Abstimmung von Ereignissen und Tätigkeiten über große Räume hinweg können die Menschen der frühen Neuzeit noch kaum Gebrauch machen. „Die 'Zeit der Städte' war eine lokale Zeit. Der Stand der Nachrichten- und Transporttechnik erforderte noch keine Zeitmessung bei der Koordination zwischenstädtischer Kontakte.“ (G. Dohrn-van Rossum 1988, S. 112) Was die Zeit anging, blieben die Städte 'urbane Monaden' (J. LeGoff). Mit einer Weltzeit, auf die alle Uhren der Welt in unvorstellbar kleinen Bruchteilen von Sekunden exakt abgestimmt sind (andernfalls sie eben 'falsch' gehen und Chaos auszulösen imstande wären), hat die schwerfällige Räderuhr mit ihrem lokalen Geltungsbereich nicht einmal ahnungsweise zu tun. Und doch schafft sie die Voraussetzung für die Idee einer heute selbstverständlichen weltweiten Einheitszeit, ohne deren Verbindlichkeit Transport, Verkehr, Nachrichtenwesen und Börsengeschäfte zusammenbrächen. Die moderne Einheitszeit löst sich endgültig vom Kosmos, „der archaischen Uhr aller Zeiten“. Der Kosmos geht nicht genau genug. „Seit 1967 sind die äußerst stabilen Schwingungen in der Elektronenhülle von Cäsiumatomen die Meßeinheit für die Erdenzeit ...“ (DER SPIEGEL Nr. 20/1989, S. 203) Die Zeit ist des Menschen.

Drittens: Auch für eine nennenswerte Zukunftsplanung ist die Zeit im 14. Jahrhundert nicht reif. Zukunftsplanung setzt Naturbeherrschung voraus. Solange die Natur nicht technisch domestiziert ist, bleibt sie überraschend. Erst wenn der Mensch den Lauf der Dinge regieren kann, kann er ihnen einen andern Lauf vorschreiben. Der Bereich, in dem sich Ereignisse lancieren, anordnen und bemessen ließen, bleibt eng gesteckt. Zukunftsplanung wäre ja auch von Zukunftsvorsorge abhängig. Dazu wurde noch kaum genug erwirtschaftet.

Viertens: Es wäre verfehlt, die Räderuhren bereits für so tyrannisch zu halten wie das maschinengetriebene Räderwerk des Industriezeitalters. Dennoch wurde exakte Zeitmessung schon früh als mögliche Tyrannei beargwöhnt: „Im Ungefähren ließ sich's gemächlicher leben." (A. Borst 1990, S. 73) Allzu strengen Absprachen, Fristen und Terminen gegenüber war man mißtrauisch. Zwar gab es schon Auseinandersetzungen zwischen Arbeitgebern und Lohnarbeitern um die Arbeitszeit, und es gab Werkglocken, „die die Arbeitszeit und die Pausen innerhalb der Stadt oder für bestimmte Gewerbe (Weberglocke, Winzerglocke) signalisierten." (Vgl. Dohrn-van Rossum 1988, S. 112ff.) Aber für eine wirkliche Zeitdiktatur durch die Uhr reichte deren Durchsetzungskraft kaum. In Lohnauseinandersetzungen ging es nach wie vor um den Tagelohn, und dafür blieben Sonnenauf- und -untergang bestimmend. Auch hier: ehe die mechanische Uhr zeigen konnte, was in ihr steckte, mußte die in Fabriken zusammengefaßte und beaufsichtigte Lohnarbeit, die stundenweise bezahlt wurde, zur vorherrschenden Form der Arbeit überhaupt geworden sein. Erst als Fabrikherren ein Monopol innehatten über zumeist betrügerische, falsch gehende Uhren, die den Arbeitsbeginn vorverlegten und das Ende der Arbeitstage hinausschoben, wobei es den Arbeitern bei Strafe verboten war, eigene Uhren zu tragen, erst als es technisch möglich wurde, dem menschlichen Körper ein immer schnelleres Arbeitstempo einzupeitschen, bewährte sich die Uhr als Herrschaftsinstrument, und erst dann konnte die Idee aufkommen, auf die Uhren am Turm zu schießen, um sich von ihrer Tyrannei zu befreien (K. A. Geißler 1985, S. 147).

Im wesentlichen sind es die Händler und Kaufleute und das sich ausbreitende Bankwesen, die Nutzen aus der neuen Zeit ziehen. Sie ist ihren Geschäften nicht nur deshalb förderlich, weil sie sie berechenbarer und planbarer macht, Vereinbarungen, Termine und Absprachen ermöglicht. Sie ist vor allem deshalb unentbehrlich, weil sie bewirtschaftet werden kann. Im Mittelalter war die Bewirtschaftung der Zeit eine schwere Sünde. Die verfemteste aller Existenzen führte der Wucherer. Denn, um mit Zeit Geld verdienen zu können, mußte er sich Verfügung über die Zeit anmaßen, d. h. er mußte Gott, den Herrn der Zeit, bestehlen. Dem Wucherer war das ewige Höllenfeuer sicher (J. LeGoff 1988, S. 40f.). Die durch die Räderuhr eingeführte Zeitordnung ist selbstgeschaffene und selbstverwaltete Stadtzeit. Mit ihr nach eigenem Willen zu verfahren, schien erlaubt, ohne Gottes Zeithoheit anzutasten. Es ist darum nicht überraschend, daß seit dem 14. Jahrhundert deutlich zwei Zeiten nebeneinander bestanden, und die Frage, ob Kirche und Welt überhaupt in der gleichen Zeit lebten (A. Borst 1990, S. 55), befreite die sich entwickelnde Geldwirtschaft aus allzu engen Fesseln.

Es sind aber nicht die einflußreichen Kaufmanns- und Bankfamilien, die die Installierung der Uhren betreiben, sondern die Landesherren in den Städten und an den Höfen. Entsprechend ist es auch der Hauptzweck der frühen Uhren, den Ruhm und die Reputation ihrer Veranlasser zu erhöhen. Über die Pracht ihrer Ausstattung werden städtische Konkurrenzen ausgetragen. Uhren werden zur begehrten Kriegsbeute, sie werden wie Trophäen heimgeführt, die Eroberung der Stadtuhr bedeutete die Unterwerfung der Stadt: „Die Stadtglocke war ein Herrschaftssymbol; ihre Reichweite war die akustische Markierung eines Herrschaftsbezirks." (G. Dohrn-van Rossum 1988, S. 106f.) Es ist nicht ohne tiefere Bedeutung, daß das Instrument der Zeitbeherrschung zum Herrschaftssymbol schlechthin aufrücken konnte.

5. Alternde Welt und Lebensspanne

Aber die Räderuhren hatten noch eine andere Botschaft für die Menschen des ausgehenden Mittelalters bereit. Als der Mensch sich zum Herrn über seine eigene Zeit aufschwang, begann ihm allmählich zu dämmern, daß er nicht gerade ein Königreich gewonnen hatte. Enttäuscht und erschrocken wurde er gewahr, daß ihm bei diesem Siegeszug tatsächlich nur *seine Zeit* zugefallen war. Was ihm übrigblieb, nachdem er sich aus dem übergreifenden Zusammenhang von Gottes Heilszeit befreit hatte, war sein zwischen Geburt und Tod eingezwängtes klägliches bißchen Leben. Da er sich entschlossen hatte, die Zeit nach Menge zu rechnen, schrumpfte sein Zeithorizont auf ein paar Lebensjahre, deren er noch nicht einmal sicher sein konnte. Die düstere Schattenseite der menschengemachten Zeit ist ihre erbärmliche Kürze. Sie wird durch die gleichzeitig mit der Räderuhr auftauchende Sanduhr, das Stundenglas, symbolisiert. Der gleichmäßig durch sie hindurchrieselnde Sand erinnert daran, daß dem Menschen *seine* Zeit unter den Händen zerrinnt. Die Sanduhr wird Sinnbild der Vergänglichkeit menschlichen Lebens. Nicht von Anfang an allerdings.

In der Bildwelt taucht das Stundenglas zum ersten Mal im Jahr 1338 im Palazzo Publico in Siena auf. Die personifizierte Temperantia, die Tugend der Mäßigung, hält es in der Hand. Diese Tugend wird sonst mit Krug und Fackel dargestellt, als Verweis darauf, daß sich Wasser und Feuer gegenseitig eindämmen. Es gibt auch Darstellungen, in denen Temperantia mit Peitsche und Zügel auftritt, das Zuggespann antreibend und bremsend, damit es eine mittlere Gangart einhält. Auch beim Mischen von Wasser und Wein aus zwei Krügen, um rauschhafter Trunkenheit klug vorzubeugen, findet man diese Tugend (Lexikon der christlichen Ikonographie 1974, Bd. 4, Sp. 219 u. 366). Und schließlich dann also auf S. A. Lorenzettis Fresko mit dem Stundenglas. Die Zeit der Sanduhr unterscheidet sich markant von der der Räderuhr. Die Räderuhr verkündet *immerwährende* Zeit. Die Zeit der Sanduhr hat einen *Anfang* und ein *Ende*. Sie ist die Zeit der kurzen Frist, die willkürlich aus der kontinuierlich verstreichenden, unaufhörlichen Zeit herausgeschnitten werden kann. Vom ewigen Kreisen der Gestirne ist sie endgültig unbeeinflußt. Sie ist in diesem Sinne wirklich abstrakte Zeit. Der Vergleich mit der Lebensspanne drängt sich auf. Auch sie hat Anfang und Ende, ist von kurzer Dauer und hat auf eine kurze Strecke Anteil am Strom der Zeit, aus dem sie auftaucht, der aber nicht mit ihr endet.

Wie tief beunruhigt die Menschen bei dieser Entdeckung gewesen sein mögen, wie weit sie sich von der alten bergenden Zeitordnung entfernt hatten und wie schutzlos sie den erschreckenden Folgen der neuen preisgegeben waren, wie tiefgreifend aber auch der Wandel von der einen Zeit zur anderen war, läßt sich erahnen beim Vergleich zweier berühmter Bildwerke, deren Thema die Zeit ist. Beide haben einen Abstand von mehr als anderthalb Jahrhunderten zum Pestjahr 1348. Das Königsportal der Kathedrale von Chartres stammt aus der Mitte des 12. Jahrhunderts; es gemahnt an die Vorläufigkeit der Zeit. Zeit und Ewigkeit sind Thema. Albrecht Dürers Kupferstich 'Ritter, Tod und Teufel' ist auf das Jahr 1513 datiert. Er atmet den neuen Geist der kurzen Frist, in der es um Leben und Tod geht.

In den Archevolten des Königsportals finden sich Engel, auf Wolken stehend, die Astrolabien in den Händen halten. Astrolabien sind mittelalterliche Instrumente der Himmelsbeobachtung, die fast alle die Zeitbestimmung betreffenden Aufgaben zu lösen gestatten. Im Tympanon des Portals thront Christus als Weltenrichter, umgeben von den vier himmlischen Wesen der Apokalypse, die in der mittelalterlichen Ikonographie die vier Evangelisten symbolisieren (N. Levis-Godechot 1988, Abb. 26/30/31). Um die Zeit, die in dieser Figurenkonstellation dargestellt ist, zu beschreiben, bedarf es großer Worte, die uns fremd geworden sind. Die Zeit ist der Sphäre des menschlichen Treibens ganz entrückt. Sie ist Angelegenheit des Himmels, ihr 'Schicksal' vollendet sich über den Wolken. Sie rechnet nach Äonen und wird von Engeln an Sternen gemessen. Der Weltenrichter übt über sie die Herrschaft aus, und in seinem großen Weltgericht setzt er ihr ein Ende. Das Gericht, das Ende *aller* Zeiten, läßt die ewige Gegenwart anbrechen. Zeit ist nach dieser Vorstellung die Spanne, die der *alternden Welt* noch bleibt. Sie wird ausschließlich sub specie aeternitatis betrachtet. Sie kennzeichnet den unvollkommenen und erlösungsbedürftigen Zustand der gefallenen Welt. Das Vollkommene ist zeitlos.

Das Ende der Zeit hat an sich nichts Schreckliches, im Gegenteil, es befreit die Welt von ihrer Zeitlichkeit und Hinfälligkeit. Anders als andere Weltgerichtsdarstellungen – die berühmteste von allen findet sich an der Kathedrale von Autun – schweigt sich das Königsportal über das Schicksal der Verdammten und ihre Verurteilung zur ewigen Pein aus. So erscheint hier das Gericht nur als erlösende Aufhebung der Vergänglichkeit, an der der Mensch als Teil des Kosmos selbstverständlich Anteil hat. Christus wird nicht als strafender, sondern als zeitbeherrschender Weltenrichter dargestellt. Der Betrachter dieses Bildwerks versenkt sich in das Schicksal der alternden Welt, des 'mundus senescens', und lebt im Schatten, den das kommende Weltgericht vorauswirft: „Wir aber brauchen die vorausgesagten Ereignisse nicht nur zu glauben, wir erleben sie ja, sehen wir doch, daß die Welt, von der jene nur vorausgesagt haben, daß man sie wegen ihrer Unbeständigkeit verachten müsse, im Verfall begriffen ist und sozusagen vor Altersschwäche in den letzten Zügen liegt." (Bischof Otto von Freising 1990, S. 375)

Der eigene Tod hat in dieser Zeitbetrachtung keine eigensinnige Bedeutung. Die Zeit des Einzellebens ist die mikrokosmische Entsprechung des makrokosmischen Alterungsprozesses (vgl. A.M. Haas 1989, S. 52 u. A. Borst 1980, S. 120). Lebenszeit und Weltzeit durchlaufen die gleichen Phasen von der Kindheit bis zum Greisenalter. Der Tod des einzelnen Menschen ist so wenig zu fürchten wie das Ende der Welt, wenn Leben und Sterben Gott anbefohlen wurden. Die Einzelleben sind alle doch nur Teilchen des ganzen Weltgeschehens und erhalten von ihm ihre Bedeutung, ihren Sinn und ihre Hoffnung (Augustinus 1987, S. 665). Die Vorstellung, daß der Mensch Anspruch auf *seine* Zeit *habe*, ist diesem Denken gänzlich fremd.

In Dürers 'Ritter, Tod und Teufel' wird ein einzelner Mensch vom Tod bedroht (vgl. H. Böhme 1991, S. 70 f.). Das Geschehen ist sehr erdgebunden. Dem Himmel ist nur noch ein kleiner Bildausschnitt zugebilligt. Nur ein paar vertrocknete Bäume, dorniges Gestrüpp, die geschulterte Lanze des Ritters und die Hellebarde, mit der sich der Teufel ausgerüstet hat, ragen in ihn hinein. Am Himmel selbst findet sich kein Zeichen. Die dramatische Szene spielt sich in einer Art Hohlweg ab. Oben auf dem Berg liegt die turmbewehrte Stadt.

Der Ritter, in voller Rüstung, das Schwert gegürtet, blickt bei offenem Visier unverwandt geradeaus. Sein Pferd tut es ihm gleich. Und auch der Hund zwischen den Hufen der Pferde hat an dieser Blickrichtung teil. Es ist, als koste es Mensch und Tier große Anstrengung, den Blick nicht schweifen zu lassen, nicht in den Sog des Geschehens, das sich um sie herum zusammengezogen hat, zu geraten; als könne Rettung erwartet werden von der Nichtbeachtung der Gefahr. Neben dem Ritter, nicht ganz gleichauf mit ihm, ein wenig voraus, so daß er ihm ins Gesicht schauen kann, reitet der Tod, bärtig und gehörnt. Um Gehörn und Hals ringeln sich giftige Ottern. Er hält das Stundenglas vor den Ritter hin und sucht seinen Blick darauf zu lenken. Das Pferd des Todes, mit einer Glocke um den Hals, scheint sich für einen Totenschädel am Boden zu interessieren und verstellt mit der Wendung des Halses dem geradeaus strebenden Pferd des Ritters den Weg. Hinter dieser Gruppe, ihr den Rückzug abschneidend, folgt der bocksfüßige Teufel, ein Mischwesen, eine Art aufrechtgehender Wolf, dessen Kopf von einem ganzen Ensemble verschiedenartiger Hörner umstellt ist, gewundene Widderhörner zu beiden Seiten, ein drohendes Spitzhorn mitten auf dem Kopf und eine bizarre Schildplatte auf der Stirn.

Der Kupferstich 'Ritter, Tod und Teufel' hat zur alternden Welt keinen Bezug. Sein Thema ist die jeden Augenblick vom Tod bedrohte und allzu kurze Lebensspanne des Individuums. Als Betrachter weiß man, daß der Tod sich die Aufmerksamkeit seines Opfers erzwingen kann. Das Bemühen, seine Anwesenheit zu leugnen, ist ebenso zum Scheitern verurteilt wie der Versuch, sich durch Rüstung und Bewaffnung gegen ihn zu schützen. Es mag sehr wohl sein, daß der Tod sich bei dieser Begegnung abweisen läßt. Er ist kein Wüterich. An Noblesse vermag er es mit dem Ritter aufzunehmen. Er ist seiner Beute so sicher, daß er sie für diesmal fahren lassen und dem Ritter den Triumph eines Scheinsieges gewähren kann. Anders der Teufel. Er wirkt lüstern und geifernd, möchte zupacken. Die Tatsache, daß der Teufel dem Tod zu Diensten ist, sein willfähriger Knecht, entlarvt die noble Maske des Todes und macht ihn unannehmbar. Tod und Teufel sind die skandalösen Erzfeinde des Menschen, gegen sie muß er *seine Zeit* verteidigen. Zur Rüstung, zur Verschalung seines verletzlichen Körpers hat der Ritter bereits seine Zuflucht genommen. Sein Stolz hindert ihn, in der Flucht sein Heil zu suchen. Hetzen läßt er sich nicht. Sein Ritt ist stetig, darin bewährt sich der Mut eines gefahrengewohnten Lebens. Über kurz oder lang wird aber der Mensch gerade darin seine Chance gegen den chronisch zu frühen Tod erblicken, daß er ihn durch Geschwindigkeit überlistet.

6. Heilmittel gegen den zu frühen Tod

War einstmals die Dauer der Welt, von ihrer Erschaffung bis zu ihrem Untergang im Letzten Gericht, die Zeiteinheit, mit der die Menschen rechneten, so wird am Beginn der Neuzeit die Dauer des Lebens von der Geburt bis zum Tod zur bestimmenden Zeiteinheit. Was der Mensch jetzt belangreich findet, ist seine eigene Verweildauer *in der Zeit*. Der mittelalterliche Mensch war seiner eigenen Anteilhabe an der verbleibenden Zeit der alt gewordenen Welt über seinen Tod hinaus sicher. Er mußte nicht fürchten, etwas zu versäumen. Er würde am Ende aller Tage dabeisein. Sorge bereitete ihm nur die Frage, ob er zu guter Letzt der Verdammnis anheimfiele oder in die ewige Seeligkeit einginge. Aber diese Sorge hat mit der Dauer seines Erdenlebens nichts zu tun, sondern nur mit der Art seiner Lebensführung.

a) Gelassenheit

Seitdem die Lebensspanne so unsanft aus der Welt- und Heilszeit herausgeschnitten worden war, seit das Einzelleben nicht mehr aus der Perspektive der alternden Welt, sondern umgekehrt die Welt aus der Zentralperspektive des hinfälligen Einzellebens betrachtet wurde, entstand ein chronischer Mangel an Dauer. Gegen diesen unwiderruflichen Mangel war nicht viel Kraut gewachsen. Allenfalls der stoische Gleichmut, den Petrarca als Heilmittel gegen die Todesangst verordnete und der später auch Montaigne als der einzige Weg erschien, nicht in Trübsal und Schwermut zu verfallen.

Gelassenheit gegenüber dem Tod erscheint Petrarca als das Vernunftgemäße. Die Vernunft gebietet allerdings die Haltung der Lebensverneinung, nicht im Sinne des Lebensekels und der Verhöhnung des irdischen Lebens, sondern im Sinne der Leidenschaftslosigkeit. Er entfaltet das Ideal der Leidenschaftslosigkeit in seinem Spätwerk über die Arznei gegen das Glück in seiner beiderlei Gestalt, der guten und der widerwärtigen, in beiden Richtungen. Er warnt, sich an irdische Güter, in welcher Gestalt auch immer, zu klammern und sich von keiner Lust zur Anhänglichkeit ans Leben verführen zu lassen: nicht vor der Kurzweil, die die 'Schalcksnarren' verbreiten, nicht von 'kostlichem Hausradt', nicht von der 'menge und vile der bücher' (eine Mahnung, die sich der leidenschaftliche Büchersammler selbst ins Stammbuch geschrieben hat), nicht von Freude und Überfluß und nicht vom Übermaß der Freunde (F. Petrarca 1984).

Er hält aber seine Leser auch zur Mäßigung bei Leidensbekundungen und Klagen an. Die Leidenschaften, die weltlichen Begehrlichkeiten wie auch die übermäßige Furcht vor dem Tod oder anderem Mißgeschick, liefern den Menschen den Launen des Schicksals aus, jener unberechenbaren Dame mit dem Füllhorn. Vernünftigerweise kann sich der Mensch von der Furcht vor dem Verlust irdischer Güter, zu denen auch das Leben selbst gehört, nur befreien, wenn er nichts zu verlieren hat. Petrarcas Trost besteht in der Empfehlung einer vernunftgemäßen Gleichgültigkeit und dabei beruft er sich bezeichnenderweise auf die Lehren der antiken Stoiker. „Da die Affekte ... Störungen des Bewußtseinsablaufes hervorriefen, wurden sie von den Stoikern ... für natur- und vernunftwidrig erklärt ... Das Ideal ist für Petrarca also der Mensch, der über Tugend verfügt und mit Hilfe der Vernunft die Leidenschaften überwunden hat. Er ist der wahrhaft Weise, gelassen, innerlich frei, ohne Bedürfnisse, unabhängig und mithin glücklich." (M. Lemmer 1984, S. 191)

Daß Petrarca selbst weit von einem stoischen Gleichmut entfernt war, ist eine Sache. Eine andere Sache ist es, daß er der Todesfurcht dann doch nicht nur mit diesem Argument beikommt. Wie sehr er auch darauf pocht, daß der Tod ein Schicksal ist, das jeder Mensch mit allen teilt, wie eindringlich er Unsterblichkeit gleichsetzt mit unendlichem Leid, wie sehr er das Leben als erlösungs- und darum beendigungsbedürftig charakterisiert und den Tod als große Ruhe, zu guter Letzt zieht er sich doch auf die Unsterblichkeit der Seele zurück und auf mehr als einen metaphysischen Rest. Gelassenheit, wie Petrarca sie lehrt, kann der christlichen Frömmigkeit nicht entraten. Seine Vernunft ist bei aller Präferenz für die antike Philosophie doch keine säkuläre Vernunft, sondern eine, die tief durchdrungen ist vom christlichen Glauben. Die Tatsache, daß Petrarca sich nicht die Bezwingung des Todes vornimmt, wie es der zum Skandal gewordene Tod nahegelegt hätte, sondern sich darin übt, den Tod gewähren zu lassen, ist nur aus der stark christlich motivierten Zuversicht, aus der sich seine Lehre auch speist, zu erklären.

Das ist der Preis, den die Gelassenheit fordert, daß sich die Vernunft ihren Anspruch auf Weltdeutung mit dem Glauben teilen muß.

Beides, die Halbierung der Vernunft und den Weltverzicht, werden die Architekten der Moderne entschieden zurückweisen. Sie werden der Vernunft ein Monopol sichern und gegen alles, was nur geglaubt werden kann, im Namen der Vernunft zu Felde ziehen. An die Stelle der Lebensverneinung werden sie die Todesverneinung setzen, deren Kehrseite eine geradezu heilige Pflicht zur Lebensbejahung ist. Askese steht nicht auf der Tagesordnung des modernen Menschen, und damit hat auch die Gelassenheit gegenüber dem Tod oder die Unterlassung ihm gegenüber keine Chance. Die Begeisterung fürs Zupacken bestimmt auch die Haltung gegenüber der eigenen Sterblichkeit.

b) *'Memento vivere'*

Auf eine nicht ganz so gelassene, dafür aber vergnüglichere und leichtsinnigere Weise versuchen die jungen Florentiner aus Boccaccios 'Decamerone', sich ihre Kurzlebigkeit annehmlich zu machen. Das 'Decamerone' beginnt mit einer unerhört drastischen Schilderung der Pestseuche: „... Diese Heimsuchung hatte in den Herzen der Männer und der Frauen einen solchen Schauder erregt, daß ein Bruder den anderen verließ oder der Oheim den Neffen ... und oft die Frau ihren Gatten; und was gewichtiger und schier unglaublich ist, sogar die Väter und die Mütter scheuten sich, nach ihren Kindern zu sehen und sie zu pflegen, als ob sie nicht die ihrigen gewesen wären ... Und nicht wenige waren, die bei Tag oder bei Nacht auf der öffentlichen Straße verschieden; und bei vielen, die in ihren Häusern verschieden waren, erfuhren die Nachbarn erst durch den Gestank ihrer verwesenden Körper, daß sie tot waren ... vielmehr war es so weit gekommen, daß man sich um die Menschen, welche starben, nicht anders kümmerte, als man es heute bei Ziegen täte." (W. Durant 1981, Bd. 7, S. 290 f.)

Diesem Grauen wollen sieben junge Damen aus der besten Gesellschaft von Florenz nicht länger tatenlos standhalten. Sie beschließen, wenigstens den Versuch zu unternehmen, der Pest zu entkommen, indem sie sich alle zusammen mit ihrer Dienerschaft aufs Land begeben, um sich dort, von einer Villa zur anderen ziehend, so viel 'Freude, Annehmlichkeit und Lust', wie sie nur könnten, zu verschaffen (W. Durant 1981, Bd. 7, S. 291): Es fügt sich, daß drei junge Herren mit von der Partie sind, ohne daß die jungen Damen um ihren guten Ruf fürchten.

Sie ziehen am folgenden Tag mit Vorräten und Dienerschaft in ein prächtiges Landhaus mit herrlichen Gärten, „Brunnen eisfrischen Wassers und mit Kellern, voll des köstlichsten Weines." (W. Durant 1981, Bd. 7, S. 291) Sie lassen es sich wohl sein bei ausgedehnten Mahlzeiten, sie lustwandeln in den Gärten und vergnügen sich vor allem mit Geschichten erzählen. Es wird beschlossen, daß jeder von ihnen jeden Tag die andern mit einer Geschichte erheitern soll. So kommen hundert äußerst freimütige, amouröse Geschichten zusammen, die sich lustig machen „über die Askese, die Keuschheit, die Beichte, über Reliquien, Priester, Betbrüder, Mönche, Nonnen, sogar über die Kanonisation von Heiligen." (W. Durant 1981,

Bd. 7, S. 293) Die einzige Pflicht, die sie sich auferlegen, ist die, ihr Vergnügen zu mehren; unerlaubt sind nur schlechte Nachrichten, die die Heiterkeit trüben könnten: Es war verboten, „von draußen eine andere Zeitung als eine fröhliche zu bringen." (W. Durant 1981, Bd. 7, S. 292)

Dieses Verbot zeigt, daß die Mitglieder der beschaulichen Landpartie gegenüber dem rasenden Tod, der alles um sie herum niedermäht, nicht gelassen sind. Sie sind ja vor ihm auf der Flucht, aber ihre Flucht hat nichts Überstürztes, sie weichen dem Tod elegant und mit Haltung aus, lassen sich von seinen Sensenschwüngen nicht in Furcht und Zittern versetzen und weigern sich, die Verwüstungen, die er anrichtet, als *'Memento mori'* zu lesen. Ohne daß er namentlich vorgeführt wird, gehört der Tod mit in die Menagerie derer, über die sie sich in ihren Geschichten keck belustigen. Sein blutrünstiges Spektakel wird ihnen zu einem *'Memento vivere'* (G. Condreau 1991, S. 192). Das alles ist freilich unerhört aufsässig. Lag doch über der Zerknirschung und Reue des allerletzten Augenblicks die Verheißung, daß sich damit für das Seelenheil noch alles zum Guten wenden ließe, selbst nach einem gottlosen Lebenswandel. Daß diese letzte Chance zugunsten eines flüchtigen Vergnügens ausgeschlagen wird, zeigt, daß auf das Jenseits nicht mehr viel Hoffnung gesetzt wird. Das Leben ist die einzige Gelegenheit, zu leben und sich Vergnügen, Genuß und Lebenslust zu bereiten. Es ist offenkundig, daß das 'Memento vivere' nicht mehr die Antwort an einen gütigen oder strafenden Gott ist, sondern an einen willkürlichen, eigenmächtigen, wütenden Tod, durch den man sich nicht einschüchtern läßt.

c) Anrecht auf durchschnittliche Lebenslänge

Nicht ausweichend, sondern kämpferisch verhält sich die literarische Gestalt des 'Ackermann aus Böhmen' gegenüber dem Tod. Johann von Tepls 1401 veröffentlichtes Streitgespräch zwischen dem Ackermann und der „Personenallegorie des Todes" entzündet sich am allzu frühen Tod Margarethas, der Gattin des Ackermanns.

Der Dialog beginnt „mit einer großartigen Todesschelte ..., in welcher der Tod ... als Mörder beschuldigt wird." (A. M. Haas 1989, S. 175) Es ist schon eine phantastische Kühnheit, den Tod einen Mörder und gemeingefährlichen Verbrecher zu nennen. Der Tod zeigt sich durch die Anwürfe unbeeindruckt und pariert sie mit „kalten Vernunftüberlegungen über die Natürlichkeit des Todes". Im Laufe des Gesprächs wird der Ackermann in seiner Anklage immer zaghafter und kleinlauter, „so daß er schließlich nur noch Vergütung für seinen Verlust verlangt" und den Tod sogar um Rat bittet (A. M. Haas 1989, S. 175). Der Tod empfiehlt sich in dieser Szene bereits als Vollstrecker des Naturgesetzes. Das bedeutet, daß sich die Anklage des Ackermanns allenfalls auf den *zu frühen Tod* seiner Gattin beziehen kann. Der Tod als solcher ist nicht anfechtbar. Implizite wird zum ersten Mal das *Recht auf eine gebührlich lange, also durchschnittliche Lebensspanne* eingeklagt. Das Leben ist kurz, aber es soll wenigstens die ihm zukommende Dauer haben.

Auch darin jedoch bekommt der Ackermann in dem Schiedsspruch Gottes, der den Streit beendet, nicht recht. Gott gönnt dem Ackermann die Ehre, spricht aber dem Tod den Sieg zu: „der Mensch schuldet dem Tod das Leben, den Leib der Erde, Gott aber die Seele." (A. M. Haas 1989, S. 175) Gott tritt zwar noch als Schiedsrichter auf, aber er ist nicht mehr Herr über Leben und Tod. Er verhängt den Tod nicht mehr, sondern muß ihn gewähren lassen. Eine eigentümliche Gewaltenteilung hat stattgefunden.

Die Idee eines Anrechts auf ein Normalleben wird die Menschen weiter beschäftigen. Wenn das Leben schon von kurzer Dauer ist, dann soll es wenigstens von verläßlicher Dauer sein. Der zu frühe Tod ist einstweilen der, dem die Kampfansage gilt. Er ist in besonderer Weise skandalös und Anlaß zu Empörung, Hader und Rebellion. Der Kampf gegen den zu frühen Tod wird sich aber mehr zu einer Frage der Sicherung als der Erweiterung des Lebens auswachsen.

d) Fortleben in der Erinnerung

Eine vierte Anstrengung, dem flüchtigen Leben Zeit hinzuzufügen, läuft darauf hinaus, ein die eigene Existenz überdauerndes Werk zu schaffen. Das Werk soll in der Welt eine Spur hinterlassen, mit der sich sein Schöpfer in die Erinnerung der Nachkommen einschreibt. Es soll dem Toten ein Weiterleben im Gedächtnis sichern. Am 26. August des Jahres 1509 schreibt Albrecht Dürer einen Brief an seinen Auftraggeber Jakob Heller, in dem es wie in den meisten

Briefen Dürers um seine prekäre Finanzlage geht. Ein ganz normaler Bittbrief also: „Denn ich habe sie mit großem Fleiß gemalt, als Ihr sehen werdt. Ist auch mit den besten Farben gemacht, als ich sie hab mögen bekommen. Sie ist mit guter Ultramarin unter-, über- und ausgemalt, etwa 5 oder 6 mal. Und da sie schon ausgemacht war, hab ich sie darnach noch zwiefach übermalt, uf daß sie lange Zeit währe. Ich weiß, daß Ihr sie sauber halt, daß sie 500 Jahre sauber und frisch sein wird. Denn sie ist nit gemacht, als man sonst pflegt zu machen. Darum laßt sie sauber halten, daß man sie nit berühre oder Weihwasser darauf werfe. Ich weiß, sie wird nit geschändt, es sei denn, daß es mir zuleid geschehe." (A. Dürer 1989, S. 127)

Der Anlaß des Briefes ist prosaisch. Dürer streicht die besondere Qualität seines Retabels heraus, um zusätzliche Geldmittel einzuwerben. Bemerkenswert ist allenfalls, daß er die Qualität des Bildes mit seiner nie dagewesenen Haltbarkeit begründet. Das setzt voraus, daß Haltbarkeit zu einem Wert geworden ist, den man sich etwas kosten läßt. Daß er aber dem Bild eine Zukunft von 500 Jahren prophezeit, hat nicht nur mit kleinlicher Buchhaltung zu tun. Er vermeint, sich in dem Bild ein Denkmal zu setzen, das ihn eine kleine Ewigkeit zu überdauern vermag. Die Besorgnis, das Kunstwerk könne durch unsachgemäße Behandlung vor der Zeit zerstört werden, plagt ihn, weil er sein postmortales Schicksal an das von ihm erschaffene Werk gebunden hat. Der Abscheu, mit dem er die Weihwassersprenkelei bedenkt, läßt nicht mehr viel Respekt gegenüber den sakralen Handlungen zur Rettung der Seele erkennen. Das Weihwasser kann seinem Altarbild nichts hinzufügen, es kann es nur verderben. Die rituelle Handlung wird zum Banausentum gegenüber dem vom Künstler geschaffenen Ewigkeitswert. Das zeugt von nicht geringem Selbstbewußtsein. Nicht vom gläubigen Ritual, sondern von der Beständigkeit seiner Schöpfung erwartet er sich Erlösung von allzu rascher Vergänglichkeit.

Die materielle Beständigkeit des Werkes allein garantiert jedoch keinesfalls ein Fortleben in der Erinnerung der Nachwelt. Auch sein Gehalt muß den Stürmen der Zeit und der Moden standhalten können. Daher das unablässige Bemühen um die ewigen Gesetze der Proportion und Harmonie und um die Übereinstimmung mit kosmischen Gesetzen. Ob es jedoch gelingt, den eigenen Namen in die Annalen der Geschichte einzuschreiben, hängt von unzähligen

Unwägbarkeiten ab. Nur wenigen ist es beschieden, ein unsterbliches Werk zu schaffen, das seinen Urheber namhaft macht. Durch Signatur und unverwechselbare Stilmerkmale eignen sich die Künstler der Renaissance die Kunstwerke, denen sie ihr Fortleben über den Tod hinaus anvertrauen, zu. Von solcher Bemühung wußten die mittelalterlichen Künstler nichts. Sie blieben getrost anonym.

Trotz aller Vorsorge hatte jedoch diese Form der Überlebenssicherung wenig Beruhigendes. Nicht nur, daß hunderterlei Zufälle über die Dauerhaftigkeit solcher Hinterlassenschaften entscheiden. Die größte Unsicherheit geht von der Nachwelt aus, an deren Erinnerungsbereitschaft die Toten ausgeliefert sind. Für Dürer ist diese Befürchtung noch sehr handfest und konkret. Er zeigt sich beunruhigt darüber, daß jemand, der ihm übel will, sich an seinem Werk vergreifen und es mutwillig zerstören könnte, um den Nachruhm des Urhebers zu schädigen.

Die Einsicht, zu der jedoch der zur Vernunft gekommene, säkularisierte Mensch, der sich das Jenseits aus dem Kopf geschlagen hat, genötigt sieht, ist von einem anderen Härtegrad. Die Toten, die ihre Existenz nur noch der Erinnerung der Nachwelt verdanken können, sind, wie Jean Paul Sartre zeigt, den Lebenden vollständig ausgeliefert. Sie können gegen die Lebenden nichts ausrichten und konnten auch zu ihren Lebzeiten keine Vorsorge gegen die uneingeschränkte Übermacht der Lebenden treffen. Die Lebenden vermögen alles über die Toten: Sie können das Leben der 'Dahingegangenen' festhalten und sich zu dessen Wächter machten; sie können es aber auch in Vergessenheit geraten lassen. Sie können die Toten zu Kollektivexistenzen zusammenfassen und ihnen die Erinnerung an sie als an unverwechselbare, persönliche Existenzen versagen. Sie können ihnen gegenüber gleichgültig sein und die Toten immer wieder 'sterben' lassen (vgl. J.P. Sartre 1984, S. 90f.), sie können sie verfälschen. Vor allem aber können und werden sie die Toten ihrem Sinn und ihrer Deutung unterwerfen, und die Toten können diese Entstellung nur erleiden. „... der Tod (stellt) eine vollständige *Besitzwegnahme* dar. ... Das bedeutet also, daß derjenige, der den Sinn seines zukünftigen Todes zu erfassen versucht, sich als künftige Beute der Anderen entdecken muß.“ (J.P. Sartre 1984, S. 92f.) Diese Vergeblichkeit verdunkelt die Hoffnung auf ein Fortleben im Nachruhm und in der Erinnerung der Nachwelt.

e) *Lebensverlängerung und Lebenserleichterung*

Als im 17. Jahrhundert sich die Zuversicht durchsetzt, der Mensch könne sich zum 'Herrn und Meister der Natur' (Descartes) aufschwingen, wenn er nur die Wirkweisen der Naturkräfte präzise genug durchschaute, muß der Knochenmann, der mit dem Stundenglas herumfuchtelt, abdanken. Vom furchterregenden Widersacher ist er zur komischen Figur abgestiegen und gehört der unaufgeklärten Vergangenheit an. Im Gegensatz zur Zeit, die am Beginn der Neuzeit dem Menschen äußerlich wurde und aus der Seele in die Uhr hinüberwechselte, wird der Tod am Beginn der Aufklärung dem Menschen innerlich. Weder ist er noch Ereignis aus Gottes Hand, noch ist er als Niederlage im Kampf mit einem unbezwingbaren Gegner aufzufassen; er ist vielmehr als ein Defekt eines komplizierten Mechanismus zu denken, so gravierend, daß er dessen Stillstand verursacht. Die Lokalisierung der Zeit in der Uhr und die Verlegung des Todes in den Mechanismus, als den man sich den lebendigen Körper denkt, erfüllen denselben Zweck: die Beherrschbarkeit. René Descartes richtet alle diesbezüglichen Erwartungen auf eine auf 'unfehlbaren Beweisen erbaute Medizin', mit deren Hilfe man „von einer unendlichen Anzahl Krankheiten des Körpers und des Geistes und möglicherweise sogar von der Altersschwäche befreit werden könnte." (R. Descartes 1897–1913, Bd. VI, S. 62).

Für diese neue Sicht des Todes und des Lebens ist die Sanduhr mit dem unbeeinflußbaren Ausrinnen ihres Inhalts und mit ihrer strikt determinierten Frist kein brauchbares Symbol mehr. Die Räderuhr, in die die beherrschbare Zeit gebannt ist, die, wenn sie nur störungsfrei gehalten und gut gewartet wird, unaufhörlich in Bewegung bleibt, wird zur Metapher für einen *funktionierenden Organismus*. Mit diesem Symbol wird das Projekt der *Lebensverlängerung* denkbar. Descartes nährt die Hoffnung, mit Hilfe gründlicher Kenntnisse seiner Funktionsweise und des Zusammenspiels seiner Kräfte könne man den komplizierten und hinfälligen menschlichen Körper so meisterhaft in den Griff bekommen, „wie ein Uhrmacher den komplizierten und gefährdeten Mechanismus einer Uhr im Griff hat und (man könne) dadurch den Krankheiten steuern und das Leben verlängern." (R. Specht 1986, S. 73) Mit der mechanischen Uhr wollte der abendländische Mensch die Zeit beherrschen. Indem er selbst zum Uhrwerk wurde, glaubte er sich nach eigenem

Belieben in Gang halten zu können. Descartes beschäftigt sich deshalb unermüdlich mit der Anatomie, um den Mechanismus durchschauen zu lernen. Er fordert seinen schwer erkrankten Freund Mersenne allen Ernstes auf, so lange durchzuhalten, bis er wisse, ob der Durchbruch zur vollständigen Kenntnis des menschlichen Körpers ihm gelingen werde. Und tatsächlich munkelt Volkes Stimme über ihn, er habe behauptet, er könne so lange leben, wie er wolle (R. Specht 1986, S. 75).

Descartes hält den Tod nicht mehr für *unvermeidlich*, sondern nur für *noch unvermeidlich*. Die Lebensverlängerung wird ihm zum Inbegriff der Leistung der Medizin, einstweilen jedenfalls bis die Medizin zu ihrem vollendenden Abschluß gelangt (H. Blumenberg 1986, S. 175). Denkt man den Gedanken der Lebensverlängerung zu Ende, dann ist er da, der Griff nach den Sternen, der Anspruch auf die Herrschaft über Leben und Tod. Und doch ist das kein prometheisches Fäusterecken, mit dem Gott oder den Göttern Rivalität angekündigt wird. Vielmehr scheint noch eine Art Kooperation gemeint, sogar Gehorsam und Pflichterfüllung, die darin bestehen, daß der Mensch von der Gottesgabe der Vernunft den bestmöglichen Gebrauch macht. Nicht nur die Vervollkommnung des medizinischen Wissens, sondern das Programm der Naturbeherrschung schlechthin hat seinen Zweck darin, die miserable zeitökonomische Situation des Menschen zu verbessern. *Lebensverlängerung* ist der eine Strang der Bemühung, *Lebenserleichterung* der andere. Wenn es gelingt, der Natur das Geheimnis ihres Funktionierens zu entreißen, dann kann man sich ihrer Kräfte in einer verbesserten Technik bedienen, um die Kräfte des Menschen zu schonen, seine körperliche Arbeit zu verringern und zu erleichtern. Die „Erfindung einer unendlichen Zahl von Maschinen ... (wird) uns ohne alle Mühe die Früchte der Erde und alle auf ihr befindlichen Annehmlichkeiten genießen lassen." (R. Descartes 1897–1913, Bd. VI, S. 62) Die Lebenserleichterung verbessert die Zeitökonomie erheblich, auch wenn der Lebensspanne dadurch keine Elle zugesetzt wird. Sie vermehrt die angenehme Zeit und verringert die Zeit, die der harten Notwendigkeit geschuldet ist. Auch mit Zeit-Apartheid läßt sich Zeit gewinnen oder – aus einem anderen Blickwinkel – sparen. In Descartes' Doppelstrategie fällt der Kunst der Medizin die Aufgabe zu, das Leben in die Länge zu strecken, die 'unendliche Anzahl von Maschinen' hingegen soll aus ihm einen langen Sonntag machen. Der Enthusiasmus für die aktive Lebensverlängerung ließ mit ausbleibendem Erfolg nach und wurde erst im 20. Jahrhundert reanimiert. Das Konzept der Lebenserleichterung erwies sich dagegen als zukunftsträchtig.

f) Gattungsgeduld

Die Gelassenheit, das Memento vivere, die Erinnerung der Nachwelt, die Lebensverlängerung, der Rechtsanspruch auf eine wenigstens durchschnittliche Lebensspanne, das alles sind Antworten, mit denen sich das Indiviuum im wohlverstandenen Eigeninteresse über seinen unerträglichen Zeitmangel hinwegzutrösten versucht. Eine der Antworten, die die Neuzeit erfand, ist nicht individualistisch: Das der Vergänglichkeit gegenüber auf sich gestellte, einsame Individuum sucht erneut Halt in einer Heilsgeschichte, in der säkularisierten Heilsgeschichte des Fortschritts. Es erlöst sich von seiner Vereinzelung dadurch, daß es sich als Glied in der Kette der Gattungsfortschritte begreift. Das ist eine entsagungsvolle Position, denn der einzelne muß es den kommenden Generationen überlassen, den Fortschritt zu ernten, den er gesät hat. Er leistet Verzicht im Namen eines ihn verpflichtenden Noch-Nicht. Dem noch uneingelösten Menschenmöglichen bringt er Opfer, für die er selbst nicht entschädigt wird, allenfalls dadurch, daß er seine Anstrengung nicht vergeblich, sondern sinnhaft finden darf. Das große Projekt der Naturbeherrschung ist eine Gattungsaufgabe von so gewaltigem Umfang, daß ihr gegenüber die Zeitdimension eines Einzellebens verschwindend gering ist. Der Erkenntnisfortschritt muß unabhängig „von der Lebenszeit der (ihm) dienenden Individuen" (H. Blumenberg 1986, S. 175) sein. Die im Fortschrittsglauben „geeinigte Gattung wäre befreit von der auf Überstürzung angelegten Erfüllungsversessenheit des Individuums. Sie kann warten oder sollte es können, bliebe nicht der Hiatus ungeschlichtet, daß das Individuum sich die Geduld der Gattung nicht leisten kann." (H. Blumenberg 1986, S. 175) Die Gattung hat Zeit, das Individuum nicht. Dieser Konflikt wird die explosive Dynamik der Moderne freisetzen.

Am Ende des zwanzigsten Jahrhunderts hat sich die Perspektive verändert. Die Zeit des Individuums hat sich der der Gattung angenähert, nicht weil die individuelle Lebenszeit sich so nennenswert ausgedehnt hätte, sondern weil die Zeit der Gattung angesichts ihrer möglichen Selbstvernichtung dramatisch geschrumpft ist.

Descartes verstand sich noch ganz als *Diener* am großen Projekt des Menschheitsfortschritts. Er begnügte sich mit dem Vorschein einer Erfüllung, die die Späteren genießen würden. Denn: So richtig es sei, daß ein jeder das Wohl seiner Mitmenschen fördern solle, so sei es doch zuweilen die vornehmere und dringlichere Aufgabe, „die Sorge über die Gegenwart hinaus zu erstrecken", mit der Konsequenz, das zu unterlassen, „was den Zeitgenossen vielleicht nützt" und statt dessen etwas anderes in Angriff zu nehmen, „was unseren Enkeln um so mehr einbringt" (R. Descartes, 1897–191, Bd. VI, S. 66). Als Zuarbeiter für den Menschheitsfortschritt sah sich Descartes zur Geduld genauso fähig, wie er sich zur Eile angetrieben fühlte. Geduld konnte er sich leisten, weil er der individuellen 'Erfüllungsversessenheit' entriet; zur Eile war er genötigt, weil er einen möglichst großen Teil der Gattungsaufgabe, die er immerhin für beendbar hielt, bewältigen wollte. Er genoß weder die Muße, die dem Geduldigen zufallen kann, noch die Erfüllung, die sich der Eilige als Lohn erwartet.

Im Fortschreiten des Fortschritts wird sich diese entsagungsvolle Haltung in ihr Gegenteil verkehren. Wenn die Idee, den Nachfahren dienstbar zu sein, ihre Verbindlichkeit eingebüßt hat, werden Zeitgenossen mit ihresgleichen um Vorteile innerhalb der verfügbaren Lebenszeit rivalisieren. Sie werden nicht mehr unter großem Einsatz für das Wohlergehen der Nachfahren Sorge tragen, sondern umgekehrt ihr Wohlergehen auf Kosten der Nachkommen fördern und deren Zukunft gleichsam 'auf Pump verscherbeln'. Die Gangart des Fortschritts wird dann nur noch eine Geschwindigkeit kennen, die wegen der fatalen Kürze des Lebens zur Hektik gesteigerte Eile. Die Gattungsgeduld wird in diesem Tempo aufgerieben.

g) Beschleunigung

Nichts scheint dem modernen Menschen weniger geeignet, um sein Verhältnis zur Welt ins Gleichgewicht zu bringen, als Geduld. Im Gegenteil, nur mit äußerster Ungeduld glaubt er dem fundamentalen Mißverhältnis, in das er geraten ist, beikommen zu können:

Als ein Lebewesen mit einer begrenzten Lebensspanne sieht er sich einer verlockenden Fülle von Weltmöglichkeiten gegenüber. Die Kluft zwischen Lebenszeit und Weltmöglichkeit ist so tief beunruhigend, daß er darüber in Panik zu geraten droht. Angesichts des Überangebots der Welt erfährt er seine Zeitknappheit erst recht quälend und die Angst, das Meiste, das Wichtigste oder das Beste zu versäumen, wird zum peinigenden Grundgefühl des Lebens. Von immer mehr Weltdingen wird seine Begehrlichkeit angestachelt, immer mehr Möglichkeiten sind in der Reichweite seines Zugriffs und immer ungünstiger gestaltet sich die Bilanz zwischen den ergriffenen und den versäumten Gelegenheiten. Unwiderstehlich fühlt sich das bedrängte Individuum in den 'Wettlauf mit der Zeit' hineingezogen. Die Idee dieser sportiven Konkurrenz ist von frappierender Einfachheit: Durch „Techniken und Kunstgriffe" der Selbstbeschleunigung sucht das Individuum „Zeit zu gewinnen, um mehr von der Welt zu haben" (H. Blumenberg 1986, S. 73).

Was dem Leben an Länge abgeht, soll durch Schnelligkeit wettgemacht werden. Eile ist geboten, um dem in seine Lebensspanne eingezwängten Leben so viel Realität wie irgend möglich zuzuführen. Wirklich zufriedenstellend wäre nur ein Arrangement, bei dem die Weltmöglichkeiten im Einzelleben erschöpfend abgehandelt werden könnten. „In der Spannung, die durch Dissoziation von Lebenszeit und Weltzeit entstand, kam es darauf hinaus, mehr und schließlich vielleicht alles in die Lebenserwartung des konkreten und hinfälligen Subjekts hereinzuziehen oder hineinzuwingen." (H. Blumenberg 1986, S. 239) Die Welt ist jedoch nicht zu schaffen, das muß auch der auf Hochtouren gebrachte Zeitgenosse einsehen, aber dadurch wird er nicht entmutigt, solange Aussicht besteht, daß er durch weitere Erhöhung seines Lebenstempos die Weltausbeute vergrößern und sein Lebenskapital aufstocken kann. Es geht um eine Trendwende in der Bilanz: Die genutzten Gelegenheiten sollen die verpaßten in den Schatten stellen.

Der moderne Mensch ist *weltläufig*, nicht so sehr in der souveränen Attitüde des Kosmopoliten, sondern eher nach Art der Getriebenheit der brünstigen Hündin. Er hofft, sein Welthunger könne durch immer mehr Nahrungszufuhr gestillt werden, und er könne dann alt, beruhigt und weltsatt sterben. Er betreibt seine Weltkontakte wie ein Trophäensammler. Alles muß sich daran bewähren, ob es auf dem Lebenskonto zu Buch schlägt. Das Leben stellt sich dar wie ein zu absolvierendes Pensum. Die Welt steht zur Erledigung an. Entsprechend richtet sich der Ehrgeiz darauf, in einem einzigen Normalleben durchschnittlicher Dauer ein doppeltes, dreifaches oder mehrfaches Pensum zu schaffen. Wer auf diese Weise mehr als nur ein Leben abgrast, kann eine enorme Ertragssteigerung verbuchen. Es scheint, als könne die Überlistung der Zeit mit dem Kunstgriff der rasanten Beschleunigung gelingen. Mit diesem Trick wird das Leben 'verlängert', und sei es auch nur durch eine optische Täuschung. In Wahrheit wird die Zeitknappheit durch Beschleunigung nicht um ein Deut verringert. Die Kluft zwischen 'Lebenszeit' und 'Weltzeit' wird nicht kleiner, sondern vergrößert sich rapide.

Dieselben Mittel, die dem Individuum zu seiner Selbsterweiterung dienen, vermehren auch das Quantum der Weltmöglichkeiten. Mit jedem Beschleunigungsschub steigt das Weltangebot exponentiell an. Dahinter fällt das Individuum mit seiner einfachen Selbstbeschleunigung immer weiter zurück. Man fühlt sich an die Wurst erinnert, die dem Rennhund vor die Nase gehängt wird und ihn mit ihrem verführerischen Duft zur Höchstleistung anspornt. Da sie aber ihrer kunstvollen Anbringung wegen jede seiner Temposteigerungen mitvollzieht, bleibt es dabei, daß sie ihm nur vorschwebt. Das Bemühen, die Kluft zwischen Lebenszeit und Weltmöglichkeit durch Beschleunigung schließen zu wollen, ist noch aussichtsloser als die Jagd des Hundes auf die unerreichbare Wurst. Die Wurst bleibt dem Hund immerhin duftend vor der Nase. Die Welt aber entschwindet dem überdrehten Individuum endgültig. Quod est demonstrandum.

Der Beschleunigungsimperativ steht in unüberbrückbarem Gegensatz zu den Haltungen, die in früheren Epochen eingenommen wurden, um der Vergänglichkeit standzuhalten und sich mit der kurzen Daseinsfrist zu versöhnen oder mindestens abzufinden.

– Die Gelassenheit, die Petrarca – und später Montaigne – für das einzig wirksame Heilmittel gegen die Todesfurcht hielt, zieht ihre Kraft aus der Abstinenz gegenüber der Welt. Nur weil er sich die Anhänglichkeit an das Leben versagt, kann ihm der Tod nichts anhaben. Die Freiheit von Todesfurcht beruht darauf, daß er nichts zu verlieren hat. Demgegenüber entspringt der Beschleunigungsdrang gerade aus der Lebensgier.
– Das 'Memento vivere' der jungen Florentiner aus Boccaccios 'Decamerone' hat nichts Hastiges. Im Gegenteil: sie geben sich

einer höchst beschaulichen Tätigkeit, dem Erzählen von Geschichten, hin. Heitere Muße gewinnen sie dem Leben inmitten der Bedrohung ab. Sie antworten auf die Kürze der verbleibenden Zeit mit Verlangsamung und nicht mit angespannter Eile.

- Auch der Ackermann aus Böhmen klagt nicht, weil er mehr vom Leben will. Er will nur das Glück, das ihm beschieden war, erhalten. Also auch hier, keine Eile, sondern Festhalten und Stillstellen dessen, was ist.
- Daß das überdauernde Werk keine Hast verträgt, daran läßt Dürers Beschreibung des Herstellungsvorgangs seiner Altartafel keinen Zweifel. Die Haltbarkeit des von ihm geschaffenen Kunstwerks beruht auf der Sorgfalt und auf der Ausdauer, die er daran gewendet hat.
- Descartes schließlich, der angesichts der ungeheuren Aufgabe, die er sich gestellt hat, am ehesten der 'auf Überstürzung angelegten Erfüllungsversessenheit' erliegen konnte, verschrieb sich im Gegenteil einer höchst retardierenden Tätigkeit: dem durchdringenden Zweifeln.
- Daß die Gattungs*geduld* sich mit Beschleunigung nicht verträgt, versteht sich von selbst.

In dem Maße wie die Beschleunigung sich durchsetzt, sind diese Antworten auf die Sterblichkeit hinfällig. Sie sind *zeitraubende* Irrwege, die nicht beschritten werden dürfen. Muße und Beharrlichkeit, Gelassenheit und Geduld, Zweifel und Ausdauer sind *unvereinbar* mit der Hochgeschwindigkeitsoption. Sie können sich in der Monokultur der Beschleunigung nicht behaupten. Das retardierende Element, das in ihnen zur Geltung kommt, wirkt zerrüttend auf den Pioniergeist der Geschwindigkeitsfanatiker. Der eiserne Wille zur Temposteigerung muß auf ihrer Liquidierung bestehen. Die aus der Versäumnisangst geborene Idee der Beschleunigung beansprucht diesen Optionen gegenüber ein radikales Monopol. Alle Versuche, auf die beunruhigende Kürze der gesetzten Frist mit ruhiger Konzentration auf das Wichtige zu antworten, werden höchst wirksam unterbunden. Der Run auf die Offerten der Welt duldet keine Behinderung.

7. Zeitgewinn und Weltschwund

Die Beschleunigung konnte erst zur ‘idée fixe’ des modernen Menschen werden, als er sich in der Lage fühlte, systematisch zu ignorieren, daß Abläufe, Verrichtungen, Vorgänge und Entwicklungen ihre Zeit haben, und statt dessen darauf bestand, ihnen die Dauer nach seinem Gutdünken vorzuschreiben. Auch hier geht es – wie bei der planmäßigen Herstellung von Sicherheit – um nichts anderes als um die Brechung der Eigenmächtigkeit aller Bewegung, seiner eigenen eingeschlossen. Die Eigenzeit allen Geschehens, die Zeit, die die Verrichtungen und Abläufe *sich nehmen*, ist zu ersetzen durch die Dauer, die ihnen der Mensch zubilligt. Und die muß, so wie die Dinge bei einem kurzlebigen Wesen liegen, drastisch minimiert werden. Das ‘Rollen der Begebenheit’ (J. W. Goethe o. J., Bd. 10, S. 64) ist zu eigensinnig und zu langsam. Der Mensch will ihm selbst den Takt klopfen und mit der Trödelei des Weltlaufs nicht wertvolle Zeit vergeuden. Daß ihm erst so spät, nämlich 500 Jahre nach dem Schock der Schwarzen Pest, in den Sinn kommt, *Zeitersparnis* könne ihm aus der Klemme seiner unerträglich eng gewordenen Lebensspanne helfen, liegt daran, daß er vorher nicht zu ihr fähig war. Um die Idee zu realisieren, mußte es möglich sein, etwas – inklusive seiner selbst – schneller laufen zu machen, als es aus eigener Kraft vermag. Erst als es gelungen war, die dem Geschehen und den Tätigkeiten *innewohnende Geschwindigkeit* für ungültig zu erklären und ihnen das Prinzip der *Geschwindigkeitsübertretung* einzupflanzen, konnte auf ‘Lebensverlängerung’ durch Zeitgewinn spekuliert werden. In den Wettlauf mit der Zeit konnte der Mensch erst eintreten, als er über mehr als seine leibeigenen Kräfte verfügte. Ohne maschinelle Unterstützung hätten ihn seine Beschleunigungsabsichten nicht weit gebracht. Seiner Selbstmobilisierung waren durch seine schwache Konstitution enge Grenzen gesetzt. Weder konnte er sein Fortbewegungs-, noch sein Arbeitstempo von sich aus nennenswert verbessern. Mit dem Anbruch des Maschinenzeitalters wurden die Kräfte entfesselt, die die Umdrehungsgeschwindigkeit des Laufs der Dinge schwindelerregend steigerten. Kraft und Antriebsmaschinen vervielfältigten die zur Verfügung stehenden Kräfte, und die Arbeitsteilung brachte zeitsparende Ordnung und Routine in die Arbeit. Bewegungen wurden motorisiert, die ‘rollende Begebenheit’ konnte in Rotation versetzt werden. Ein

Triumph über die Langsamkeit jagte den andern. Alles, was dauerte, dauerte immer weniger lang und schien in seinem Zeitanspruch noch immer weiter reduzibel. Gute Aussichten also, der panischen Grundstimmung zu entkommen. Denn es schien möglich, in der knappen Frist, sich so viel Welt einzuverleiben, wie man braucht, um den Welthunger zu stillen. Es bestand berechtigte Hoffnung auf 'Weltsättigung' (Blumenberg). Wenn es gelang, die Dauer zu guter Letzt ganz abzuschaffen, dann hatte die Lebensspanne wieder Ewigkeitswert.

8. Tilgung der Entfernung

Die spektakulärsten Erfolge bei der Bezwingung von Dauer wurden im Bereich der Fortbewegung erzielt. Die Tilgung von Entfernung stand auf dem Programm der Geschwindigkeitsexperten. Sie haben es darin weit gebracht. Entfernung ist ärgerlich. Sie liegt behäbig und zeit*raubend* zwischen dem Individuum und dem Ziel seiner Wünsche oder dem Ort seiner Pflichten und Geschäfte. Sie ist der Inbegriff der Verzögerung. Den eiligen Weltsammler trennt sie von seinen Sammelobjekten. Welch ein gestörtes Verhältnis zur Entfernung der moderne Mensch hat, zeigt sich daran, daß er kaum etwas anderes von ihr zu sagen weiß, als daß sie *überwunden* werden muß. Es geht ihm um die notfalls gewaltsame Entfernung des Hindernisses, das die Entfernung selbst darstellt (J. und W. Grimm 1862, Bd. 3, Sp. 517).

Überall stellen sich Entfernungen dem Taten- und Erlebnisdrang in den Weg. Das Wesentliche spielt sich notorisch andernorts ab. Vor das Eigentliche haben die Götter die Distanz gesetzt. Ohne dazwischenliegende Distanzen könnte das Leben enorm *verdichtet* werden. Man könnte ununterbrochen unverzüglich zur Sache kommen, immer medias in res sein. Die Welt ließe sich zu einer Art Extrakt eindicken: Kraftnahrung für den Welthunger.

Wie schafft man Entfernungen ab? Dadurch, daß man „die Zeit, die die Bewegung von einem Ort zum anderen kostet, auf ein Minimum" reduziert (L. Baier 1991, S. 12). Nicht als räumlichen Tatbestand mißbilligt der Gegenwartsmensch die Entfernung. Er will sie vielmehr eliminieren, weil sie einen überproportionalen Anteil seines Zeitbudgets für nichts und wieder nichts verschlingt. Gegen

Distanz hätte er nichts einzuwenden, wenn sie ihn nicht aufhalten würde.

Am 31. Dezember 1976 stiegen vierzig Amerikaner in Paris aus dem Flugzeug, „eigens um da Silvester zu feiern, dann die *Concorde* zu besteigen und dort an Bord Silvester zu feiern, in Washington zu landen und in der französischen Botschaft Silvester zu feiern ..." (P. Virilio 1989, S. 129). Diese Amerikaner führen uns vor, wieviel zu gewinnen ist bei der Abschaffung der Entfernung. Sie bedienten sich eines überschallgeschwinden Vehikels, das imstande ist, die Erde zu überrunden, und bewerkstelligten eine wirklich wundersame Vermehrung der Zeit. Die Gewinnspanne, die sie erzielten, kann sich sehen lassen. Die Gleichung: Beschleunigung gleich Lebensgewinn/Weltgewinn/Zeitgewinn scheint aufzugehen. Wäre da nicht die Kehrseite der Beschleunigung. Die Gegengleichung lautet: jede Form der Beschleunigung zeitigt eine spezifische Form des *Weltschwundes*, in diesem Fall das *Verschwinden des Raumes*.

Es ist inzwischen unübersehbar, daß die beschleunigte Fortbewegung von immer mehr Menschen und der rasende Transport von immer mehr Gütern katastrophale Folgen hat. Es „trat immer deutlicher zutage, daß sich alle Mißlichkeiten und Nebenwirkungen der Beschleunigung auf einen einzigen Nenner bringen ließen: *Zerstörung* ..." (J. Dahl 1989/90, S. 177). Die Beschleunigung der Fortbewegung war ohne Raubbau an fossilen Brennstoffen, ohne Ausplünderung anderer Rohstofflager, ohne Hinterlassung dicker Luft, die man fast nur noch in Scheiben atmen kann, ohne Durchsäuerung des Bodens, die immer mehr Bäume zum Aufgeben zwingt, ohne Schädigung von Tausenden von Tier- und Pflanzenarten, ohne flächendeckenden Lärm rund um die Uhr nicht zu haben.

All dies ist sattsam bekannt, darum nicht weniger richtig, sagt aber eben nur etwas über die *Verwüstung des Raumes* und noch nichts über sein *Verschwinden*.

Daß zugleich mit der Überwindung der Distanz der Raum verschwindet, hängt zuallererst damit zusammen, daß alles beschleunigte Vorwärtskommen *gebahnte Bewegung* ist. Alle Fortbewegung von Menschen, aller Transport von Gütern, alle Übermittlung von Information verläuft in vorgezeichneten Bahnen, die nicht verlassen werden können. Der hochtourige Zeitgenosse 'spurt'. Das Querfeldein hat er sich aus seinem Richtungssinn geschlagen.

a) Pfade – Straßen – Bahnen – Röhren

Die *Bahnung* jedweder Bewegung hat das Verhältnis des Menschen zu dem ihn umgebenden Raum vollständig verändert. Um die Bedeutung dieses Wandels zu ermessen, muß man sich an vergangene Zeiten erinnern, in denen die Menschen darauf angewiesen waren, *sich* ihr Vorwärtskommen Schritt für Schritt selbst *zu bahnen*. „Das Hindernis, das ihnen Einhalt gebot, war das Fehlen von Wegen und Pfaden. In solchen Wäldern ... (mußte) der Mensch sich erst einen Weg bahnen ..., indem er Buschwerk und hohes Gras beseitigte. Hatte der Wald ausgeprägten Naturcharakter, beträchtliche Ausdehnung und war er weit von bewohnten Gegenden entfernt, dann blickten die Menschen voll Mißtrauen auf diese 'Einöde' ...“ (V. Fumagalli 1988, S. 27). Jede Bewegung verlangte den Menschen eine Auseinandersetzung mit der Widerständigkeit des Raumes ab. Bei jedem Schritt war Verirrung möglich. Man konnte sich im Raum verlieren. Nur beiläufig, nicht absichtsvoll konnte man irgendwohin geraten, wo der Raum sich von seiner freundlichen Seite zeigte und zum Bleiben einlud. Solche Ankünfte ereigneten sich, sie waren nicht das Ergebnis einer zielgerichteten Bewegung. Man hatte ja kein Bild von dem, was vor einem lag. Orte, die nicht im Fadenkreuz von erkennbaren Verbindungslinien liegen, kann man finden, man kann sie aber nicht wie alte Bekannte aufsuchen. Die Fortbewegung ist unter solchen Voraussetzungen ein Dialog mit einem zum Teil abweisenden und gefährlichen und zum Teil einladenden und freigebigen Raum.

Aus dieser Raumabtastung entstanden durch Wiederholung Pfade. Auf ihnen bewegte man sich in der Gewißheit, daß man in die Fußstapfen von Vorgängern trat: eine erste Lenkung der Schritte, die nicht nur an der Beschaffenheit des Raumes abgelesen wurde, sondern sich auf Erprobtes berief. Bewährte Pfade wurden erweitert. Schneisen wurden in die Landschaft geschlagen; das im Wege Stehende wurde wenigstens notdürftig aus dem Weg geräumt. Jetzt durchstreifen die Menschen den Raum nicht mehr, sie durchqueren ihn. An den Wegkreuzungen gab es Orte, zu denen man wiederkehren konnte, die erwartbar waren und angestrebt wurden: Reiseziele.

Aber nach wie vor bestimmten die Gegebenheiten des Raumes und nicht so sehr die Absichten der Menschen den Verlauf der

Wege. Das Gelände war größtenteils *unwegsam*. Der Raum verschloß sich dem Menschen oder legte ihm Hindernisse in den Weg. Die Wege mußten einen Bogen machen um sumpfige Gewässer, Moore, undurchdringlichen Urwald, steile Berghänge, unpassierbare Flüsse. Auch ließ sich der Raum die Spuren der Begehung nicht widerstandslos einschreiben. Sie wurden zurückerobert, vom Dikkicht überwuchtert oder durch Unwetter weggeschwemmt. Das, was den Menschen umgab, seine *Umstände*, entschied darüber, wie weit er kommen oder gehen konnte. „Die Straße des mittelalterlichen Händlers war ... ein einfacher Weg, mitunter hart und staubig, mitunter weich und schlammig. Oft war er von Wagenspuren durchzogen und ausgefahren, Wegmarken gab es selten. Man verlor sich, man blieb stecken. König war das Lastpferd, ein Pferd, das wenig trägt – nicht viel mehr als einen Zentner –, das sich aber selbst aus dem Dreck zieht und die Waren über den Staub hinwegträgt, in dem sein Herr läuft. Der Wagen konnte mehr befördern ... Aber ein steckengebliebener Wagen war verloren ..." (J. Favier 1992, S. 20) Unter diesen Bedingungen ist an Beschleunigung nicht zu denken. „... alles geht sehr langsam. Der Fuhrmann, der mehrere Tage hintereinander dreißig bis vierzig Kilometer zurücklegt, braucht sich nichts vorzuwerfen." (J. Favier 1992, S. 23)

Die Überwindung der Entfernung war noch ausschließlich eine Bezwingung des Raumes. An einen Wettlauf mit der Zeit konnten sich die Reisenden unter diesen Umständen unmöglich heranwagen.

Die *Landstraße* ist in der Bezwingung des Raumes bereits erfolgreicher. Sie dringt in entlegene Areale vor und erschließt auch unwegsames Gelände. Dennoch paßt sie sich den Geländeformen womöglich an. Landstraßen *durchziehen* den Raum, indem sie sich teilweise an ihn anschmiegen, teilweise ihm Korrekturen aufzwingen. Um ihrer Streckenführung willen werden nicht nur Bäume gefällt, Buschwerk beseitigt und Wucherungen beschnitten, sondern Bodenformationen verändert, Gestein abgetragen, Bodensenkungen aufgefüllt. Wer jedoch auf der alten Landstraße reiste, bewegte sich immer noch *im Raum* und fuhr *durchs Land*. Die Landstraße ist noch Teil der Landschaft, sie trägt ihren Namen zu Recht. Aber man konnte auf ihr sein Fortkommen bereits beschleunigen. Für den Reisenden entsteht zum ersten Mal ein Zwiespalt zwischen Vorwärtskommen-Wollen und Verweilen-Wollen. Er hat die Wahl zwischen dem Erleben des durchreisten Raumes und dem Gewinn an Zeit, der ihm ferne Ziele verheißt. Auf seiner ersten italienischen Reise berichtet Goethe von diesem Zwiespalt. Er bricht am 3. September des Jahres 1786 in Karlsbad auf und meldet seine Ankunft in Venedig am 28. September. Ein beschauliches Reisetempo angesichts der Tatsache, daß diese Entfernung heutzutage eine Angelegenheit von wenigen Stunden ist. Dennoch kam er sich unterwegs gelegentlich beinah frevelhaft übereilt vor: „Die Postillons fuhren, daß einem Sehen und Hören verging; und so leid es mir that, diese herrlichen Gegenden mit der entsetzlichsten Schnelle und bei Nacht wie im Fluge zu durchreisen, so freute es mich doch innerlich, daß ein günstiger Wind hinter mir herblies und mich meinen Wünschen zujagte." (J. W. Goethe, Bd. 22, o. J., S. 22) Und: „... der Trieb, die Unruhe, die hinter mir ist, läßt mich nicht rasten, und ich eile sogleich wieder fort." (J. W. Goethe, Bd. 22, S. 23) Goethe weiß, daß die Zeitersparnis den Raum kostet. Er entscheidet sich dennoch dafür um der lockenden Ferne willen. Aber in die ungeduldige Erwartung der glanzvollen Höhepunkte, die vor ihm liegen, mischt sich ein Bedauern darüber, daß er ihnen das vor der Hand Liegende schnöde opfert. Ein etwas jüngerer Zeitgenosse Goethes, Johann Gottfried Seume, begibt sich gut fünf Jahre später auf eine berühmte Fußreise nach Sizilien und begründet die langsame Forbewegungsart damit, daß man bei der schnellen Postkutschenreise nichts in Erfahrung bringen könne, sondern sich mit Impressionen von der flüchtigsten Art begnügen müsse.

Dies sind freilich Erwägungen, die nur denjenigen plagen, der zu seiner eigenen Erbauung unterwegs ist. Wer in Geschäften reist, hat sich längst für das schnellstmögliche Beförderungstempo entschieden und der Landstraße, unbekümmert um sein Raumerlebnis, so viel Beschleunigung wie möglich abgewinnen müssen.

Erst für den *Autobahnbenutzer* ist der Raum endgültig nicht mehr anstößig. Die vier- und sechsspurige Fahrbahn hat sich über ihn hinweggesetzt. Diese Konstruktion aus Stahl und Beton läßt sich von den räumlichen Gegebenheiten keine Zugeständnisse abringen. Sie macht Gebrauch von der Einsicht, daß die kürzeste und damit schnellste Verbindung zwischen zwei Punkten die Gerade ist. Ihre kompromißlose Geradlinigkeit leugnet geradezu gewaltsam die räumlichen Gegebenheiten, denn nichts in der Landschaft ist so geradeaus wie sie. Von der Autobahn kann man nicht mehr sagen, daß sie den Raum durchzieht, sie *überquert* ihn. Die Begradigung, die ihr Prinzip ist, macht ihn vergessen. Von Geländeformen weiß der motorisierte Autobahn'insasse' nichts mehr. Ob sich die Bahn in schwindelnder Höhe über den Abgrund spannt oder ebenerdig durchs Tal führt, Flüsse überquert oder Berge durchbohrt, macht keine Unterschiede. Sie sieht sich überall gleich. Der Autobahnreisende kämpft nicht mehr mit den Widrigkeiten des Raumes, sondern mit den Gefahren der Bahn. Und er kämpft auf der Überholspur um Geschwindigkeitsvorteile gegenüber den motorisierten Rivalen. Seine Referenz ist das Betonband, nicht die Umgebung, die es durchschneidet. Schilder belehren ihn darüber, wo er sich befindet. Raumzeichen sind für seine Orientierung belanglos. Im Gegenteil, Blickkontakt mit dem Gelände zu halten, ist nicht nur überflüssig, sondern ablenkend und darum gefährlich. Der Raum ist bis zur Irrelevanz domestiziert. Der Reisende kann sich ganz auf den Zeitgewinn konzentrieren, und über den belehrt ihn die Tachonadel.

Allerdings ist die Belanglosigkeit des Raumes noch zu steigern. Die geradeste Gerade ist der moderne Schienenstrang, auf den die Hochgeschwindigkeitszüge verlegt werden. Um der geraden Streckenführung willen, um nicht nur das Hin und Her, sondern auch das Auf und Ab im Gelände zu vermeiden, bohrt sich die Schiene unter der Erde hindurch. Die Röhre bietet gegenüber der Bahn weitere Beschleunigungsvorteile. Der Reisende wird endgültig zum 'blinden Passagier'. Nicht weil ihm das Augenlicht abhanden gekommen wäre, sondern weil ihm jeder mögliche Gegenstand der Betrachtung entzogen wurde. In den Grüften der Eisenbahntunnel ist der Raum mitsamt Licht und Luft endgültig aufgegeben.

Während er von dem Hochgeschwindigkeitsvehikel der Schiene *untergraben* wird, wird er zuguterletzt von den Transportmitteln der Luft *übersprungen*. In beiden Fällen ist er verschwunden. Der Mensch ist in seinem luftdicht verschlossenen, wetterfesten, belichteten und klimatisierten Gefährt gegen alle Raumeinflüsse hermetisch abgeschirmt: ein versiegelter Reisender.

b) Reibungslosigkeit

Es ist deshalb nur konsequent, wenn heute Entfernungen nicht mehr in Kilometern angegeben werden, sondern fast nur noch in Stunden oder Bruchteilen von Stunden. Der Abstand zwischen Hamburg und München beträgt nicht mehr 800 km, sondern seit dem Sprung in die ICE-Ära bis auf weiteres 6 Stunden. Für den Autofahrer hängt die Entfernung an der Leistungsfähigkeit seines 'fahrbaren Untersatzes', und das Flugzeug rechnet auf derselben Strecke mit wieder anderen Entfernungen. „Der räumliche Abstand wird ... vom zeitlichen Abstand abgelöst." (P. Virilio 1992, S. 42)

Die Autobahn, die Eisenbahnröhre und die Flugschneise beschleunigen den Menschen und seine mobil gewordenen Güter genaugenommen nicht. Sie stellen lediglich die Bedingungen dafür her, daß die ihnen zugeordneten *Vehikel* immer schneller werden können. Beschleunigung ist eine Funktion der Beseitigung von Widerständen. Diese Einsicht wird nicht nur für die Perfektionierung der sogenannten 'Verkehrsadern' fruchtbar gemacht, sondern auch für das Design der Verkehrsmittel. Die in sie eingebaute Motorenpower macht nur einen Teil ihrer Höchstleistung aus. Im übrigen beruht ihre Schnelligkeit darauf, daß sie alle Reibungsverluste vermeiden. Das Prinzip ihres Designs wird mehr und mehr die *Stromlinienförmigkeit.* Der schnurgeraden Streckenführung entspricht die Glätte, der Außenhaut des Vehikels. In der Minimierung von Widerstand liegen nach Einschätzung von Geschwindigkeitsexperten noch ungeahnte Möglichkeiten der Geschwindigkeitssteigerung. Nicht in der Motorenstärke, sondern in der Minderung des Fahrzeuggewichts, der Verkleinerung seines Querschnitts, der Einzelradaufhängung wird heute das Heil weiterer Beschleunigung gesucht. Lauter Maßnahmen zur Minderung des Luft- und Bodenwiderstandes. Es gibt „keine systembedingten Geschwindigkeitsgrenzen mehr", frohlocken die Experten (J. Wille, 3. Nov. 1992). Eine neue Wissenschaft, die Biotik, ist damit befaßt, die Prinzipien zu entschlüsseln, nach denen die Natur die Lebewesen gebildet hat, um sie zu elegantem Gleiten in ihrem jeweiligen Element zu befähigen. So interessiert man sich für die Oberflächenbeschaffenheit des Haies, dessen Schnelligkeit und Gleitfähigkeit die Schiffskonstrukteure vor Neid erblassen läßt. Auch hier: Technikdesign als *naturgetreue Nachbildung der Natur.*

Beschleunigung bedeutet Wirklichkeitschwund, das war die These. Neben dem Verlust des Raumes ist auch der Verlust des Widerstandes, der Sperrigkeit und der Reibung zu beklagen. Goethe sorgte sich noch darum, daß eine weiche Lehre der geschmäcklerischen ‘Schönheiteley’ seine Zeitgenossen für das *‘bedeutende rauhe’* verzärteln könnte und daß ihre ‘kränkelnde empfindung’ schließlich nur noch die ‘unbedeutende Glätte’ zu ertragen imstande wäre. Heute droht dem ‘bedeutenden Rauhen’, dem Anstößigen, dem Querliegenden weniger von der ‘Schönheiteley’ als von der Hochgeschwindigkeit her Gefahr. Es ist kaum zu übersehen, daß das elegante, windschnittige Styling der Toptechnik im Beförderungswesen beispielhaft die Bedingung jedweder Temposteigerung, in der sich die Moderne versucht hat, demonstriert. Das Schnelle ist aalglatt. Der beschleunigte Zeitgenosse muß so aerodynamisch und elegant sein wie seine Transportmittel, damit er vorankommt mit dem Vorhaben, das Leben zu seinen Gunsten auszupressen. Vor allem darf er sich der allgemeinen Mobilmachung nicht entgegenstemmen, sondern muß sich durch physische, soziale, geistige und moralische Selbstbeschleunigung taktgleich in sie einklinken. Er muß ‘homo transportandus’ in jeder Hinsicht werden und auf den jeweils schnellsten Zug der Zeit aufspringen.

c) *Ziellosigkeit*

„Zeitgewinn ist das Radikal aller Wünsche auf Erweiterung und Zugewinn an Lebensrealität.“ (H. Blumenberg 1986, S. 74) Dem Unterwegssein kommt nach moderner Auffassung keine gewinnbringende Realität zu. Gewinnträchtig im Sinne der Buchhaltung des Lebens sind nur *Ankünfte*. Die Erreichung des Ziels ist realitätshaltig, der Weg dahin ist lediglich Mittel zum Zweck, ein störendes Dazwischen. Bechleunigung der Fortbewegung ist notwendig, um mehr Ankünfte herauszuschinden, das jedenfalls ist die Spekulation.

Tatsächlich verhindert das Durchmessen der Entfernung in Höchstgeschwindigkeit *jede* Ankunft. Sie wird zwischen zweierlei Ungeduld aufgerieben. Ankommen hat zur Voraussetzuung, daß man unterwegs war. Und es hat zur Folge, daß man bleibt, sich niederläßt, verweilt und ausruht von den Strapazen der Reise. Beides kann sich der hochtourige Zeitgewinnler nicht leisten. Er bietet den Anblick äußerst *zielstrebiger Ziellosigkeit*, einer Odyssee eigener Art. G. Anders zufolge befinden wir uns in einer 'hektisch-paradoxen Situation'. „Einerseits sind wir ungeduldig, weil Mittel und Wege 'dauern', also Zeit in Anspruch nehmen. Andererseits aber ertragen wir es nicht, am Ziele … wirklich anzukommen, da durch diesen Aufenthalt diejenige Zeit, die für die Zurücklegung von Wegen verwendet werden könnte, erst recht vergeudet zu werden scheint." (G. Anders 1988, S. 346)

Der Odysseus Homers irrte umher. Von tückischen Winden und dem Zorn des Gottes wurde er Mal um Mal an fremde Gestade voller Gefahren geworfen. Seine Ankunft, die Heimkehr, wurde ihm vereitelt, weil die Widrigkeiten des Raumes ihn von seinem Ziel ablenkten. Den modernen Nachfahren des Odysseus wirft nichts mehr aus der Bahn. Er wird durch Leitplanken gehalten und hat sein Ziel fest im Blick. Seine Ankunft kommt nicht zustande, weil er den Raum zu gründlich besiegt hat. Je unbeirrter er auf sein Ziel zusteuert, desto unfähiger ist er, ans Ziel zu gelangen. Um ankommen zu können, muß er aufgebrochen sein. Aber man kann nicht zu einer Ankunft aufbrechen, sondern nur zu einer Reise. Die aber soll gerade eingespart, übersprungen werden. Je mehr die Wegstrecke durch ihre zeitliche und räumliche Kontraktion verschwindet, desto weniger kann an ihrem Beginn ein markanter Aufbruch und an ihrem Ende eine ersehnte Ankunft stehen. Beide sind Nahtstellen zwischen zwei Existenzformen, dem An-Ort-und-Stelle-Sein und dem Unterwegssein. Nur in der Spannung dieses Gegensatzes finden Aufbruch und Ankunft überhaupt statt. Das Unterwegssein wird aber nicht nur in seiner zeitlichen Ausdehnung und seiner räumlichen Qualität immer mehr eingeschränkt, sondern ähnelt auch in seinen äußeren Bedingungen immer mehr dem Dableiben. Aufbrüche sind heute nur noch ein unspektakuläres Hinüberwechseln von einem Sessel in den andern, von der Wohn- und Bürokabine in die Fahrzeugkabine, in der das Leben seinen gewohnten Gang nimmt.

Viele amerikanische Autos sind inzwischen „mit allem ausgestattet, was die moderne Technik bietet: Funktelefone, Faxgeräte, Computer, Fernsehgeräte und sogar Haartrockner sind keine Seltenheit. Eine japanische Autofirma experimentiere zur Zeit auch mit dem Einbau eines Mikrowellenherdes … Schon jetzt gibt es kleine Elektroöfen, in denen der Fahrer Kaffee oder kleine Mahlzeiten aufwärmen kann." (Morgenkosmetik hinterm Steuer, 26. 6. 1991)

Je bedeutungsloser und nichtssagender die Reise, desto belangloser ist aber auch die Ankunft. Sie verschwindet in der Nivellierung der Differenzen ebenso wie der Aufbruch. Nach einer Reise, die nicht stattfand, kann man nicht ans Ziel der Wünsche gelangen. Beschleunigung sollte das Leben zu einer lückenlosen Folge von Spitzenereignissen machen und das unergiebige Dazwischen ausschalten. Statt dessen werden die Ziele durch den Wegfall der Wege zu Nichtigkeiten, kaum noch der Rede wert. Den reisenden Sesselhocker können beim Eintreffen am angegebenen Ort keine großen Gefühle der Erleichterung überkommen: er hat keine Abenteuer bestanden, konnte sich nicht verirren, hat kein Übermaß an fremden Eindrücken verdaut, wurde nicht durchgeschüttelt, war nicht von Wind und Wetter gebeutelt und hatte auch sonst keine Strapazen, Unbequemlichkeiten und Gefahren auf sich genommen. Und in der Regel kommt er auf die Minute pünktlich an. Kaum ein Grund also, die Ankunft überhaupt zu bemerken. Zur Erregung gibt die Ankunft so wenig Anlaß wie zur Erleichterung. Sie wurde ja nicht gespannt er-*wartet*, wiewohl der Ankömmling in der Regel ziemlich genau weiß, was ihn am Ende der Reise erwartet. Der Lohn für die gigantische Beschleunigung ist denkbar mager: eine unbemerkte Ankunft, ein Nichtziel, ein Eintreffen als Routineangelegenheit. Die *Unmerklichkeit der Ankunft* hat es in sich. Sie bestärkt die Neigung, die Differenz des Ankunftsorts im Vergleich zum Herkunftsort zu unterschlagen. Woher soll sie auch kommen, die Aufmerksamkeit auf lokale Besonderheiten. Dem beschleunigten Zeitgenossen ist ja um der Beschleunigung willen die Gleichgültigkeit gegen die Andersartigkeit des Anderswo geradezu eingefleischt worden. Und auf Überraschung ist er schon aus Sicherheitsgründen nicht aus. Bei so magerer Weltausbeute liegt es nahe, sich bald wieder auf und davon zu machen um weiterer Ziele willen, die ihrerseits nur Transitstationen sein werden. Den Ankünften folgt kein Aufenthalt. Die Zeit reicht nur zur Stippvisite. Das ist der Grund für die paradoxe Zeiterscheinung, daß die Zahl der Kontakte mit entlegenen Orten und entfernten Menschen in einem früher unvorstellbaren Ausmaß zugenommen hat, daß aber diese Begegnungen für den einzelnen und den Zustand der Welt immer folgenloser bleiben.

Der schleunige Stippvisiteur ist zu ernüchtert von seinen Ankünften und zu besorgt um künftige Ziele, als daß er den erreichten eine nachhaltige Aufmerksamkeit widmen könnte. So wird das Zirkulieren in den Verkehrsadern (P. Virilio 1989, S. 113) zur Normalform der Existenz, wo doch alles darauf anzukommen schien, die Zielerreichungsquote im Leben drastisch zu erhöhen. „... das Neuartige ist die unerhörte Entwicklung der Transitlandschaft (*sic transit*), ... Orte der Ausscheidung, die zunehmend unsere ehemaligen Orte der Wahl ersetzen." (P. Virilio 1989, S. 114).

Die dermaßen enttäuschenden Ankunftsorte werden schmerzlos zur weiteren Verwüstung freigegeben.

d) Fortbewegung ohne Fortbewegung

Wie pfeilschnell auch immer der träge menschliche Körper in seinen Fahrzeugkabinen über den Globus schießt, wie sehr der Mensch sich auch schmeichelt, daß seiner Geschwindigkeitsambition von der Sache her keine Grenzen gesetzt sind, wie gründlich er auch den Raum als Raum zum Verschwinden gebracht hat, so kostet er doch immer noch Zeit. Keine Revolution der Transportmittel vermag die Dauer für die Überwindung von Entfernung ganz aufzuheben. Um die ärgerliche Zeit, die man mit der Entfernung nach wie vor verliert, endgültig zu gewinnen, bedarf es eines anderen als des „automobilen Vehikels". „*Das Zeitalter der intensiven Zeit* ist nicht mehr das der physischen Transportmittel." (P. Virilio 1992, S. 44) Das „audiovisuelle Vehikel" erspart die Zeit zwischen Abfahrt und Ankunft dadurch, daß es die physische Fortbewegung gänzlich erübrigt und die Welt an Ort und Stelle präsentiert. Die Epoche der „Fortbewegung auf der Stelle", der „häuslichen Bewegungslosigkeit" ist angebrochen (P. Virilio 1992, S. 38 f.). Die „Eroberung des Raumes" wird abgelöst durch „*die Eroberung allein der Bilder des Raums*" (P. Virilio 1992, S. 38). Die Welt kann sich mit Hilfe der audiovisuellen Techniken durch ihre Bilder vertreten lassen. Ebenso wie auch das Individuum sein Bild als den Stellvertreter seiner selbst an jeden beliebigen Ort der Welt entsenden können wird, um so in Abwesenheit präsent zu sein. Die Bilder haben allen anderen Transport überflügelt, denn sie beanspruchen für ihre Übermittlung keine Zeit mehr. Sie erfüllen die Bedingung der Gleichzeitigkeit perfekt. Jeder Punkt der Welt wird in 'Echtzeit' herbeizitiert werden können. 'Echtzeit' ist der Begriff, der erfunden werden mußte, weil alle bisher gebräuchlichen Beschreibungen für Schnelligkeit versagen. Die Fernsehbilder sind schneller als pfeilschnell, windeseilig oder blitzschnell. Der Bildersatz der Realität kommt unverzüglich ins Haus. Der 'Reisende' wird zum „Körperbehinderten-Voyeur", dessen 'wichtigstes Möbel der – möglichst bequeme – Sitz' ist. Für die Welterkundung ist nicht mehr seine Abenteuerlust die Voraussetzung, sondern sein Sitzfleisch. Vom Sitz aus hat er den kontrollierenden Zugriff auf die nahe und ferne Welt (P. Virilio 1992, S. 50 f.), wobei die Differenz zwischen Nähe und Ferne, zwischen Hier und Dort, zwischen Drinnen und Draußen absolut nivelliert ist.

Einstweilen konkurrieren die beiden Beschleunigungssysteme. „Entfesselter Nomadismus" und die Tendenz zur „endgültigen Seßhaftigkeit" und Bewegungslosigkeit der Gesellschaft koexistieren (P. Virilio 1992, S. 42). Beide werden als lohnend und aussichtsreich erachtet, um die Weltausbeute des Individuums zu steigern. Jedoch kündigt sich der Kollaps des einen trotz grenzenloser Steigerungsfähigkeit bereits an. Der physische Transport ist bedroht durch die Schrankenlosigkeit der Mobilisierung von Mensch und Material. Es steht zu befürchten, daß die Mobilität zwar nicht systembedingt, aber mengenbedingt erstarrt. Nicht der Raum, sondern die Vehikel selbst stehen sich im Wege und behindern sich gegenseitig. Wenn die Fortbewegungsmöglichkeiten durch Stau endgültig zum Erliegen kommen, wird die Telepräsenz des Einzelnen in der Welt und die Telepräsenz der Welt im Wohnzimmer einen enormen Aufschwung erfahren. Konferenzschaltungen statt Diplomaten- und Geschäftsreisen sind schon in Gebrauch, Bildschirmeinkauf ist im Gespräch und Tourismusersatz durch Cyberspace-'Reisen' ist im Experimentierstadium.

Der audiovisuelle Weltersatz ermöglicht eine enorme Steigerung der Weltpräsenz im Einzelleben. Es scheint, als sei man dem Ziel, einer Lebensspanne die ganze Welt einzuverleiben, zum Greifen nahe gekommen. Nur daß es nichts mehr zu greifen gibt. Die systematische Selbstverwirklichung durch Weltbemächtigung hat de facto die Entwirklichung der Welt und auch des Selbst zur Folge (vgl. hierzu: P. Sloterdijk 1989, S. 70).

Das Individuum, das glaubt, sich in die Welt einzuschalten und sich dabei mit authentischen 'Weltbildern' zu versorgen, sitzt in Wirklichkeit in der Falle. Seine „Wahrnehmung (ist) im voraus durch die Rechenleistungen des Computers programmiert" (P. Virilio 1992, S. 48). Die Welt, die es sich kommen läßt, ist ein vorgefertigter Verschnitt. Wir müssen uns nur an die Bilder aus dem Golfkrieg erinnern, Bilder in Echtzeit, brandaktuell, die vorgaben, dem Zuschauer Eintritt in die Ereignisse zu verschaffen, in Wahrheit aber das wirkliche Geschehen, die leidenden Menschen, die mordenden bemannten Maschinen, das gequälte Land, die sterbende Kreatur, zur Komparserie eines drehbuchgerechten Spektakels machten: die wirkliche Welt als Gesamtstatist des Bildprogramms. Die Welt ist in Auflösung begriffen, sie wird dekomponiert zum Rohstoff für suggestive synthetische Bildwelten, die als angeblich *weltgetreue Nachbildungen der Welt*, als Weltdouble, einen angemessenen und zufriedenstellenden hochbeschleunigten Weltersatz abgeben sollen.

Die weltgetreue Nachbildung der Welt hat auch die Funktion, den *Untergang* der realen Welt, des Originals, *verschmerzbar* zu machen. So wie das Experiment 'Biosphäre II' in der Wüste von Arizona die Verwüstung der Natur verschmerzbar machen soll. Die habgierige Weltaneignung ist unduldsam gegen jede Dezimierung von Weltmöglichkeiten. Deshalb werden untergehende, endgültig aussterbende Weltinhalte, die dem modernen Weltbeuter zu entgleiten drohen, videotechnisch gespeichert. Schon jetzt gibt es just for fun 'Video-Zoos', deren animalische Insassen „allein durch ihr Bild auf einem Bildschirm präsent sind, Bilder, die hier oder da aufgenommen wurden, gestern oder vorgestern, an bedeutungslosen Orten" (P. Virilio 1992, S. 46). Wie tröstlich, daß wir das schwarze Nashorn, die Berg-Gorillas, untergehende Kulturen, all das, was auf dem Altar der Beschleunigung geopfert wird, in der Videothek für künftigen Weltverschnitt konservieren können. So wird dem Verlust von Weltdingen, der die Versäumnisangst seinerseits anheizt, durch die Produktion von *elektronischen Substituten* entgegengearbeitet.

Seit neuestem experimentiert man mit der Video-Unsterblichkeit von dahingegangenen Hollywood-Idolen. Eine Art moderner Wiedergängerei wird inszeniert: Es „ist ... möglich, Filme zu machen, ohne daß Schauspieler mitwirken ... deren 'Abbilder', in hinlänglicher Fülle digitalisiert, reichen aus, um mit ihnen nach Lust & Laune zu spielen. ... Die Abbilder der Toten sind aus dem Grab ihrer Filme exhumiert und auf eine Datenbank transferiert worden, von dannen sie nun kommen werden, um wieder unter uns zu sein. Die Zelluloid-Friedhöfe Hollywoods, auf denen Marilyn Monroe und Mae West, John Wayne und Humphrey Bogart e tutti quanti ein für allemal in ewiger Ruhe gebannt schienen, öffnen sich, um uns vor Augen zu führen, daß es doch ein Leben nach dem Tode gibt: zwar kein eigenes für sie mehr, aber ein generiert-simuliertes für uns; 'seelenlos', aber sichtbar. 'Wirklichkeit' oder 'Authentizität': – es sind obsolete Mottenkisten, in denen nur noch hilf-, kopf- & distinktionslos gewordene Erkenntniskritiker herumwühlen." (Gräber öffnen sich, Frankfurter Rundschau 31. Okt. 1992)

Die *Remobilisierung der Toten* ist die unverfrorenste Form der 'allgemeinen Mobilmachung', eine besondere Spielart der 'Rohstoffisierung' des Menschen. Weniger spektakulär, dafür aber durchaus verdächtig, sich als modernes Begräbnisritual durchzusetzen, ist die schon nicht mehr selten praktizierte Gepflogenheit, den Toten, kaum daß man ihn unter die Erde gebracht und zur letzten Ruhe gebettet hat, im Kreis der trauernden Hinterbliebenen als Akteur eines Videofilms aus seinen Lebenstagen gleich wieder auftreten zu lassen, um sich zu vergewissern, daß er über den Tod hinaus bildleibhaftig verfügbar ist und zur Anwesenheit genötigt werden kann. Man muß sich seiner nicht erinnern, man kann ihn einschalten. Der Tote wird – wie die Welt – entwirklicht.

Und der Lebende, „dieser Teleakteur, der sich nicht mehr in irgendein physisches Fortbewegungsmittel werfen wird, sondern einzig und allein in einen anderen Körper, einen optischen Körper, um weiter zu gehen, ohne sich zu bewegen, um mit anderen Augen zu sehen, mit anderen als seinen Händen zu berühren, um dort zu sein, ohne wirklich da zu sein, sich selbst fremd, Überläufer aus seinem eigenen Körper, für immer verbannt ...?" (P. Virilio 1992, S. 150) Wie hat der „Reisende ohne Reise", der „Passagier ohne Passage" an der Entwirklichung teil? Er ist ein Mensch ohne *Beweggründe*. Beweggründe aber sind die Voraussetzung jeglichen Handelns und Menschseins. Er ist in seiner unbewegten Rastlosigkeit in seinem 'rasenden Stillstand' (P. Virilio) unfähig zur 'vita activa'. Beweggrundlos kann er die Welt nicht gestalten, er kann nur ihren Abklatsch abrufen, sich von ihren Bildern bedienen lassen.

Mit dieser Fesselung des Weltbetrachters an seinen Sitz, mit dieser Vereinzelung und Vereinsamung seiner 'Weltbegegnung' und mit diesem Betrug und dieser Täuschung vollendet sich die Idee der

Zentralperspektive, die am Beginn der Neuzeit Macht über die Bildwelten erringt. Wenn die Weltanschauung „sich zu rein individualistischen Betrachtungen *Einzelner* von *vereinzelten Standpunkten* aus zersetzt – und darüber hinaus zu einzelnen Standpunkten in je einzelnen Zeitmomenten –, dann stoßen wir auch auf die für ein uneinheitliches Bewußtsein charakteristische Zentralperspektive. … (die sich) *nicht die Wahrheit der Wirklichkeit, sondern die Glaubenswürdigkeit des Anscheins*" die „Imitation der Oberfläche" (P. Florenskij 1989, S. 16 ff.) zur Aufgabe macht. „… die bekannten Verfahren perspektivischer Darstellung der Wirklichkeit (haben) ihren Sinn darin …, die Illusionierung (eines gleichsam mit Curare vergifteten Zuschauers) zu ermöglichen, welcher noch dazu den größten Teil seiner allgemein menschlichen Eigenschaften verloren hat." (P. Florenskij 1989, S. 19) Der technisch hochgerüstete moderne Zuschauer ist in der Lage, sich von der imitierten Oberfläche der Welt nicht nur täuschen zu lassen, sondern aktive Selbsttäuschung zu betreiben, indem er selbst immer neue Oberflächenmixturen herstellt. Die Unbeweglichkeit, zu der er verurteilt ist, kompensiert er durch immer höheres Bildtempo.

Der Weltgaffer hat sich nolens volens zum Inventar seiner elektronischen Welt gemacht.

9. Weltvermehrung und Erfahrungsarmut

Der Prototyp des vom Welthunger getriebenen Menschen ist Doktor Faustus. Das verzweifelte Bemühen, zu *erkennen*, was die Welt im Innersten zusammenhält, hat ihn nur in desto tiefere Verzweiflung gestürzt. Am Ende dieses Bemühens steht die Einsicht seiner vollständigen Vergeblichkeit: Die Welt erlaubt dem Menschen kein tiefes Eindringen in ihre Geheimnisse. Seine ruhelose Wissensvermehrung war umsonst. Da *Welterkenntnis* sich als unmöglich erweist, faßt er den Entschluß, die Welt in *Erfahrung* zu bringen. Er will die *menschenmögliche Erfahrung* in sich versammeln, die Welt in all ihren Hervorbringungen ergreifen, sich von ihr ergreifen lassen, sie bis auf den Grund ausloten, nichts ungekostet lassen, koste es, was es wolle. „Stürzen wir uns in das Rauschen der Zeit, / Ins Rollen der Begebenheit! / Da mag denn Schmerz und Genuß, / Gelingen und Verdruß / Mit einander wechseln, wie es kann; Nur rastlos bethätigt sich der Mann. ... Dem Taumel weih' ich mich, dem schmerzlichsten Genuß, / Verliebtem Haß, erquikkendem Verdruß. / Mein Busen, der vom Wissensdrang geheilt ist, / Soll keinen Schmerzen künftig sich verschließen, / Und was der ganzen Menschheit zugeteilt ist, / Will ich in meinem innern Selbst genießen, / Mit meinem Geist das Höchst' und Tiefste greifen, / Ihr Wohl und Weh auf meinen Busen häufen / und so mein eigen Selbst zu ihrem Selbst erweitern / Und, wie sie selbst, am End' auch ich zerscheitern." (J. W. Goethe, Werke Bd. 10, o. J., S. 64)

a) Zeitersparnis durch Leidvermeidung

So unbedingt und kompromißlos ist das Weltbegehren des 'homo accelerandus' nicht. Er ist bereit, Abstriche zu machen, will eher in die Breite als den Dingen auf den Grund gehen. Seine Weltleidenschaft verkneift sich die Suche nach dem radikal Authentischen und bescheidet sich mit einer kostengünstigeren Weltvariante. Er verzichtet darauf, „alles als es selbst haben zu wollen" (H. Blumenberg 1986, S. 190) und begnügt sich statt dessen aus Zeit- und Leidersparnisgründen damit, in ein mittelbares Verhältnis zur Welt zu treten: „Jede Einlassung auf Mittelbarkeit zur Welt ist ein Kompromiß, der den Verzicht auf die volle Intensität der Erfahrung verbindet mit dem Gewinn an Zeit, um andere Erfahrung – vielleicht wiederum unter dem Zugeständnis der Mittelbarkeit – zu machen. Was man ‚das Leben' nennt, beteht aus dieser Art von Konzessionen und Arrangements." (H. Blumenberg 1986, S. 73)

Die Kompromißlosigkeit der weltumspannenden Obsession eines Faust, der wissentlich auf sein Scheitern zusteuert, seinem Untergang ins Auge sieht und der sich jeden Schmerz der Welt zu eigen machen will, ist die Sache seiner geschwindigkeitsversessenen Nachahmer nicht. Der Zeitgewinn der rasenden Lebensart beruht gerade darauf, daß der Mensch die annehmlichen Seiten des Lebens abschöpft und die schmerzvollen eliminiert. Sein Blick gleitet abschätzig, testend und auswählend über das Weltangebot, er greift nach dem, was ihm am lohnlichsten dünkt. Er halbiert die Lebensumstände, sondert aus, was seinem hedonistischen Gewinnstreben abträglich ist, und sackt ein, was sein Leben schmücken und bereichern kann. Lange bevor er zugreift und die Menschen und Dinge seiner Umgebung zum Einsatz bringt in seinem kalkulierten Gewinnspiel, schon unter seinem registrierenden und musternden Blick, ja, bereits als Auslöser seiner panischen Angst, etwas zu verpassen, erstarren seine Lebensumstände zu Mitteln seiner Selbststeigerung. Sie hören auf, um ihrer selbst willen bedeutsam und respektabel zu sein.

Faust will das Menschsein ergründen, wie es ist; mit seinen dunklen Schattenseiten, seinen Abgründen und Verirrungen und seinen lichten Höhen, seinem Taumel und seinen Ekstasen. Seine profitorientierten Epigonen wollen es ausschöpfen, wie es ihnen beliebt, unter Aussparung des Unliebsamen, das Dunkle sorgsam umgehend, Leiden vermeidend. Nicht nur Leid hat in dem Konzept der Gewinnmaximierung keinen Platz, sondern auch geringfügigere Beeinträchtigungen des Lebensgefühls nicht: Unbill aller Art, Trübsinn, Störungen, die die Pläne durchkreuzen, Mißbehagen, Begrenzungen, Zweifel, Kümmernisse, Verdunkelungen.

Die ganze Welt soll es sein, nur eben abzüglich alles dessen, worauf man nicht scharf ist: Leid, Krankheit, Scheitern, Unsicherheit und Tod, all das, was den 'reinen Mehrwert des Lebens' (J. Baudrillard) schmälert. Auch um dieser Sondierung der Lebensumstände willen sind Unwägbarkeiten und Zufälle auszuscheiden. Solange dem Menschen sein Leben zustößt, kann er das gute Leben nicht wählen und das schlechte nicht abwählen. Er muß sich damit *arrangieren*, und dabei springt kein Zeitgewinn heraus. Um der selbstgesetzten Beschleunigungspflicht nachkommen zu können, muß er auf der vollen Disponibilität und auf uneingeschränkter Wahlmöglichkeit und Entscheidungssouveränität bestehen. Auch um der Beschleunigungseffekte willen bleibt die Eliminierung von Überraschung und der Schlachtruf: *Factum statt Fatum* auf der Tagesordnung.

Bei der Bilanzierung der kurzen Lebensfrist spielt also nicht nur das Verhältnis von *gelebtem und ungelebtem Leben* eine Rolle, sondern auch jenes von *gut gelebtem und schlecht gelebtem Leben*. Alles, was verhindert, daß man bei ungetrübter Laune rasch einen Happen Welt zu sich nehmen kann, steht zur Beseitigung an, wenn die Kostenseite des Lebenskontos bereinigt werden soll.

Der Preis für diese Zuchtwahl der Lebensumstände ist unerwartet hoch. Die Beschleunigung, die darin besteht, daß man sich mit den leidvollen Seiten des Lebens nicht aufhält, endet in einer paralysierenden Berührungsangst, in einer selbstauferlegten Kontaktsperre gegenüber der leidträchtigen Welt. Der von Weltgier getriebene, todfeindliche Mensch wollte 'hineingreifen ins volle Menschenleben', aber unter der Prämisse der Leidvermeidung bleibt die Geste des Zupackens auf halbem Wege stehen. In allem, was er ergreifen will, lauert die verabscheute Negativität. Das keimfreie, aseptische Positive, das er unter Zeitdruck abzusahnen sich vorgenommen hat, findet sich nirgends. Bei jeder Berührung muß er fürchten, sich mit dem Leid und der Niedertracht, die in den Objekten seiner Begierde steckt, zu infizieren. Bei jedem Zugriff läuft er Gefahr, von ihrer düsteren Kehrseite ereilt zu werden und doch seine wertvolle Zeit an Unwürdiges zu verlieren.

Leidvermeidung nötigt ihn aber auch, sein flammendes Weltbegehren auf eine laue Temperatur herunterzukühlen. Denn das leidenschaftlich Begehrte bereitet den Schmerz des Entsagenmüssens, wenn seine Erfüllung ausbleibt, und es schürt die qualvolle Angst vor Verlust, wenn es erlangt wurde. In jeder leidenschaftlichen Hinwendung zum Andern begegnet man dem Tod des Andern (P. L. Landsberg 1973, S. 21), und sei es auch nur als jeden Augenblick bevorstehender Möglichkeit. In der Erfahrung, daß die Erfüllung immer nur eine Leihgabe des Lebens ist, jeden Augenblick von Vergänglichkeit bedroht, wird die eigene Vergänglichkeit unübersehbar. Um die Erinnerung daran auszumerzen, wurde ja aber gerade der ganze Beschleunigungswirbel inszeniert. So entsteht für das Individuum die paradoxe Situation, daß nicht Weltverachtung es daran hindert, sich mit der Welt und dem andern Menschen einzulassen, sondern gerade sein Welthunger. Die paranoide Leidflucht erlaubt ihm nur die oberflächlichsten Berührungen mit dem Andern und der Welt, Kontakte von größtmöglicher Folgenlosigkeit und Unverbindlichkeit, aus denen es unaffiziert und uninfiziert hervorgehen kann. Wenn seine Weltbegegnungen nicht mehr als ein flüchtiges Nippen sind, wenn sie ihn unverwandelt lassen, dann erstarrt die Welt zum Panoptikum und er selbst zu seinem eigenen wächsernen Abbild. Der Griff nach der leidleeren Welt ist ein Griff ins Leere.

Ein wenig gemahnt die Situation des auf Leidvermeidung gestimmten modernen Menschen an den Mythos vom König Midas. Midas hatte, an Dionysos, der ihm etwas schuldig war, die Bitte gerichtet, ihm möge alles, was er berührte, zu Gold werden. Die Bitte wurde erfüllt. Midas wurde ein reicher Mann, aber er war vom Hungertod bedroht, da ihm auch Speise und Trank zu Gold wurden. Er mußte sich hüten, was ihn umgab zu berühren, um es nicht edel aber unbekömmlich werden zu lassen. Homo accelerandus, dem der Sinn nach purem Positiven steht, muß sich ebenfalls vor der Berührung mit den begehrten Dingen und Menschen hüten, weil sie seinen Reinheitsbedürfnissen, seinem Verlangen nach reinem Mehrwert nicht entsprechen. Auch er ist in einer unberührbar gewordenen Welt vom Tod durch Aushungern bedroht.

b) Verbrauchsfertige Welt

Um Zeit zu sparen und in der Enge der Zeit mehr Raum zu schaffen, muß die Welt ganz allgemein griffbereit zurechtgelegt werden. Zur schnellen und effizienten Erledigung bedarf es einer *verbrauchsfertigen Welt*. Der entscheidende Beschleunigungseffekt liegt darin, daß alles zum Leben Benötigte oder Begehrte, vom Nahrungsmittel über die Dienstleistung bis zum Lebensmuster fix und fertig parat liegt. Durch nichts wird die Zeitprofitrate so erhöht wie durch die Einsparung der Herstellungszeit für die materielle und immaterielle Ausstattung des Lebens. Unmittelbar konsumierbare Lebensumstände sind nicht nur außerordentlich bequemlichkeitsfördernd, sondern auch außerordentlich zeit-profitträchtig. Allerdings ist die Welt nicht so, wie der hastige Konsument sie gern hätte. Zum Supermarkt, aus dem man sich nach Selbstbedienungsmanier versorgen kann, mußte sie erst zugerichtet werden. Diese Zurichtung obliegt dem Produktionssektor, der folglich unablässig dynamisiert werden muß, um in der kürzestmöglichen Zeit die größtmögliche Menge verbrauchsfertiger Weltstücke auszuspucken. Das moderne Individuum wird so zum *Doppelagenten der Beschleunigung*: Optimierungsaktivist und konsumistischer Nutznießer in Personalunion. Es ist als *Produzent* und *Konsument* gefordert, Höchstleistungen zu erbringen. Es muß den Zeitgewinn, den es als Konsument einzustreichen gedenkt, als Produzent selbst erzielen. Und es ist gezwungen, seine Konsumrate zu erhöhen. Nicht nur, um die Produktivität des Produktionsapparates weiter anzuheizen, sondern auch, um den zunehmenden Ausstoß an produzierten Lebensmöglichkeiten im eigenen Leben zu realisieren. Wiewohl der einzelne sich in der Doppelrolle von Produzent und Konsument vorfindet, produziert er doch nicht für den eigenen Verbrauch. Als Produzent ist er lediglich ein Partikel in einer hypertrophen Maschinerie, die mit ihrer Kombination aus perfekt organisierter Arbeitsteilung, Maschinenleistung und elektronischen Rechenoperationen Produkte ausscheidet, die mit der Tätigkeit des einzelnen Produzenten keinen erkennbaren Zusammenhang haben.

Die Versäumnisangst wird unter diesen Umständen zum Konsumententrauma. Der Konsument ist nicht nur gehalten, bis zur Neige auszuschöpfen, was die Produktion ihm zur Verfügung stellt. Er muß auch durch gestrafften Konsum die wertlose Zeit wieder aufholen, die er als Funktionspartikel in der Produktionsmaschine verloren hat. Für das zeitraffende Individuum entsteht eine vertrackte Situation, in der das ganze Kosten-Nutzen-Kalkül auf dem Spiel steht. Sein Zeitgewinn droht zum Verlustgeschäft zu werden: Produzierend verplempert es die Zeit, die es dringend brauchte, um das Produzierte einzuheimsen. Aber auch konsumierend verausgabt es immer jene Zeit, die es benötigte, um dessen habhaft zu werden, was ihm während seines Konsums gerade entgeht, und das ist das meiste. Der Produzent-Konsument sieht sich chronisch einem beunruhigenden Überangebot gegenüber. Der Mangel an Kaufkraft könnte in dieser panischen Situation ein geradezu wohltätiger Sachzwang sein, enthielte er nicht die stumme Aufforderung zu seiner Beseitigung.

Trotz verbrauchsfertiger Welt bleibt das Individuum in zeitlicher Bedrängnis. Der Konsument befindet sich in einem andauernden Alarmzustand, weil die Kluft zwischen der Menge des Produzierten und seiner begrenzten Konsumfähigkeit immer weiter aufreißt und er so auf höherem Beschleunigungsniveau sein Dilemma wiederholt sieht.

Daß die Versäumnisangst bohrender wird, statt nachzulassen, ist nicht die einzige Frustration, die dem Menschen von der verbrauchsfertigen Welt zugefügt wird. Deprimierend ist vor allem, daß die Welt, die er im Sinn hatte, unter der Zurichtung, die ihr widerfährt, sang- und klanglos verschwindet. Es entsteht eine an die Geschwindigkeitsgelüste angepaßte Scheinwelt. Die vorgefertigten Weltstücke erfüllen bereits den Tatbestand einer kompletten Simulation, lange bevor Simulationstechnologien sich der Erzeugung von Scheinwelten annehmen. Die Welt der käuflichen Fertigprodukte legt sich wie eine undruchdringliche Schicht von zäher Konsistenz über die Wirklichkeit, begräbt diese unter sich und schneidet den Menschen von unvermittelter Erfahrung ab. Die verbrauchsfertige Welt läßt sich eben nicht erfahren, sondern nur kaufen und konsumieren. Damit beraubt sich der Mensch der „Hauptquelle des menschlichen Glückes (, die) im eigenen Innern entspringt". Aristoteles bemerkt, „daß jeglicher Genuß irgend eine Aktivität, also die Anwendung irgend einer Kraft voraussetzt und ohne solche nicht bestehn kann. ... das Glück eines Menschen (bestehe) in der ungehinderten Ausübung seiner hervorstechenden Fähigkeit ..." und „die unbeschäftigten Kräfte (werden dem Menschen) zur Last" und liefern ihn der Langeweile aus (A. Schopenhauer 1987, S. 29 f.).

So wäre denn die verbrauchsfertige Welt, dazu ausersehen, das Leben in einen erregenden Wirbel zu verwandeln und durch Geschwindigkeit zu intensivieren, zu guter Letzt die Ursache tödlicher Langeweile.

Das Individuum beraubt sich seiner Existenzgrundlage. So wie es die Wirklichkeit nur zu spüren bekommt, wenn es in Auseinandersetzung mit ihr seine Fähigkeiten betätigt, so kann es auch seiner selbst nur ansichtig werden in der Betätigung seiner Potenzen. In seinen Schaffensakten bildet es seine Individualität heraus und in Ansehung des Erschaffenen erfährt es sich selbst. In der Konfrontation mit der verbrauchsfertigen Welt, an deren Produktion es lediglich beteiligt war, in der es aber nichts erschaffen hat, sucht es sich vergebens. Auch die andere Quelle der Selbsterkenntnis, der Spiegel des anderen, ist versiegt. Der andere ist nicht mehr Spiegel des Selbst, sondern nur noch der verdächtige Konkurrent, der sich aus demselben Arsenal von Weltmöglichkeit bedienen will wie das Selbst.

c) *Individuum: Original oder Fälschung?*

Damit das Individuum als Konsument eine Chance behielt, mußte die Individualität sich von der Person lösen. So wenig die Welt der Fertigfabrikate Originalität besitzt, so wenig besteht das beschleunigte Individuum in ihr darauf, Original zu sein. Es begnügt sich mit der Fälschung seiner selbst.

Der Konsument *veräußert* seine Individualität und deponiert sie in den Attributen, mit denen er sich ausstaffiert. Individuierung wird zur Ausstattungsorgie, und das Individuum wird endgültig zum *'Dividuum'* (G. Anders), getrennt in die von ihrer Eigenheit entblößte Person und Zutat. Ihm dämmert, daß es sich seine Einmaligkeit zusammenkaufen muß. Das bedeutet, daß Individualität zu einem knappen Gut geworden ist, um das man auf Sein oder Nichtsein mit andern rivalisieren muß. Es ist das Schicksal des Konsumenten, daß er seiner Individualität *bedürftig* wurde, da er seine Selbstgestaltungskompetenz gegen die Belieferung mit fertigen Weltstücken eintauschte und ihm so die Subsistenz in Sachen Individuum abhanden kam.

Seine Bedürftigkeit mag allerdings eine auf luxuriösestem Niveau sein: Der Individualist dieser Provenienz ist auf der Jagd nach Extravaganz. Das Flair des Außergewöhnlichen kennzeichnet die Umgebung, in die er sich einschmiegt. Ihm wird alles zur Demonstration: Wohnung, Nahrung, Kleidung, Freunde. Sein Markenzeichen ist die *Exklusivität*, das heißt, der Genuß von Dingen, die sich *fast* niemand leisten kann. Die wenigen aber, denen er sich zugehörig fühlen darf, verleihen ihm ihrerseits Glanz. Er gehört also Zirkeln an, die strikte Zutrittsbeschränkungen zelebrieren; er sammelt Zertifikate, die ihn erkennbar vor andern auszeichnen; er beweist verfeinerten Genuß und intime Kenntnis in der Art seines Kulturkonsums; er erwirbt Besitz unter dem Gesichtspunkt der Rarität. Auf alles nur Nützliche, jedermann Zugängliche reagiert er leicht angeekelt.

Seine Einmaligkeit wird zur Frage von Kaufkraft, Kampfkraft und raffiniertem Geschmack. Ein Sammelsurium von zusammengekauften und zusammengerauften Attributen macht ja beileibe noch kein Individuum im modernen Sinn des Wortes aus. In der Komposition der Attribute ist persönlicher Stil gefordert. Stil ist alles, was von der Person, vom leibhaftigen Individuum übrigblieb. Der Prototyp des *attributiven Individualismus* braucht eine Spürnase für den Zeitgeist, um ihm immer eine Nasenlänge voraus zu sein. Er muß sich mit einer Handvoll von seinesgleichen zur Zeitgeist-Avantgarde profilieren. Geschwindigkeitserprobt, wie er ist, schafft er den schnellen Absprung, sobald Gewöhnlichkeit in der Luft liegt und das Extraordinäre zum Modischen verfällt.

Die Teilhabe am Besonderen, von dem die Vielen ausgeschlossen sind, bestärkt ihn in der Gewißheit, daß es ihm gelungen ist, beneidenswert zu sein, denn darin erschöpft sich die Individualitätsbegeisterung zu guter Letzt. Beneidenswert zu sein, ist der Hintergedanke, der ihn leitet, wenn er seine Raritäten um sich sammelt. Daß sie als Trophäen tauglich sind, macht die Ausstattungsstücke begehrenswert, nicht ihr Genuß oder gar ihre schnöde Brauchbarkeit. Der Neid anderer stimuliert das eigene Hochgefühl.

Die Exklusivität ist jedoch nicht nur stimulierend, sie ist auch beruhigend. Sie gibt dem Trophäensammler das untrügliche Gefühl, den Rahm der Weltmöglichkeiten, wenigstens im Vergleich mit weniger begünstigten Exemplaren seiner Gattung, abgeschöpft und – wiederum, gemessen an andern – bei der Kombination aus Hochgeschwindigkeit und Auslese zufriedenstellend abgeschnitten zu haben.

Er kann sich sagen, er habe die dem Tod abgerungene Zeit nicht an Minderwertiges verschwendet, habe das Gängige und Wohlfeile ausgeschieden und sich durch seine exklusive Wahl als Individuum besondert. Dennoch wirkt das hedonistische Individuum überanstrengt und hat selbstquälerische Züge.

Unterhalb der Ebene der arrivierten Individualität tummelt sich die Menge derer, die sich mit ermäßigten Standards von Besonderheit begnügen. Sie repräsentieren gleichsam die Durchschnittsausgabe des modernen Individuums. Mit den illustren Exemplaren haben sie den Konsumentenstatus gemein, nicht aber die Kaufkraft und den eisernen Willen zur Einmaligkeit. Besonderung differenziert sich nach Güteklassen. Und zuweilen verblaßt das Bedürfnis nach Einmaligkeit gänzlich hinter dem stupiden Wunsch nach Gütermenge. Die neue Klassengrenze verläuft zwischen Eleganz und Protzigkeit, zwischen Konsumverfeinerung und Konsumvermehrung, zwischen Optimierung und Maximierung. Beides sind aber Weisen der Akkumulation von Lebensmöglichkeiten, Ausgeburten der Versäumnisangst und Versuche, der Panik zu entkommen.

d) *Die Vermeidung des Leerlaufs*

Ein drittes Element in der rationalen Bewirtschaftung von Zeit, *die Vermeidung von Leerlauf*, erzwingt präzises 'timing', zufallsbereinigte Ablaufsequenzen und die unerbittliche Ausmerzung des *Überflüssigen*. Keine Lebensregung darf unverschont bleiben von der Prüfung, ob in ihr überflüssiger Zeitaufwand enthalten ist:

„Und schon existieren technische Systeme, die aus der menschlichen Sprache winzige Sequenzen eliminieren, so daß Nachrichten schneller zu übermitteln sind.“ (DER SPIEGEL Nr. 20/1989, S. 201) Um Leerlauf diagnostizieren zu können, muß Eigentliches von Uneigentlichem unterschieden werden. Das Eigentliche in diesem Beispiel ist die pure Nachricht, entbehrlich ist die Zeit, die der Sprechakt über die reine Funktion der Nachrichtenübermittlung hinaus beansprucht. Sie wird gestrichen.

Leerlauf kann alle möglichen Formen annehmen. Er ist in jedem Fall der für irrelevant erklärte Zwischenraum zwischen relevanten Situationen. Zeiten, in denen keine anerkannten Zwecke verfolgt werden, sind Leerlauf. Wartezeiten gehören dazu, ebenso wie Pausen, es sei denn, sie hätten eine ihnen zugedachte nützliche Funktion, Routinetätigkeiten, Wiederholungen, Zeiten ohne Novitätswert, Stillstand, Zeiten der Langeweile und des Unterwegsseins; sie alle sind Budgetposten, an denen Sparmaßnahmen angreifen müssen. Leerlauf ist sinnlose Zeitverschwendung, eine „Meucheltat wider den Zeitgeist der Beschleunigung“ (J. Dahl 1989/90, S. 176).

Im Computer, dem favorisierten Supergerät des 20. Jahrhunderts, ist das Desiderat der Vermeidung von Leerlauf perfekt erfüllt:

- Er ist unvorstellbar schnell in seinen Operationen: „Stellen Sie sich vor ... zwei Computer sprechen eine Zeitlang miteinander. Dann werden sie von einem Menschen gefragt, worüber sie sprechen, und in der Zeit, die er braucht, um diese Frage zu stellen, haben die beiden Computer mehr Wörter ausgetauscht als alle Menschen insgesamt, seit der *Homo sapiens* vor zwei oder drei Millionen Jahren zuerst auf der Erde erschien.“ (G. Simons, bei J. Rifkin 1988, S. 28 f.)
- Er stellt bei jedem Arbeitsschritt eine Entscheidung, die mit ‘ja’ oder ‘nein’ zu treffen ist, zur Disposition; die Perfektion der Wählbarkeit und Entscheidbarkeit schlechthin.
- Er arbeitet ohne jeden Leerlauf: „Wenn einem Programm zeitweilig die Daten ausgehen oder wenn es die Antwort eines menschlichen Anwenders an einer Tastatur benötigt, wartet der Prozessor nicht auf die möglicherweise langsame Antwort. Schließlich bedeuten die zehn Sekunden, die ein menschlicher Anwender vielleicht zum Antworten braucht, selbst für einen Minicomputer Millionen von Additionen. Statt dessen geht er

weiter zum nächsten Programm und kommt periodisch zum ersten zurück, um zu sehen, ob dort nun wieder etwas zu tun ist.“ (D. Bolter, bei J. Rifkin 1988, S. 34)

– Er ist vorbildlich in dem Grad der Programmierung, die nichts dem Zufall überläßt.

Schon die Sprache, derer man sich bedient, um dieses Wunderwerk zu beschreiben, zeigt das zwiespältige Verhältnis des Menschen zu seiner Spitzenkreation. Der Computer kann sprechen, hören, sehen, er kommt und geht, wie es ihm beliebt. Er ist darauf präpariert, den Menschen perfekt zu vertreten. Er wird mit einer Art liebevoller Aufmerksamkeit bedacht wie ein gehätscheltes Pet-Gerät. Homo creator darf seiner Erfindung und Erschaffung wegen stolz sein. Der Computer ist sein sechster Schöpfungstag, er ist zu seinem Ebenbild ausersehen. Aber zugleich steht der Erschaffer in seiner Dürftigkeit tief beschämt vor der Vollkommenheit seiner ‘Kreatur’. Die beiden zitierten Passagen zeigen den Menschen hoffnungslos retardiert gegenüber seinem Gerät und das Gerät in einer Art souveräner Nachsicht gegenüber seinem Erfinder. In seiner ‘prometheischen Scham’ (G. Anders 1980, S. 21 ff.) ist der Anwender bestrebt, dem Leistungsvermögen seines Gerätes nicht allzu sehr im Wege zu stehen:

„In klinischen Fallstudien haben Psychologen beobachtet, daß Computer-Zwangsneurotiker wesentlich intoleranter gegenüber Verhaltensweisen sind, die irgendwie uneindeutiig, abweichend oder sprunghaft sind. … (Sie) ziehen einfache ja-nein-Antworten vor. Sie sind ungeduldig gegenüber Gesprächen mit offenem Ende und fühlen sich unwohl mit Menschen, die nachdenklich und meditativ sind. … sie interagieren mit anderen nur, um nützliche Informationen zu sammeln und auszutauschen. Vor allem legen sie hohen Wert auf effiziente Kommunikation.“ (J. Rifkin 1988, S. 29)

Der unermüdliche Kampf gegen die Zeitvergeudung hat allerdings einen Haken: Wenn Zeitverschwendung sich allein daran mißt, ob eine beliebige Verrichtung in der technisch möglichen Rekordzeit ausgeführt wird oder nicht, wenn also in der Frage der Überflüssigkeit die Zeitersparnis zum alleinigen Kriterium wird, dann läßt sich enorm viel Überflüssiges oder Schädliches ohne jeden ‘überflüssigen Zeitaufwand’ tun: „… Erwünschtes und Verwerfliches, Großes und Gemeines und viel viel Gleichgültiges kann zeitsparend getan werden und wird getan.“ (J. Dahl 1989/90, S. 175)

Auch die Tilgung des Leerlaufs hat eine spezifische Form des Wirklichkeitsschwundes zur Folge. Wurde mit der *Tilgung der Entfernung* der *Raum* zum Verschwinden gebracht, so bringt die *Tilgung des Leerlaufs* die *Zeit* zum Verschwinden.

Zunächst werden durch die Zweiteilung der Zeit in nützlichen und überflüssigen Zeitaufwand all jene Zeiten, die unter das Verdikt der Überflüssigkeit fallen, systematisch entwertet und zu Unzeiten erklärt. Die Zeit des *Wartens* hat keinen Eigenwert, etwa in Gestalt gespannter oder ruhiger Erwartung, beiläufiger oder überraschender Füllung. Sie ist nichts als unnütz vertane Zeit, die dem Lebenskonto abgeht; als Zeit des Erlebens fällt sie aus, wie überhaupt unter dem Geschwindigkeitsdiktat das *Erlebnis* dem *Ergebnis* geopfert wird. Vermeidung von Leerlauf bedeutet, das Leben zu einer Art Ergebnisprotokoll zu raffen.

So sind auch Zeiten der *Muße*, des *Schlafs* und der *Pausen* keine erquickenden Zeiten eigener Art, sondern nur ärgerliche Aufhaltungen und Verzögerungen, die der 'Materialermüdung' des menschlichen Körpers, der den an ihn gestellten Tempoansprüchen nicht gewachsen ist, geschuldet sind. Der geschwindigkeitslüsterne Mensch, der alles auf die Karte des Zeitgewinns setzt, verliert ein Gutteil seiner Zeit einfach dadurch, daß er ihr nichts abgewinnen kann.

Die ideale Zeitnutzung, die allerdings der Mensch nicht einhalten kann, wäre das Gleichmaß der Höchstgeschwindigkeit, die Rekordzeit in Permanenz. Und gerade in diesem Gleichmaß würde die Zeit endgültig verschwinden. Jede Erfahrung bildet sich an Differenzen, an Schwankungen, am Wechsel und an Abweichungen. Das Immergleiche ist nicht erfahrbar.

Zeiterfahrung kann nur am *Rhythmus* gewonnen werden, nicht am *monotonen Takt* und nicht am *ununterbrochenen Fließen.* Der Rhythmus gliedert die fließende und die tickende Zeit und führt Differenzen in sie ein. „Die rhythmische Gliederung unterwirft die Zeit einem ... Ordnungsprinzip, einem Proportionszwang ..." (R. Wendorff 1980, S. 62) „Man kann auch sagen, daß im Rhythmus ständig zwei Tendenzen gegeneinander- und zusammenspielen: der vorwärtstreibende oder beschleunigende Impuls und die Verzögerung, die Bremsung ... Die ständige Einschaltung der retardierenden Momente, die das freie ungezügelte Dahinströmen der Zeit ein wenig unter ihre Kontrolle bringen, führt zu einem lebendigen, fruchtbaren Spiel zwischen Kraft und Form." (R. Wendorff 1980,

S. 63) Die Rhythmisierung der Zeit ist also nicht nur die einzige Weise, der Zeit Zügel anzulegen, das „Zufällige der Succession in Notwendigkeit“ zu verwandeln (F. W. J. v. Schelling, bei R. Wendorff 1980, S. 62), sondern auch die einzige Möglichkeit, Zeit in Erscheinung treten zu lassen und erlebbar zu machen. Das unrhythmisierte Gleichmaß der Zeit, der der ‘Leerlauf’, d. h. der Wechsel zwischen schnell, mäßig und langsam, zwischen Fortschreiten und Innehalten, zwischen Fluß und Dauer ausgetrieben wurde, ist nicht erfahrbar, sondern nur meßbar. Insbesondere jene form- und gestaltlose Zeit, die in so winzige Einheiten geteilt wird, daß ihr kein Pulsieren in der Natur und keine Wahrnehmungsmöglichkeit des Menschen mehr entspricht – der Computer rechnet in Nanosekunden, das sind Milliardstel Sekunden –, zerreibt die Zeiterfahrung zu weniger als Staub.

e) Zeitgewinn durch Anordnung

Da die Zeitordnung durch Rhythmus wegen der damit verbundenen notwendigen Verlangsamung intolerabel ist, nimmt der getriebene Zeitgenosse zu einer anderen Ordnung der Zeit seine Zuflucht: zur Anordnung der Abläufe, ‘Anordnung’ im doppelten Sinne der richtigen Reihenfolge und des Kommandos. Sofern die Zeitökonomie nicht eine Frage der Verbesserung der Apparatewelt ist, sondern auf der Selbstbeschleunigung des ‘subjektiven Faktors’ beruht, ist die optimale Allokation von Vorgängen, ihre straffe Durchorganisation, ihre exakte Synchronisation und perfekte Planung das Gebotene. Vollständig erwartbare Prozesse, die in das Passepartout eines vorgefertigten Programms eingefügt werden können, liefern die Antwort auf die besorgte Frage: ‘Wie schaffe ich mehr in weniger Zeit?’ Die Anweisungen, die in Ratgebern mit hohen Auflagenzahlen für die Einhaltung genauer Zeitpläne gegeben werden, sind rigide, aber erfolgversprechend:

„1. Wir arbeiten an lohnenden Aufgaben.
2. Wir ordnen die Aufgaben nach ihrer Dringlichkeit.
3. Wir teilen den einzelnen Aufgaben die angemessene Zeit zu.
4. Wir bewältigen sie in der festgesetzten Zeit.
5. Wir erreichen die geforderten Quoten und Ziele.
6. Wir vermeiden Kraft- und Zeitverschwendung.

7. Wir gelangen zu einer größeren Wendigkeit.
8. Wir schalten die Aufgaben aus, die andere erledigen sollten.
9. Durch eine verbesserte Leistung verbessern wir auch unser Verhältnis zu anderen.“

Oder:

„Im folgenden behandeln wir zehn nützliche Techniken:

1. Stellen Sie bei Ihrer Tagesplanung die wichtigen Ereignisse in den Mittelpunkt.
2. Planen Sie die Tätigkeiten, die Ihre Aufmerksamkeit in den Morgenstunden verlangen.
3. Erledigen Sie kleinere und ähnliche Aufgaben in einer nicht unterbrochenen Zeitspanne.
4. Passen Sie Ihre Arbeit Ihrer Energiekurve an.
5. Gewähren Sie jeder Tätigkeit eine ausreichende Zeitspanne.
6. Beauftragen Sie Ihre Sekretärin oder Ihren Assistenten mit der Kontrolle Ihres Terminkalenders.
7. Bringen Sie in einer Unterredung keine ungeplanten Angelegenheiten zur Sprache.
8. Vermeiden Sie ungeplante, impulsive Tätigkeiten.
9. Lassen Sie sich ihre Verabredungen bestätigen.
10. Kontrollieren Sie Ihre Zeit.“ (J. D. Cooper 1986, S. 49 und 99)

Auch in dieser Sparte der Zeitersparung, in der das Bewußtsein dafür, daß Zeit Geld ist, scharf gemacht wird, wird der Zeitgewinn mit dem Leben bezahlt. Die Dürre und Freudlosigkeit, die hier für den Erfolg eingehandelt wird, schaut trotz des aufmunternden Imperativ der ersten Person Plural aus jedem einzelnen Ratschlag heraus. Und wiederum ist es die Überraschung, das Unvorhersehbare und Unberechenbare, das zur Strecke gebracht werden soll.

Es war schließlich Mephisto, der dem törichten und leichtgläubigen Schüler einflüsterte, daß Ordnung das bewährte Mittel des Zeitgewinns sei: „Gebraucht der Zeit, sie geht so schnell von hinnen, doch Ordnung lehrt Euch Zeit gewinnen.“ (J. W. Goethe o. J., Bd. 10, S. 68)

10. Beschleunigung und die Banalität des Bösen

Da wir einmal beim Teufel sind: Einem türkischen Sprichwort zufolge ist er es, der die Eile erfunden hat (J. Dahl 1989/90, S. 171). Und Hans Blumenberg stellt lapidar fest: „Enge der Zeit ist die Wurzel des Bösen." (H. Blumenberg 1986, S. 71) Tatsächlich plädiert Mephisto nicht nur dem Schüler gegenüber für *Ordnung*, sondern er mahnt auch Faust zur *Eile*: „Doch nur vor einem ist mir bang; / Die Zeit ist kurz, die Kunst ist lang." (J. W. Goethe o. J., Bd. 10, S. 65) Unter dem Vorwand, daß die Fülle des Menschenmöglichen zur Eile zwingt, will er Faust dazu verleiten, es mit seiner Weltergründung nicht so genau zu nehmen. Er will ihn mit seichten Zerstreuungen betäuben, mit faden Vergnügen trunken machen, ihn in turbulentes Treiben stürzen und mit wilden Ausschweifungen locken, um ihn desto sicherer leer ausgehen zu lassen und sich an seinem ungestillten Verlangen zu weiden.

Mephisto denkt Faust ein anderes Scheitern zu, als Faust es für sich selbst vorwegnimmt. Er hofft, ihn zur *Banalität* zu verführen und ihn mit dem lärmenden Tumult der Welt besinnungslos zu machen. Die wie in einem Kaleidoskop verwirbelten Welteindrücke sollen Faust in eine trügerische Zufriedenheit versetzen. Er soll ablassen von seinem *unbedingten Weltverlangen* und statt den Dingen auf den Grund zu gehen, im flachen Gewässer dümpeln. Mephisto will sein Opfer mit fader Oberflächlichkeit abspeisen, denn die *Banalität* ist des *Teufels Metier*. Nicht Dämonie, sondern Seichtheit und Gedankenlosigkeit machen nach Hannah Arendt das Böse aus (H. Arendt 1979, S. 14). Der Teufel hat ein vitales Interesse daran, das Denken und den unbeirrten Drang nach Erfahrung zu unterminieren. Er hat die Eile erfunden, um sicherzugehen, daß das Denken, das Zweifeln und das Fragen unterbleiben.

Lassen wir aber den Teufel aus dem Spiel. Auch ohne seine mythische Präsenz bleibt erstens die Feststellung zu treffen, daß Beschleunigung unfehlbar die Banalisierung aller Erfahrungen, Beziehungen und Verhältnisse bewirkt und daß zweitens die Oberflächlichkeit und Hastigkeit, mit der der Mensch seine Begegnungen mit dem andern Menschen, mit der Welt und mit sich selbst absolviert, Zerstörung und Vernichtung im Gefolge hat. „Könnte vielleicht das Denken als solches – die Gewohnheit alles zu untersuchen, was sich begibt oder die Aufmerksamkeit erregt, ohne Rücksicht auf die Ergebnisse und den speziellen Inhalt – zu den Bedingungen gehören, die die Menschen davon abhalten oder geradezu dagegen prädisponieren, Böses zu tun?“ (H. Arendt 1979, S. 15) Es gibt Formen der Hinwendung zum andern Menschen, zur Welt und zu sich selbst, die ihrem innersten Wesen nach zur Beschleunigung untauglich sind. Das Denken gehört dazu, das Empfinden, die Besinnung, die Betrachtung, die Befreundung und Befremdung, die Erfahrung, das Vertrauen, das Mitgefühl, auch der Haß und die Trauer. All diesen Zuwendungen ist gemeinsam, daß sie ihren Gegenstand als ein ebenbürtiges Gegenüber ansehen, das an der Gestaltung der Begegnung gleichberechtigt mitwirkt. Die denkende Zuwendung erlaubt kein hastiges besitzergreifendes Grapschen. Sie muß damit rechnen, vom Gegenstand selbst unvorhersehbar ergriffen und in die Pflicht zu Sorgfalt und Genauigkeit genommen zu werden. Denkende Zuwendung, Erfahrungsoffenheit, besinnliche Betrachtung gehen Verbindlichkeiten mit dem Gegenüber ein, die nicht umstandslos wieder aufgekündigt werden können. Sie verwikkeln den Betrachter in die Welt. Nur ein denkfaules Verhältnis zu den Lebensumständen erlaubt es, die Belange des Gegenübers zu ignorieren und die eigenen zu verabsolutieren. Nur Gedankenlosigkeit macht es möglich, die Welt abzukassieren, anstatt sich mit ihr einzulassen, auf leichte *Einnahmen* zu spekulieren, statt die unabsehbaren Folgen der *Hingabe* zu riskieren.

Beschleunigung ist eine Variante des schnöden Utilitarismus. Unter ihrer Diktatur wird alles unter dem Aspekt der Nützlichkeit betrachtet; und der ist wiederum definiert durch die Eignung zu weiterer Beschleunigung. Banalität, Utilitarismus und Beschleunigung bilden einen unauflöslichen selbstbestätigenden und selbstbestärkenden Circulus vitiosus, einen veritablen Teufelskreis. Beschleunigung kann nicht wie Denken und Erfahren ein Drittes hervorbringen. Sie vermag nur in dumpfer Solipsistik weitere Beschleunigung zu entfesseln und sich als ultima ratio des vergänglichen Lebens immer neu zu empfehlen.

Vernichtend ist die Trias aus Banalität, Rekordzeit und Utilitarismus *erstens*, weil sie alle langsamen Formen der Weltberührung unwiderruflich verdrängt. Unter dem radikalen Monopol der Beschleunigung (die etwas ganz anderes ist als Schnelligkeit, denn neben der Schnelligkeit kann Langsames durchaus bestehen, wie uns die Musik lehren kann), gilt, daß das jeweils *schnellste mögliche Tempo* sich *gegen alle langsameren Bewegungen* behauptet. P. Virilio verdichtet diese Einsicht zu einem dromologischen Gesetz, das besagt, „daß eine höhere Geschwindigkeit stets früher oder später eine ihr unterlegene Geschwindigkeit ausschaltet“ (P. Virilio, 8. August 1992). Dies gilt nicht nur für die Fortbewegung von Punkt A nach Punkt B, sondern für alle denkbaren Weltkontakte.

Die Zerstörungskraft der Beschleunigung wird *zweitens* darin wirksam, daß sie alles, womit sie in Berührung kommt, mit ihrer öden Eindimensionalität ihrer rasenden Ausschließlichkeit infiziert. Mensch und Welt werden radikal versimpelt, um ihre Eigenart gebracht und auf die bloße Fähigkeit ihrer *Mobilisierbarkeit* reduziert.

Damit werden Mensch und Welt drittens, in ihrer *Existenz* geleugnet. Sie büßen ihr Da-Seins-Recht ein. Es gilt nur das an ihnen, was in Bewegungswirbel versetzt werden kann. Dabei wird alle *Beständigkeit verwirbelt* und alle Standhaftigkeit entwertet. In ihrer Zuständlichkeit und Anwesenheit sind die Weltdinge ohne Bedeutung. Sie kommen nur im Transit vor, nichts als Spurlosigkeit und Leere in den Menschen hinterlassend.

Die Monokultur der Raserei hat *viertens* eine kalkulierte Gleichgültigkeit zur Folge. Das, worauf der beutegierige ‘homo accelerandus’ so scharf ist, muß ihm paradoxerweise gleichgültig sein, andernfalls er am Vorhaben der Beschleunigung scheitern müßte. Die *kalte Indifferenz* aber ist die Voraussetzung für eine ebenso kalte Zerstörungsbereitschaft. Wo alle eingegangenen Verhältnisse unter Zeitdruck banal und utilitaristisch werden, ist der Respekt vor dem Andern und die Grenze zwischen Erlaubtem und Unerlaubtem aufgehoben.

Im Ergebnis ist das Projekt der Lebensverlängerung durch Beschleunigung gefährlich und enttäuschend zugleich. Die Enttäuschung besteht vor allem darin, daß jede Beschleunigung dazu tendiert, Verschiedenheit einzuebnen und öde *Gleichförmigkeit* hervorzubringen. Das Prestissimo, das dem Lebenslauf eingetrieben werden soll, ist auf Serialität angewiesen. Welch eine Desillusionierung: Beschleunigung sollte dem Leben zur prallen Fülle verhelfen. Glanzlichter sollten wie auf einer Perlenschnur lückenlos und in dichter Folge aneinandergereiht werden. Tatsächlich stellt sich das zur Eile angetriebene Leben als ziemlich monotones Einerlei, als temperiertes Mittelmaß dar. Der Tribut, der an die Hochtourigkeit gezahlt werden mußte, war der Verzicht auf Besonderheit. Aus dem Besonderen und Einmaligen läßt sich nun einmal kein Zeitgewinn herausholen, denn seine Besonderheit besteht nicht zuletzt darin, daß es seine unverwechselbare Zeit hat. Der Beschleunigungseffekt beruht auf der Vereinheitlichung der Prozeduren, auf der Nivellierung von Differenzen, auf der systematischen Eliminierung der Abweichung, auf der Etablierung von Gesetzmäßigkeit und auf der Programmierbarkeit aller Vorhaben.

Das Individuum findet sich auf dem Höhepunkt des Individualismus und der schrankenlosen Subjektivität in bestürzender Ununterscheidbarkeit vor, in einer Art Formleben, auf Gleichklang niedergestimmt, eingepaßt in ein vom Geschwindigkeitsdiktat vorgegebenes Programm. Um seine Lebensausbeute zu erhöhen, hatte es auf die langsamen Formen der Selbstgestaltung und Selbsterhaltung verzichtet und sich den schnellen Verfahren von Produktion und Konsum verschrieben. Es wird dabei Opfer und Akteur der mörderischen Gleichmacherei des Konsumismus.

Die Beschleunigung, insbesondere die maschinelle, hat unweigerlich die *Verrohung aller Beziehungen* zur Folge: Sie „macht einstweilen die Gesten präzis und roh und damit die Menschen. Sie treibt aus den Gebärden alles Zögern aus, allen Bedacht, alle Gesittung. ... In den Bewegungen, welche die Maschinen von den sie Bedienenden verlangen, liegt schon das Gewaltsame, Zuschlagende, stoßweis Unaufhörliche der faschistischen Mißhandlungen." (Th. W. Adorno 1985, S. 42 f.) Aber schon ehe nackte Gewalt ausbricht, ist der Umgang der Menschen miteinander unverblümt und unumwunden. Man kommt ohne Umschweife miteinander zur Sache. „Jede Hülle, die sich im Verkehr zwischen die Menschen schiebt, wird als Störung des Funktionierens der Apparatur empfunden." (Th. W. Adorno 1985, S. 44) Die reine Zweckmäßigkeit triumphiert. Die Mischung aus Gleichförmigkeit und nackter Utilität ist explosiv. Sie erzeugt jene *gähnende Langeweile*, mit der man sich nicht aufhalten wollte und von der E. Fromm sagt, daß sie, chronisch geworden, eine der Wurzeln der bösartigen Aggression ist (E. Fromm 1974, S. 219 ff.).

Es ist aber nicht so, daß der Mensch, unzufrieden mit dem Ergebnis seiner Bemühungen um Lebenserweiterung, sich von der Hochgeschwindigkeit einfach wieder verabschieden könnte. „Der Zwang zur Beschleunigung ist kein vereinzelter zivilisatorischer

Auswuchs, der sich mit etwas gutem Willen wieder beseitigen ließe" (L. Baier, 22. Juni 1991, S. 12), er ist in alle Poren gesellschaftlicher Existenz gedrungen und hat der Natur, der Gesellschaft und dem Individuum unauslöschliche Spuren eingegraben.

11. Die Zukunft hat schon begonnen

'Das Leben geht weiter.' Diese lapidare Feststellung hat achselzuckend parat, wer sich dabei ertappt fühlt, daß der Tod eines nahen Menschen ihn selbst nicht hat erstarren lassen. 'Das Leben geht weiter' ist die zur Formel geronnene Entschuldigung dafür, daß man über das Ableben des andern hinweggekommen ist und trotz allem bei der alltäglichen Routine angetroffen wird. Mit diesem Satz wird auch, gleichsam rituell, der Tote beschwichtigt. Um sich ihm gegenüber nicht als lebender Verräter fühlen zu müssen, beruft man sich auf das Gesetz des Lebens.

Daß das Leben weitergeht und das eigene Ende nichts außer der eigenen Existenz zum Stillstand bringt, ist die kaum erträgliche Gewißheit, die sich beim Bedenken des Todes zu Lebzeiten einstellt; eine Gewißheit, die eine mindestens so schwere Bürde ist wie der Gedanke an die fatale Kürze des Lebens. Im Tod wird der Mensch aus der Zeit verstoßen, und die Zeit geht ungerührt darüber hinweg. Daß alles weitergehen wird, wenn er aufhört, läßt im Menschen die quälende Angst, etwas zu versäumen, in anderer Gestalt und gesteigert wuchern. Wenn er schon nicht alles kosten kann, was *seine Zeit* enthält, dann ist er erst recht und unwiderruflich von dem ausgeschlossen, was nach ihm sein wird. Auch für diese Sorte der Versäumnisangst soll Beschleunigung Abhilfe schaffen. Durch sie scheint es möglich, die Zukunft in die Gegenwart hereinzuzerren, so daß das, was in den Gedankenexperimenten einer Epoche am Horizont aufzieht, noch zu Lebzeiten der ihr Angehörenden Wirklichkeit wird. Mit wachsender Geschwindigkeit wird das Erdenkliche realisiert. Wenn jeder Überhang an zukünftiger Möglichkeit durch Verwirklichung getilgt wäre, dann fände die Versäumnisangst, die mißtrauisch und mißgünstig in die Zukunft späht, keine Nahrung.

Daraus erklärt sich die für unser Zeitalter so charakteristische Besessenheit, das technisch Mögliche auf keinen Fall ungetan zu lassen, koste es, was es wolle. „Jeder Rückstand gegen als möglich Gedachtes (erzeugt) Weltmißbefinden." (H. Blumenberg 1986, S. 77) Dieses Mißbefinden macht die Neigung einer jeden Gegenwart verständlich, sich als *vorletztes Stadium der Geschichte* zu begreifen, sich in einer Art positiver Endzeit zu wähnen; eine Selbsttröstung, deren noch jede vom Fortschrittsglauben durchdrungene Epoche bedurfte: nur der letzte Durchbruch steht noch aus, bevor man den Ertrag der Gesamtgeschichte in die eigene Scheuer fahren kann. Die Zuversicht, mit der sich eine Epoche in die Universalerbschaft und Endgestalt der Geschichte hineinphantasiert, wird aufgeboten gegen die kränkende Erfahrung, immer nur Durchgangsstadium für einen höheren Fortschritt zu sein, dessen Nutznießer die Späteren sein werden. Sie dient dem Selbstschutz vor einem übersteigerten Generationenneid.

Während man in alter Zeit lebenssatt sterben konnte, wenn man auf ein erfülltes Leben *zurückblickte*, erscheint heute das Leben als gesättigt, wenn man auf eine blankgefegte Zukunft *vorausschauen* kann, eine Zukunft, die nichts mehr erwarten läßt, was nicht die Gegenwart bereits enthält. Daher die Eile, mit der man heute schon die Welt von morgen herzustellen trachtet. Die Zukunft leerzuräumen scheint eine vielversprechende Zeitspekulation. Das Leben könnte trotz Kürze lang genug sein, wenn die Zukunft kein Land der ungeahnten Möglichkeiten mehr ist, wenn auf ihr nicht mehr die Verheißungen weiterer großer Segnungen des Fortschritts liegen. Die radikale Vergegenwärtigung der Zukunft ist der Ehrgeiz der Optimierungsaktivisten auf dem neuesten Stand. Zahlreiche Zukunftsstücke, vielleicht die meisten, sind von den Heutigen bereits reserviert oder beschlagnahmt. Die Geschädigten dieses imperialen Zugriffs auf die Zukunft sind in erster Linie die Nachfahren. Ihr Bewegungs- und Gestaltungsspielraum wird im vorhinein zusehends eingeschränkt. Sie werden mit äußerst beschränkten Befugnissen, aber bei voller Haftung, in eine von der Gegenwart her bereits allseits einsehbare, planmäßig kontrollierte und straff reglementierte Bleibe hineingeboren werden. Die Freiheitsgrade, die in der Zukunft enthalten waren, sind weitestgehend aufgebraucht. Diese kolonisierende Einmischung in das Danach sichert die Teilhabe an Künftigem inmitten der eigenen Gegenwart. Wenn die kurze Lebenszeit sich nun einmal nicht in die Zukunft erstrecken läßt, dann muß die Zukunft in die Gegenwart gezwungen werden.

Das Morgen hat gleichsam Präsenzpflicht im Heute. Zumindest wollen die Macher von heute die Weichen so gestellt wissen, daß ihnen die Zukunft nicht ins Offene entgeht.

Nun sind es nicht nur die hochfahrenden Zukunftprojekte, die heute neu aufgelegt werden, die den kommenden Generationen ihren eigenen Weg verstellen. Längst ist der Spielraum der Nachkommen durch jene betonharten Überreste überholter Projekte determiniert, die sich auf, über und unter der Erdoberfläche und in den sozialen Verhältnissen festgesetzt haben und terroristisch durch ihre Unverwüstlichkeit sind. An den Ausscheidungen der Technostruktur von gestern und heute werden erst die kommenden Generationen dramatische Beschränkungen ihrer Wahlmöglichkeiten, wenn nicht ihrer Überlebensmöglichkeiten erfahren. Angesichts des drohenden Zusammenbruchs der Fortschrittseuphorie, unter dem Eindruck kommender Krisen globalen Ausmaßes entsteht ein neuer Ableger der Endzeitvorstellung. Nicht hochgestimmt und bereit, die Kräfte für eine letzte erforderliche Anstrengung zu sammeln, sondern entschlossen, eine gewisse Genugtuung noch aus der Niederlage zu ziehen: Der Höhepunkt der Fortschrittsepoche ist überschritten, und wir können sagen, wir sind auf dem Gipfel gewesen. Nicht wir müssen die Späteren beneiden um die Früchte unserer Mühe, sondern die Nachkommen werden notgedrungen uns beneiden, die wir am Kulminationspunkt der Geschichte gestanden haben. Sie werden sich an unsere Epoche wie an ein goldenes Zeitalter erinnern.

Der Stoßseufzer: ‘Ich bin froh, daß ich das alles nicht mehr werde erleben müssen’, hat Konjunktur. Gibt er etwas von der klammheimlichen Genugtuung derer zu erkennen, die den Kommenden ein ausgepreßtes Erbe neidlos hinterlassen und darum auf die Zukunft pfeifen können? Die sich durch die Genugtuung hindurch dann sogar Bedauern und Empörung und Wehgeschrei abverlangen? Wäre es möglich, daß die wuchernde Angst, von der Zukunft ausgeschlossen zu sein, nicht einmal damit beschwichtigt werden könnte, daß diese Zukunft – nach Möglichkeit – vollständig determiniert ist, keine beunruhigenden Überschüsse mehr enthält, ihrer Bedrohlichkeit und ihrer Verlockung entkleidet ist?

Wenn die abendländische Zivilisation aus panischer Todesfurcht und exzessiver Versäumnisangst hervorgegangen ist, wenn sie nur einen Teil ihrer Wurzeln darin hätte, dann ist die grausam logische

Konsequenz, daß nicht *Determinismus*, sondern *Exterminismus* das letzte Stadium der Zivilisation ist. Sind nicht die bestürzende Gewissenlosigkeit, die unglaubliche Unbedenklichkeit und Leichtfertigkeit, mit der die Zukunft abgeschrieben und den kommenden Generationen das Wasser abgegraben wird, Indizien dafür, daß die beruhigendste Form des Umgangs mit der Zukunft für den in seine Lebenszeit eingeklemmten Menschen ihre Abschaffung ist?

Die Liquidierung der Zukunft ist das letzte Aufgebot, um Lebenszeit und Weltzeit, die im Laufe der Fortschrittsgeschichte immer weiter auseinandergedriftet sind, einander wieder anzunähern. Die Vernichtung der Zukunft vermag, was ihre Beherrschung schuldig bleibt: der Versäumnisangst ihren Anlaß zu nehmen. In dieser letzten Konsequenz offenbart sich, in welche Abgründe die beschleunigte Banalität und die geistlose Beschleunigung führen.

Von anderer Seite jedoch wird die abgeschriebene Zukunft wieder für eröffnet erklärt. Zukunft soll sich wieder lohnen. Ihre Rettung sei aber nicht eine Frage der Loyalität gegenüber den Nachkommen – darauf zu spekulieren und daran zu appellieren, traut sich kaum jemand zu. Die dazu notwendige Moralität scheint endgültig im überhitzten Tempo der Selbstbedienung verdampft zu sein. Zukunftsrettung liegt vielmehr im wohlverstandenen Eigeninteresse. Die Egomanie gilt gegenwärtig als der stabilste Planungsfaktor. Sie hat alle Krisenstimmungen und düsteren Aussichten erstaunlich wohlbehalten überstanden. Deswegen wird die Mobilisierung des Eigeninteresses für eine einträgliche Zukunftsinvestition gehalten. Die Lockung, mit der der Hedonismus unserer Tage zu zukunftsträchtigem Gemeinsinn verführt werden soll, wird aus den Labors der Humangentik und der Altersforschung heraustrompetet. Nicht nur aus Fachzeitschriften, bereits von der Morgenzeitung kann man sich darüber belehren lassen, daß die so leichtfertig verscherbelte Zukunft die eigene sein könnte, denn: im Laufe von 25 oder 30 Jahren werde der Durchbruch in der *Lebensverlängerung* gelungen sein. Es sei durchaus möglich, daß heute lebende Individuen bereits in den Genuß einer Lebenserwartung von 400 Jahren kämen, noch dazu runzelfrei, denn das Gen, das für das Welken der menschlichen Haut verantwortlich ist, sei bereits identifiziert. Das Runzelgen genoß zweifelsfrei Forschungspriorität, denn wer sollte schon das Erreichen der 400-Jahres-Marke im Zustand vollständiger Verschrumpelung für anstrebenswert halten.

Nein, die 400 Jahre werden bei voller Gesundheit und Vitalität erreicht werden, wenn man sich strikt den diätetischen Anweisungen fügt. Übrigens, wenn die diätetischen Effekte auf Ratten und Menschen die gleichen sind, dann hat man schon heute bei 'gesunder' Lebensführung die besten Aussichten, sein Leben mindestens um 30 bis 35 Jahre zu verlängern (Il Resto del Carlino, 9. Sept. 1992). Grund genug also, sich wieder für die Zukunft zu interessieren.

Wenn die Hoffnung auf nennenswerte Lebensverlängerung, die seit Descartes' Tagen brachgelegen hatte, sich neu belebt, dann tritt sie unweigerlich in Konkurrenz zum bis heute gültigen Konzept der Beschleunigung. Lebensverlängerer und Zukunftsbeseitiger werden miteinander kollidieren. Beschleunigungsfanatiker und Unsterblichkeitsingenieure stehen einander unversöhnlich gegenüber. Die Lebensformen, die die Zeitknappheit hervorgebracht hat, sind für das Leben, dem eine lange Dauer verheißen wird, ruinös. Wenn wirklich der entfachte Bewegungswirbel irreversibel ist, dann hätten die Geschwindigkeitsexperten den Lebensverlängerungsexperten gründlich die Geschäftsbedingungen verdorben. Nur die Beschleunigung der Weltbilder und Bildwelten, nur der Teleakteur, der sich bei äußerster Selbstschonung die Welt ins Haus kommen läßt, verträgt sich mit dem Projekt der Lebensverlängerung. Wie wunderbar sich das fügt! Wer 400 Jahre Lebenszeit zu erwarten zu haben glaubt, muß ablassen von der physischen Beschleunigung, ihm muß weniger an Verausgabung als an Konservierung seiner Lebenskräfte gelegen sein, er wird sich eine delikate, heikle Lebensführung, eine Art Schonprogramm angelegen sein lassen; denn wieviel mehr hat jemand, der Aspirationen auf 400 Jahre Dasein hat, durch frühzeitiges Ableben zu verlieren, als derjenige, bei dem es nur um die heute durchschnittlichen 75 Jahre geht. Die Versäumnisangst wird also dem Menschen auch im vervierfachten Leben erhalten bleiben, z. T. dramatisch gesteigert werden, zumal er ja erst die entscheidende Hürde überwinden muß, für die schöne neue Welt der Langlebigen ausersehen zu werden. Denn: was prinzipiell möglich sein soll, wird keinesfalls allen möglich sein. Denselben Bioingenieuren, die mit den wunderbaren Aussichten auf Lebensverlängerung vorstellig werden, erscheint seit langem schon das ungehemmte Bevölkerungswachstum in andern Weltarealen als apokalyptischer Reiter. Es wird Arbeit für viele Ethikkommissionen geben, wenn erst das lange Leben zur Verteilung ansteht. Fürs erste ist es jedoch genug, wenn die Menschen an *ihrer* Zukunft wieder lebhafteren Anteil nehmen und wenn den Biowissenschaften Milliardenförderungen sicher sind.

„In archaischen Zeiten lautete die Regel: Um Zeit zu gewinnen, muß Zeit en masse verlorengehen, muß Zeit buchstäblich geopfert werden. Nur durch intendierten Zeitverlust erschien ein Zeithaben überhaupt möglich. Durch die völlig andere Zeitregie der Moderne, nämlich durch den Glauben, ohne Verlust Zeit en masse gewinnen zu können, hat sich die Sachlage verdreht: je mehr Zeit gespart wurde, desto weniger gab und gibt es. Dieser nicht-intendierte Zeitverlust ist längst lebensgefährlich.“ (D. Kamper 1990, S. 673) „Die mißhandelte Zeit ... äußert sich zunächst im Entzug der Fähigkeit gegenwärtig zu sein.“ (E. Rosentsock-Huessy bei D. Kamper 1990, S. 674)

Die Mißhandlung, die der Zeit heutzutage widerfährt, ist ihre *radikale Vergegenwärtigung*. Mit der Zukunft, jedenfalls mit jener, die ihren Namen zu Recht trägt, weil sie das, was ungemacht und ungeplant auf uns ‘zukommt’, enthält, hat sich ‘homo accelerandus’ gründlich überworfen. Er hat dem unberechenbaren und unvorhersehbaren Noch-Nicht einen Gestellungsbefehl erteilt: die Zukunft hat in der Gegenwart zu erscheinen. Vorauseilende Gegenwart ist Trumpf. Während die Zunkunft als ungewisses Noch-Nicht eliminiert und der gegenwärtigen Verfügung zugeschlagen wird, wird die Vergangenheit als längst überholtes und überbotenes Nicht-Mehr in der Gegenwart vernachlässigt oder aktiv aus ihr vertrieben. „Wir sind insgesamt spät gekommen. Und ich sage und sage wieder: Gewinnen wir die verlorene Zeit zurück“, schreibt der Aufklärer Voltaire (vgl. H. Blumenberg 1986, S. 218). In diesen Sätzen gab sich bereits die ganze Geringschätzung und Verachtung der Vergangenheit als einer vernunftlosen und darum verlorenen Zeit zu erkennen. Es bleibt bis heute dabei, daß unter dem Regiment des Fortschrittsgedankens das Vergangene immer das glücklich Überwundene ist, des bewahrenden Erinnerns so wenig wert wie das Zukünftige Anspruch auf geduldige Erwartung hat. Von den drei Zeiten, von denen Augustin wußte, daß sie in der Seele *seien*, der in der Erinnerung vergegenwärtigten Vergangenheit, der in der Erwartung vergegenwärtigten Zukunft und der in der Anschauung vergegenwärtigten Gegenwart (vgl. Ms. S. 83) hat ‘homo accelerandus’ zwei seiner Gegenwartsgier geopfert, damit die dritte, *seine Zeit, seine Gegenwart*, um so üppiger ausgestattet werden könnte: Aber die Gegenwart entspricht den hochgesteckten Erwartungen nicht. Sie verschwindet sang- und klanglos im Gedröhn, das an ihre Stelle tritt. Durch seine Abtrennung von Vergangenheit und Zukunft bleibt das Gegenwärtige schwer geschädigt übrig. Seines Herkommens beraubt und seiner Tendenz, etwas von sich aus zu werden, bietet es sich in seiner schieren Präsenz dar. Die Gegenwart zerfällt in zusammenhanglose Bruchstücke, die ohne Einbettung in eine Kontinuität nach rückwärts und nach vorwärts beliebig und bedeutungsleer in der Weltgeschichte herumtorkeln.

Aus der Sorge, daß die Gegenwart armselig, dürftig, karg und ungenügend ist, entsteht der Anspruch, zu guter Letzt die ganze Welt mit all ihren Möglichkeiten jederzeit und überall verfügbar zu haben, um mit ihr das unzulängliche Hier und Jetzt aufzubessern. Das Hier und Jetzt wird dadurch doppelt negiert. In dem, was es ist, wird es für schäbig und belanglos gehalten, aber auch in dem, wozu es unter Hinzufügung reichlicher Zutaten aus dem Fundus der produzierten Weltstücke gemacht werden soll, vermag es nicht zum reichen und erfüllten Augenblick zu werden. Wenn unendlich viel vorstellbar und verfügbar ist, dann ist jede Entscheidung für *eine* der Möglichkeiten damit, daß man zugleich eine unendliche Zahl anderer Wahlmöglichkeiten ausschlägt, zu teuer bezahlt. Jede Besetzung gegenwärtiger Zeit ist unfehlbar eine Fehlbesetzung, jeder Zugriff ein Fehlgriff, jedes Involvement wird vergällt durch das, was man dabei verpaßt. Das wirkliche Leben sprudelt immer gerade anderswo. Die Gegenwart, wie überfüllt sie auch ist, wird definiert durch das, was ihr abgeht. Sie existiert als Defizit. Das Anwesende ist stets ein Raub an den lockenden Möglichkeiten, mit denen das Abwesende winkt. Dies ist der Kern jener ökonomischen Selbstverständlichkeit, daß das reichlich Vorhandene wertlos ist, und nur das, was knapp oder unverfügbar ist, hoch gehandelt wird und die Begehrlichkeit reizt.

Unter der Versäumnisangst wird so das Verschwinden der Wirklichkeit total: Mit der Vergangenheit hat man nichts im Sinn, weil man längst über sie hinaus ist, mit der Zukunft nicht, weil man nicht geneigt ist, sie andern zu überlassen, mit der Gegenwart nicht, weil das Präsente immer das Falsche ist. Je üppiger die Welt ihm aufgetischt ist, desto hungriger nagt sich der weltgierige Mensch an ihr.

Dabei bestünde die einzige Aussicht, das dramatische Verschwinden der Wirklichkeit in all seinen Varianten aufzuhalten, in einer ganz anderen Form *radikaler Vergegenwärtigung*. Die Haltung, derer es dazu bedürfte, wäre nicht die unablässige Sorge, zu kurz zu kommen, nicht die Sammelleidenschaft fürs Demonstrative, Exquisite und Spektakuläre, sondern das höchst riskante Vertrauen, daß in Alltäglichkeiten unscheinbarster Art genügend Erfahrbares steckt, um den Welthunger zu stillen. Es wäre das Gespür fürs leicht übersehbare Detail, für die kleinste soziale Geste, die unauffälligste Begegnung zu entwickeln; es wäre die Erinnerung zu beleben, daß kein Anlaß zu nichtig ist, um bedeutsames Nachdenken zu entzünden und keine Begebenheit zu geringfügig, um sich in Staunen versetzen zu lassen. Dies setzt voraus, daß nicht *die ganze Welt* in der eigenen Gegenwart Platz nimmt, sondern *man selbst*, und zwar mit der Bereitschaft zu voller Anwesenheit. An die Stelle der Logik der Beschleunigung, die die Plausibilität für sich zu haben schien, träte das Wagnis der Verlangsamung. Man müßte sich wieder mit Menschen, Dingen, Lebewesen, Ereignissen *aufhalten*, ohne sich aufgehalten zu fühlen. Zögern wäre tugendhaft und fiele nicht unters protestantische Verdikt der Zeitvergeudung. Eine Philosophie des Zauderns wäre zu lernen. Das Ungetane könnte in den Ruf kommen, heilsam zu sein, und die Kunst des Unterlassens würde für verdienstvoller zu halten sein als die Eskalation forscher Tüchtigkeit. Das alles taugt freilich nicht zu neuer Weltverbesserungsprogrammatik. Das Vertrauen, daß man dabei nicht leer ausgeht, kann nicht gemacht oder planmäßig curricular erworben werden. Es bewährt sich nur dadurch, daß man es hat (vgl. R. Schottlaender 1957). Und natürlich gehört es zum Wesen des Vertrauens, daß es enttäuschbar ist, sich also, auch wenn man es hat, nicht bewährt. Weltrettung ist von diesem Innehalten nicht zu erwarten.

Italo Calvino läßt seinen Marco Polo über den Umgang mit der Hölle, die schon da ist, „in der wir täglich wohnen, die wir durch unser Zusammensein bilden“, sagen, zwei Arten an dieser Hölle nicht zu leiden, gebe es. Die eine wäre, so sehr Teil von ihr zu werden, daß man sie nicht mehr erkennt.

„Die andere ist gewagt und erfordert dauernde Vorsicht und Aufmerksamkeit: suchen und zu erkennen wissen, wer und was inmitten der Hölle nicht Hölle ist, und ihm Bestand und Raum zu geben.“ (I. Calvino 1984, S. 192)

IV. Das Fremde ist ausgestorben

Als das Entsetzen über die Kürze seiner Frist den Menschen dazu veranlaßte, sich um die Sicherung seiner Lebensspanne zu kümmern und die Welt nach Kräften auszuschöpfen, da war ihm von Anfang an das Fremde störend im Wege. Das Fremde hatte zwei Gesichter, ein schreckliches, furchteinflößendes und ein betörendes, verführerisches. Es war mächtig, Urschrecken zu verbreiten, aber auch, unwiderstehliche Lockung zu verströmen. Man mußte sich seiner in Furcht und Zittern erwehren, und man konnte seiner Versuchung erliegen. Das Fremde bevölkerte die Angstträume und die Sehnsüchte zugleich.

In seiner Bedrohlichkeit schien das Fremde die Sicherheitsbemühungen des modernen Menschen zu vereiteln. In seiner verzaubernden Rätselhaftigkeit schürte es seine Versäumnisangst. Es macht das Wesen des Fremden, des Unbekannten aus, daß es voller Überraschungen und Unvorhersehbarkeit steckt. Von der Entschlossenheit, die Überraschung zu eliminieren, wird das Fremde im Kern getroffen. Die Beseitigung von Überraschung, die Descartes propagiert (s. S. 32f.), ist in Wahrheit nicht nur eine Kampfansage an die Furcht, sondern vor allem eine Kriegserklärung an das Fremde.

Andererseits ist das Fremde dadurch definiert, daß es dem Eigenen nicht zugeschlagen werden kann. Es repräsentiert das schlechthin andere, das sich der Einverleibung ins eigene Leben widersetzt. Es hält die kränkende Erinnerung an die Begrenztheit des Eigenen aufrecht und macht, solange es in seiner faszinierenden Unerreichbarkeit existiert, die Hoffnung, das Individuum könne die Welt erschöpfend abhandeln, zunichte.

Das Fremde geriet also in die Zangenbewegung des sicherheitsbesessenen und des weltgierigen Menschen. Darin wurde es aufgerieben. Heute ist das Fremde ausgestorben. Womit wir es gegenwärtig zu tun haben, ist wiederum nur noch eine Imitation der einstmals bedrohlichen und verlockenden Fremdheit.

1. Sehen – Verstehen – Dran-Drehen

Für den Menschen, der bei der Sicherung seines gefährdeten Lebens Vor*sicht* und Voraus*schau* walten lassen wollte, war die bedrohlichste Form des Fremden das Unsichtbare. *Sehen zu können* wird zum erstrangigen Anliegen. Die Sichtbarmachung des Unsichtbaren war die Voraussetzung für alle weiteren Sicherheitsanstrengungen der Moderne. Im Unsichtbaren lauert die Gefahr, das Unsichtbare ist unberechenbar. Wer sich vor Überraschungen feien will, muß den dunklen Kontinent des Verborgenen entdecken.

Unsichtbarkeit und Verborgenheit haben die verschiedensten Ursachen; deshalb müssen ebenso verschiedene Maßnahmen der Entbergung getroffen werden.

Unsichtbar ist zunächst alles, was in Dunkel gehüllt ist. Die Moderne entfesselt einen leidenschaftlichen Willen, Licht in die Dinge zu bringen, einfache Lichtverhältnisse in absichtsvolle Beleuchtungsverhältnisse zu verwandeln. In mittelalterlichen Bildwelten wird die „Welt ... so dargestellt, als besäßen alle Kreaturen ihre eigene Lichtquelle. Licht wohnt dieser Welt mittelalterlicher Dinge inne, und das Auge des Betrachters nimmt diese als Quellen ihrer eigenen Leuchtkraft wahr." Die Gestalten können „von selbst leuchten." (I. Illich 1991, S. 25) „Im Gegensatz zu den leuchtenden Wesen der mittelalterlichen Welt, die in ihrem *Eigenlicht* glänzen und Licht aussenden *(Sendelicht)*, malen die späteren Künstler Licht, das zeigt, was da ist *(Zeigelicht)*, ... und die Gegenstände beleuchtet *(Beleuchtungslicht)*. (I. Illich 1991, S. 26) Caravaggio „ist stolz darauf, daß er opake Gegenstände malen ... kann" (I. Illich 1991, S. 26), indem er sie einer Lichtquelle aussetzt, die entweder innerhalb des Bildes zu sehen ist oder von außen in das Bild hineinwirkt und den abgebildeten Weltausschnitt sichtbar macht.

Zweierlei geschieht im Übergang vom Sendelicht zum Beleuchtungslicht. Das Interesse an dem, was die Dinge *von sich aus* vermögen, erlischt. Es weicht dem Interesse daran, was man *mit ihnen und aus ihnen machen kann*. Beleuchtung ist der erste Schritt zur Bemächtigung. Als vertrauenswürdig gilt künftig nur noch das sichtbar Gemachte. Das Territorium des Sichtbaren soll wachsen, das des Unsichtbaren schwinden. Beleuchtung öffnet dem spähenden Blick das Gesichtsfeld.

Fast zwei Jahrtausende bedurfte der Mensch „keiner technischen

Hilfen, keiner neuen Organe beim Erkenntnisprozeß, weil es für ihn in seiner natürlichen Ausstattung" Aristoteles zufolge, „nichts definitiv Entzogenes und Unsichtbares geben konnte. Wer, wie die Griechen, in dem Bewußtsein lebte, Zuschauer der Welt und ihrer sich ihm zeigenden Phänomene zu sein, dem bleibt jedes Mißtrauen fremd, sein Auge und die Welt könnten zueinander so disproportioniert sein, daß ihm wesentliche Bereiche der Wirklichkeit entzogen wären. Auch im Mittelalter sollte sich daran nichts Wesentliches ändern." (E. Weigl 1990, S. 9f.)

Nachdem aber einmal der argwöhnische Blick Ausschau hielt nach entdeckungsbedürftigem Unbekannten, verfiel zwangsläufig die natürliche Ausstattung des Menschen ebenfalls dem Mißtrauen. Dem Auge war nicht zu trauen, es richtete gegen die Unsichtbarkeit der Welt nicht viel aus. Es erwies sich als prothesenbedürftig. Nur apparategestützt konnte es als halbwegs tauglich für das Projekt der Niederringung des Unsichtbaren gelten. „Die Zerstörung der traditionellen Harmonie von Natur und organischer Ausstattung des Menschen fällt nicht zufällig mit der Erfindung zusammen, die den Weltanteil des Menschen vergrößern sollte." (E. Weigl 1990, S. 29) Gemeint ist das Fernrohr, das den Menschen in die Lage versetzte, das *zu Ferne* sich künstlich nahezubringen. Das Mikroskop wird dem zu schwachen Auge vorgeschaltet, um das *zu Kleine* der Unsichtbarkeit zu entreißen. Wie das zu Kleine, so ist auch das *zu Große*, das dem Blick wegen seiner Ausdehnung keine Gestalt darbietet, unsichtbar. Es muß auf ein überschaubares Maß verkleinert werden. Ebenso muß das *allzu Nahe* distanziert werden. Landkarten und Modelle jedweder Art stellen Übersicht und zugleich Aufsicht her.

Dem Blick entzogen ist natürlich auch alles, was hinter dem Horizont verschwindet; die Weltareale, die nicht zugänglich sind: unter Wasser, hinter den Wolken, im undurchdringlichen Dickicht, auf den Gipfeln der Berge. All das muß erfahren werden. Es entsteht ein neuer Bewegungstyp. Man macht sich nicht mehr pilgernd auf den Weg zu den heiligen Stätten der Verehrung, nicht nomadisierend zu den Nahrungsgründen, sondern neugierig-entdeckend, um das, was jenseits des Horizontes liegt, dem Territorium des Sichtbaren einzuverleiben. Reise, Transport und Verkehr dienen der Arrondierung des Besitzstandes des Bekannten. Ihr Zweck ist nicht so sehr das Erleben der Welt, sondern die Tilgung des Unentdeckten von der Landkarte. Was nicht aktuell sichtbar ist, wird so wenigstens durch Er*fahrung* vorstellbar gemacht.

Es bleibt die ärgerliche Tatsache, daß alles Sichtbare eine nicht sichtbare Kehrseite hat. Nie kann man Vorder- und Rückseite gleichzeitig im Auge behalten. Die Fotographie wird diesem Übelstand abhelfen. Die Fotographie, das korrekte, den Augenblick einfangende Abbild, bringt einen enormen Schub in das Unternehmen der Visibilisierung. Wer sich den Schlaf durch die Ungewißheit über die Kehrseite der Dinge nicht rauben lassen will, dem liefert sie ein beruhigendes Trugbild. Sie läßt die Vorderseite als das Ganze erscheinen. Ihre Kehrseite ist bekanntlich immer leer. Sie verführt dazu, sich mit einer Illusion zu begnügen. Aber sie hat darüber hinaus die Fähigkeit, dem Augenblick Dauer zu verleihen, ihn im Bild erstarren zu lassen. Sie kann Sichtbarkeit ein für allemal schaffen. Mit ihrer Hilfe kann Ungleichzeitiges gleichzeitig angeschaut werden. Es können verschiedene Ansichten einer Sache, deren das Auge gleichzeitig nicht habhaft werden kann, nebeneinander präsentiert und auf einen Blick erfaßt werden. Sichtbarkeit wird speicherbar, Erfahrung kann festgestellt werden, Erinnerungen können veräußert werden. Das Ferne kann zu mir kommen, und Vergangenes kann ich 'mit meinen eigenen Augen' sehen. Die Fotographie ermöglicht gesicherte Ansichten. Aber eben nur die. Sie ist im gleichen Sinne defizitär wie das Beleuchtungslicht. Sie liefert Ansichten aber keine Einsichten.

Die heikelste Unsichtbarkeit entsteht an der Grenze von Innen und Außen. Beleuchtungslicht und Fotographie und alle anderen Instrumente der Sichtbarmachung prallen an der Oberfläche der Erscheinungen ab. In ihr Inneres vermögen sie nicht vorzudringen. Mitten in einer in Licht getauchten und abgebildeten Welt bleibt das Unsichtbare beunruhigend anwesend. Um das verborgene Innere der Dinge zu enthüllen, genügte es nicht, sie ans Licht zu zerren. Das Vordringen ins Innere machte tätlicheren Eingriff notwendig. Das Innere mußte gewaltsam bloßgelegt werden. Die unwillkommene Begleiterscheinung dieses erzwungenen Zutritts war die Zerstörung oder Tötung dessen, was man in Augenschein nehmen wollte. Ein zu hoher Preis mußte da für die Entschreckung des Unsichtbaren entrichtet werden. Die Zerstörungsnotwendigkeit geriet in eine erhebliche Spannung zum Sicherheitsbegehren. Wenn dasjenige, dessen man sich bemächtigen will, im Zuge der

Bemächtigung zerstört werden muß, so steht danach der ‘Mächtige’ mit leeren Händen da. Darüber hinaus bleibt die Frage bohrend, ob man wirklich nach dem gewaltsamen Eröffnen des Innern noch sehen kann, was man sehen will; man versäumt ja jedesmal um Haaresbreite den Blick aufs lebendige oder heile Innere.

Insbesondere wenn es ums eigene Innere geht, um das Innere des menschlichen Körpers, das man sehen oder sehen lassen will, um sich vor den heimtückischen Gefahren, die im Körper lauern, zu schützen, kann man nicht gut den Tod für die lebenssichernde Einsicht in Kauf nehmen. Sterben um des Überlebens willen ist eben eine Rechnung, die in der reinen Immanenz nicht aufgeht. So teuer kann das Schauen nicht erkauft werden.

Untrüglich stellt der Kampf gegen das unsichtbare Innere große Ansprüche an die Erfindungsgabe des modernen Menschen. Es mußten Formen der Invasion gefunden werden, die die Inspektion ungestraft ermöglichten; ein Eindringen, das die Kreaturen halbwegs unversehrt überstehen konnten. Durchleuchtung wurde notwendig, und der Blick wurde vom betrachtenden zum durchschauenden geschärft. Die Welt mußte nicht nur sichtbar, sondern durchsichtig werden. Durchsichtig im wörtlichen und im übertragenen Sinn, im Sinn des Röntgenstrahls und im Sinn der gedanklichen Durchdringung, der Verstehensinvasion.

Fraglos hat das Projekt der Visibilisierung einen beispiellosen Zuwachs an neuzeitlichen Instrumenten und Apparaten eingebracht. Dennoch wurde das Schicksal des Unsichtbaren nicht nur durch Beleuchtung und Linsen, Landkarten und Transportmittel besiegelt. Der delikate Umstand, daß das verborgene Innere der Weltdinge so empfindlich auf seine Entbergung reagierte, daß *Einsicht und Zerstörung* gleichbedeutend wurden, ließ das Interesse am besonderen, unverwechselbaren Einzelding, am Individuum erlahmen und das Interesse am Allgemeingültigen aufleben. Nur wenn die *Einzelwesen* als *Exemplare einer Gattung* oder Klasse aufgefaßt wurden, konnte die Eröffnung einer Kreatur Aufschluß über alle anderen Exemplare ihrer Art geben. Die Unleidlichkeit der Kreaturen gegen die Bloßlegung ihres Innern setzte eine fieberhafte Suche nach Gesetzmäßigkeit in Gang. Als durchsichtig konnte dann nicht mehr nur Gläsernes oder Durchleuchtetes gelten, sondern auch Durchschautes und Verstandenes. Sobald das Geheimnis des Funktionsgesetzes entschlüsselt war, will sagen, sobald entschieden war, daß im Innern nichts Einmaliges, Unwiederholbares, Unvergleichliches oder Überraschendes unter Verschluß gehalten war, war Sichtbarkeit zufriedenstellend durch Abstraktion vom konkreten Einzelwesen hergestellt. Das Verstehen vermochte die Herstellung von Sichtbarkeit nicht nur zu ersetzen, sondern sogar zu überbieten, hatte man doch Grund, den Sinnen weit weniger zu trauen – auch in ihrer instrumentenbewehrten Form – als dem Verstande.

Zur Tilgung der Unsichtbarkeit kam also die Beseitigung der Unordnung hinzu. Um die Natur – auch die eigene – als kalkulierbares Gegenüber zu organisieren, wird sie aufgelistet, registriert, verzeichnet. Aus Sicherheitsgründen fand eine „Transformation der Erde und des Kosmos von einem Lebewesen in einen bloßen Objektzusammenhang, der nach mechanischen Gesetzen geregelt ist", statt. Die Lebendigkeit von Kosmos und Natur „stirbt unter dem Herrscherblick des Erkenntnissubjekts, das der Natur die Gesetze vorschreibt" (H. und G. Böhme 1985, S. 21 f.). Das erkennende Subjekt, das *in* die Dinge eindringen will und nicht in jedes Einzelding eindringen kann, ist auf die Vergleichbarkeit der Einzelwesen angewiesen. Es muß die Einzelwesen selbst und ihr Zusammenspiel als eine Art funktionierender Apparatur, als Maschine oder Automat deuten. Und nur auf das Funktionieren und die Funktionstüchtigkeit reduziert sich das Interesse. Die Verlegenheit, in die der Aufklärer – ich könnte jetzt auch sagen: der Aufdecker – angesichts des unzugänglichen Inneren seiner Gegenstände geriet, die Verlegenheit nämlich, daß sie unter seinem zudringlichen Blick erstarben, brachte ihn in die paradoxe Situation, daß er, um das zu erforschende Objekt nicht umbringen zu müssen, den Tod der Natur als ganzer in Kauf nahm, indem er die Natur zur natura morte erklärte, sie zur Apparatur erstarren ließ. Die Eliminierung von Überraschung bringt eine Leidenschaft für alles hervor, was sich wiederholt, was Serien bildet, klassifiziert werden kann, was das Einzelwesen zum Exemplar einer Gattung macht. Das sind die Grundprinzipien des Maschinellen. Diese Leidenschaft nennt Erich Fromm Nekrophilie, die Liebe zum Leichenhaften.

Die Fremden wurden am Beginn der Moderne versklavt und ausgerottet. Doch damit war ihrer bedrohlichen Andersartigkeit nicht beizukommen. Auf verwickelte Weise blieb das Fremdartige dem Eigenen selbst dann, wenn es unterjocht war, ebenbürtig. Solange es seine Rätselhatigkeit und sein Geheimnis zu bewahren vermochte, blieb ihm etwas von seiner unbezwinglichen Kraft. Erst mit einer *Invasion aggressiven Verstehens* wurde ihm eine wirkliche Niederlage bereitet. Aggressives Verstehen ist gleichmacherisch. Es unterschlägt Differenzen, macht sich vergröbernder Ungenauigkeit schuldig, läßt es an Sorgfalt und Respekt mangeln. Aggressiv ist das Verstehen durchaus in der umstrittenen Doppelbedeutung des Wortes, die der Aggression eine konstruktive und eine destruktive Komponente zuschreibt. Verstehen ist konstruktiv, denn es schafft sich seine Wirklichkeit. Es ist destruktiv, denn es vernichtet die andere Möglichkeit.

Wie sieht die Konstruktion der Wirklichkeit durch Verstehen aus? Der verstehende Zugriff läßt am Fremden nur das Verstandene oder Verstehbare gelten. „Es hatte der Menschheit allezeit genügt, das Unbekannte als das längst Bekannte 'wiederzuerkennen' ..." (H. Blumenberg 1986, S. 192) So wird das Verstandenwerden für das andere buchstäblich zum Verhängnis. Wer dem andern verstehend zuvorkommt, gewinnt Überlegenheit; die Überlegenheit, die aus der Definitionsmacht kommt. Der letzte Impuls des Verstehenwollens ist der ‚machtwillige Wunsch zu verkleinern und zu verachten' (Th. Lessing 1985, S. 99). Das andere wird zum Abbild des verstehenden Selbst zurechtgestutzt.

Verstehen ist penetrant. Es gibt sich nicht zufrieden mit der Oberfläche der Erscheinungen. Es geht ihnen unter die Haut. Es will in seine Gegenstände hinein, in ihre Tiefe, auf ihren Grund. Aber nicht um *ihre* Wahrheit zu ergründen, sondern um die *eigene* in sie einzupflanzen. Das invasive Verstehen besetzt seine Objekte 'wie eine Armee in Feindesland'. (E. Bloch) Es fragt nicht nur nach ihrem 'Was' und 'Wie', sondern auch nach ihrem 'Woher' und vor allem nach ihrem 'Wozu'. Dem Verstehenden soll sich die Nützlichkeit des lebenden und toten Weltinventars offenbaren. Die Frage nach den Ursachen, nach der Beschaffenheit und nach den Funktionsgesetzen klärt die Bedingungen der Beherrschung und Verwertung. Verstehen ist die Vorhut handfesteren Zupackens.

Paradoxerweise ist das Verstehenwollen zugleich Ausdruck eines profunden Desinteresses. Wenn ich einem andern gegenüber feststelle: 'ich verstehe dich' oder 'ich habe dich verstanden', dann teile ich ihm mit: 'Ich bin mit dir fertig. Du beunruhigst mich nicht mehr. Ich habe dich verträglich gemacht mit dem Stand meiner Welt- und

Menschenkenntnis. Du bist ein Exemplar einer mir bekannten Kategorie von Wesen. 'Ich verstehe dich', heißt, mit den Überraschungen, die so oder so in dir schlummern, mit dem Rätsel, das du bist, mit deiner verstörend gefährlichen Fremdheit und deiner erschreckenden und beglückenden Andersartigkeit habe ich nichts zu schaffen. Du bist, der ich dir zu sein gestatte. Der Verstandene ist erledigt. Wohl um sich vor solcher Erledigung zu schützen, warnt Robert Walser seine Mitmenschen: „Niemand ist berechtigt, sich mir gegenüber so zu benehmen, als kennte er mich." (R. Walser bei W. Genazino, 3. Febr. 1990, S. ZB 2)

Dieses bemächtigende Verstehen beruht auf der Annahme, „daß sowieso keinerlei Realität existiere, die in sich selbst ihr Zentrum habe und deshalb eigenen Gesetzen unterworfen ist. Es wird angenommen, daß aus diesem Grunde alles Sichtbare und Erfaßbare einzig bloßes Material zur Auffüllung irgendeiner allgemeinen Kategorie sei ..." (P. Florenskij 1989, S. 27)

Verstehen ist demnach – *erstens* – eine *Illusion*, weil es die letzte undurchdringliche Fremdheit und Einsamkeit noch im vertrautesten Umgang leugnet: Was ich vom anderen erfahren kann, ist nie dessen Erfahrung oder Befindlichkeit, sondern immer nur meine Erfahrung dessen, was er oder es von seiner Erfahrung oder Befindlichkeit kundtut oder preisgibt.

Verstehen ist – *zweitens* – eine *Bemächtigung*; es unterwirft den oder das andere unter mein Weltverständnis.

Es ist schließlich – *drittens* – eine *Selbstberaubung*, denn es bringt mich um die Begegnung mit Fremdem und friert meine Erfahrung auf dem Stand des Bekannten ein. Wofern nicht überhaupt die verstehende Negation des Fremden zugleich eine Negation des Eigenen ist, da sich das Eigene ja nur in der Differenz zum anderen herausbilden kann. (Vgl. B. Waldenfels 1990, S. 33)

Die letzten terrae incognitae werden gegenwärtig mit Macht erschlossen und der „alles befingernden Frechheit" (Th. Lessing) ausgeliefert. Das eigene Innere mit Leib und Seele, genauer: mit Gen und Psyche, und die Zukunft sind die Marschziele der jüngsten Verstehensfeldzüge. Nach wie vor läßt sich alles „positivierende Forschen, urdumm und urneugierig, ... von der Hypothese führen ..., die Welt sei nicht bekannt genug." Statt dessen gilt, „daß die Welt nicht unbekannt genug ist; allzu enthüllt steht sie vor unseren Augen und Ohren, und in Wahrheit geht es nicht darum, das Rätsel zu lösen, sondern es vor seinen Lösern zu bewahren." Es gibt eine „heimliche Synonymie von Tödlichkeit und Tatsächlichkeit". (P. Sloterdijk 1987, S. 116) Diese totalitäre Indiskretion wirft die Frage auf, wie wir „in einer Welt ... überleben können, die ... jedes Mysteriums beraubt ist" (E. M. Cioran 1990, S. 661).

„... der moderne Mensch brauchte nicht so sehr Markierungen und Bezugspunkte, davon hatte er schon mehr als genug, die ganze Welt war ja ein Ordnungssystem, seit langem war alles aufgelistet, registriert und verzeichnet. Fast verschwunden war indessen das Ungewisse, ... die Erkenntnis hatte die Unkenntnis in den Hintergrund gedrängt, es gab immer jemanden, der die Dinge bezeichnen konnte, Generationen von Spezialisten hatten sich mit der Generalinventur des Lebendigen beschäftigt ..." (P. Virilio 1989, S. 23)

2. Alle sind gleich, nur manche sind gleicher

Dem *bedrohlichen*, die Sicherheit gefährdenden Fremden wurde verstehend der Stachel gezogen. Die *lockende* Fremde wurde auf andere Weise entschärft. Über die Unerträglichkeit der Kluft zwischen Lebenszeit und Weltmöglichkeit kann man zur Ruhe kommen, wenn weltweit Gleichförmigkeit hergestellt ist, wenn da draußen nichts zu wünschen übrigbleibt, wenn das andere und das Fremde nur als ein schwacher Abglanz, eine Minderform des Eigenen erscheint. Darum konnte man sich nicht damit begnügen, das Fremde verstehend und durchschauend zu *entschrecken*, sondern mußte sich an die praktische Tilgung der Andersartigkeit machen.

Als das Stadium der Versklavung sich überholt hatte, obsiegte die Generosität: dem Fremden sollte aufgeholfen werden zur Gleichheit. Angleichung nach oben stand auf dem Programm, Emporentwicklung. Wirklich entledigt hat sich der moderne Mensch der quälend gewordenen Lockung durch das fremde Draußen, indem er es zum Gleichen auf niedrigerem Entwicklungsniveau erklärte. Nicht daß der andere unvergleichlich anders *ist*, macht seine Fremdheit aus; sie reduziert sich vielmehr darauf, daß er weniger *hat*, weniger Nahrung, weniger Bildung, weniger Tüchtigkeit, also weniger Erfolg und weniger Vernunft, letztere von allem.

Das Fremde ist das Zurückgebliebene, das Rückständige, die Verspätung der Vernunft. In dieser Gestalt hört es auf, Nährboden für

Versäumnisangst zu sein. (In guten Stunden kann man sich ihm gegenüber sogar teils schwärmerische Nostalgie, teils mitleidvolle Ergriffenheit oder die noch populärere Betroffenheit leisten.)

Als Restkategorie wird Fremdheit angewandt auf diejenigen, die es noch nicht geschafft haben, die noch immer störend zurückgeblieben herumstehen und die globale Aufwärtsbewegung ärgerlich hemmen. „Nur der Westen steht im Zeichen fortgesetzten Wandels, dem Vorrecht der Macht.“ (F. Braudel 1985, S. 302). Die Fremden sind der *retardierende Rest der Welt*. „Mir scheint,“ schreibt P. P. Pasolini, „daß Rassenhaß heute der Haß ist, den der Bürger gegenüber dem Bauern empfindet; also der Haß, den der in eine moderne Zivilisation integrierte Mensch gegenüber einem Menschen fühlt, der eine frühere Zivilisationsstufe repräsentiert, die die heutige immer noch bedroht, indem sie ihr vor Augen führt, daß ein (sozialer) Rückschritt immer möglich ist.“ (P. P. Pasolini 1981, S. 18) Das Fremde ist aus dem Blickwinkel der Moderne mit einem intolerablen Makel behaftet. Fremdheit schreit nach Beseitigung eines Defizits, des Defizits schlechthin, um genau zu sein: Sie ist nicht auf der Höhe der Zeit. „Der Austausch mit dem Fremden, der tolerante Respekt vor dem ‘anderen’, den wir gern als Errungenschaft der westlichen Moderne beschwören, dieser ganze wohlmeinende Pluralismus endet dort, wo er sich der Vielzeitigkeit der Welt gegenübersieht. Die anderen Kulturen werden nur dann hereingelassen, wenn sie ihre eigene Zeitlichkeit, ihre praktische Auffassung von Dauer, von Leben und Sterben der westlichen Einheitszeit zum Opfer bringen. ... Das Recht auf die Differenz halten wir schon hoch, aber bei dem Anspruch auf eine differente Zeit verstehen wir keinen Spaß und reden von Mittelalter.“ (L. Baier 1991, S. 12) Rückständigkeit macht sich vor allem darin störend bemerkbar, daß die Zurückgebliebenen nicht produktions- und nicht konsumtionsfähig genug sind und damit die allgemeine Beschleunigung aufhalten. So ist die Rückständigkeit der andern – höchst widersprüchlich – zugleich ärgerlich, beseitigungsbedürftig, sogar hassenswert, aber auch die einzige Möglichkeit, die Kluft zwischen Lebenszeit und Weltmöglichkeit nicht spüren zu müssen.

Das Bemühen um weltweite Gleichförmigkeit hat es weit gebracht. Alles strebt hinein in den Hochbetrieb der Welteinheitskultur. „Welt“, so räsonniert H. Achternbusch, „ist ein imperialer Begriff. Auch wo ich lebe, ist inzwischen Welt. Früher ist hier Bayern gewesen. Jetzt herrscht hier die Welt. Auch Bayern ist wie der Kongo oder Kanada von der Welt unterworfen, wird von der Welt regiert. ... Je mehr die Welt regiert, desto mehr wird die Erde vernichtet, werden wir, die dieses Stück Erde bewohnen, vernichtet. ... Das imperiale Gesetz dieser Welt ist Verständnis. Jeder Punkt dieser Welt muß von jedem anderen Punkt der Welt verstanden werden. Das hat zur Folge, daß jeder Punkt auf der Welt jedem anderen Punkt gleichen muß. So wird Verständnis mit Gleichheit verwechselt und Gleichheit mit Gerechtigkeit. Aber wieso ist es ungerecht, wenn ich mich einem anderen nicht verständlich machen kann? Will sich der Unterdrückte oder der Beherrschte verständlich machen? Natürlich der Unterdrückende und der Herrschende. Herrschaft muß begreifbar sein." (H. Achternbusch 1982, S. 11)

Es scheint, als sei es mit dem Taschenspielertrick, Fremdheit mit Rückständigkeit gleichzusetzen, tatsächlich gelungen, sich den Schrecken und die Lockung des Fremden vom Hals zu schaffen und sich der souveränen Überlegenheit des Eigenen zu vergewissern. Aber nachdem seine unvergleichliche Andersartigkeit zur höchst vergleichbaren Habenichtsigkeit degradiert wurde, geht eine neue Gefahr von ihm aus: Die Drohung, daß die andern, die Rückständigen ihre Zurückgebliebenheit aufholen wollen, daß sie nicht so *sein* wollen wie wir, sondern vor allem das Gleiche *haben* wollen, denn darin liegt ja offenbar das Geheimnis ihrer Unterlegenheit. Das ist die perverse Weise, wie heute Fremdes wahrgenommen wird, nicht als Bedrohung der *Eigenart*, sondern als Bedrohung des *Eigentums*. Der Urschrecken gegenüber dem unvergleichlichen und ebenbürtigen andern ist verkommen zur Neidhammelei gegenüber dem Emporkömmling.

Ich habe eingangs gesagt, das Fremde sei ausgestorben. Jetzt ist der Sinn des Gemeinten deutlich: Fremdheit ist ja nicht eine Eigenart des andern. Sie entsteht vielmehr dadurch, das das andere als Fremdes *wahrgenommen* und *anerkannt* wird. 'Nur in der Fremde ist der Fremde fremd', stellt Karl Valentin unvergleichlich scharfsinnig fest. Das Fremde ist ausgestorben, weil der ökonomisch überlegene Teil der Welt mit seiner angemaßten Definitionsmacht dem Rest der Welt seine Fremdheit und damit seine Ebenbürtigkeit bestritten hat und weil der 'Rest der Welt' sich unter dieses Diktat gebeugt hat. Die lockende Fremde wurde niederdefiniert zum verbrauchsfertigen Weltstück, an dem man sich touristisch oder folkloristisch gütlich tut. Die drohende Fremdheit nahm die klägliche Gestalt des Futterneides an. So entstand das Pseudo-Fremde, mit der unvermeidlichen Folge, daß das Eigene Pseudo-Eigenes wird und sich seinerseits in Konsumierbarkeit und Futterneid erschöpft. Das Schicksal des Fremden besiegelt das des Eigenen.

'Dissymmetrische Komplementarität' nennt I. Illich das Zusammenspiel von ebenbürtigem Fremden und Eigenem. Eine kleine Szene verdeutlicht, was es damit auf sich hat. Illich berichtet, wie er an einer Moschee in Dakar einem Bettler möglichst beiläufig ein Geldstück in die ausgestreckte Hand legt. Ein Freund, der bei ihm war, fordert ihn auf, die Beiläufigkeit der Geste zu widerrufen und dem Bettler in die Augen zu schauen und sich vor ihm zu verbeugen. Der Bettler segnet ihn darauf mit einem Koranspruch. „Was da vor sich ging ... war eine Feier der Unvergleichbarkeit von zehn Franken und Allah's Segen. Und gerade deshalb konnten wir einander in die Augen sehen als Du und Du. Die Unvergleichlichkeit der Spende hatte unsere Ebenbürtigkeit bezeugt." (I. Illich 1988/89, o.S.)

F. Nietzsche zeigt an der schwierigen Begegnung mit den fremden Klängen der Musik, wie jenes Dritte, das an der Nahtstelle der Berührung von Eigenem und Fremdem entsteht, in Erscheinung tritt: „So geht es uns in der Musik: erst muss man eine Figur und Weise überhaupt *hören lernen*, heraushören, unterscheiden, als ein Leben für sich isoliren und abgrenzen; dann braucht es Mühe und guten Willen, sie zu *ertragen*, trotz ihrer Fremdheit, Geduld gegen ihren Blick und Ausdruck, Mildherzigkeit gegen das Wunderliche an ihr zu üben: – endlich kommt ein Augenblick, wo wir ihrer *gewohnt* sind, wo wir sie erwarten, wo wir ahnen, dass sie uns fehlen würde, wenn sie fehlte; und nun wirkt sie ihren Zwang und Zauber fort und fort und endet nicht eher, als bis wir ihre demüthigen und entzückten Liebhaber geworden sind ... – So geht es uns aber nicht nur mit der Musik: ... Wir werden schließlich immer für unseren guten Willen, unsere Geduld, Billigkeit, Sanftmüthigkeit gegen das Fremde belohnt, indem das Fremde langsam seinen Schleier abwirft und sich als neue unsägliche Schönheit darstellt: – es ist sein *Dank* für unsere Gastfreundschaft." (F. Nietzsche 1988, Bd. 3, S. 559f.)

Bibliographie

Achternbusch, Herbert: Der Olympiasieger. Frankfurt a.M. 1982.

Adorno, Theodor W.: Minima Moralia, Reflexionen aus dem beschädigten Leben. Frankfurt a.M. 1985.

Anders, Günther: Die Antiquiertheit des Menschen, Band 1: Über die Seele im Zeitalter der zweiten industriellen Revolution. 5. Aufl., München 1980.

–: Die Antiquiertheit des Menschen. Band 2: Über die Zerstörung des Lebens im Zeitalter der dritten industriellen Revolution. 4. Aufl., München 1988.

Arendt, Hannah: Vom Leben des Geistes. Band 1: Das Denken. München/Zürich 1979.

Ariès, Philippe: Geschichte des Todes. 3. Aufl., München 1987.

Assmann, Jan: Stein und Zeit, Mensch und Gesellschaft im alten Ägypten. München 1991.

Augustinus, Aurelius: Bekenntnisse. Frankfurt a.M. 1987.

Baier, Lothar: Das dumme Gefühl, an den Rockschößen des Zeitgeistes zu hängen, Gleichzeitigkeit – die heimliche Utopie der westlichen Zivilisation. In: Frankfurter Rundschau vom 22. 6. 1991.

Barth, Ariane: Im Reißwolf der Geschwindigkeit. Über die rasende Zeit der gehetzten Gesellschaft. In: Der Spiegel, Nr. 20/1989 Seite 200–221.

Baudrillard, Jean: Der symbolische Tausch und der Tod. München 1982.

Beck, Ulrich: Risikogesellschaft. Auf dem Weg in eine andere Moderne. Frankfurt a.M. 1986.

Blumenberg, Hans: Lebenszeit und Weltzeit. Frankfurt a.M. 1986.

–: Die Lesbarkeit der Welt. 2. Aufl., Frankfurt a.M. 1989.

Boccaccio, Giovanni di: Das Dekameron. Frankfurt a.M. 1967.

Böhme, Hartmut u. Gernot Böhme: Das Andere der Vernunft. Zur Entwicklung von Rationalitätsstrukturen am Beispiel Kants. Frankfurt a.M. 1985.

Böhme, Hartmut: Albrecht Dürer. Melencolia I. Im Labyrinth der Deutung. Frankfurt a.M. 1991.

Bolter, David: Turing's Man. Chapel Hill 1984.

Borst, Arno: Barbaren, Ketzer und Artisten, Welten des Mittelalters. 2. Aufl., München 1990 A.

–: Computus. Zeit und Zahl in der Geschichte Europas. Berlin 1990.

Borst, Arno: Lebensformen im Mittelalter. Frankfurt a.M./Berlin/Wien 1980.
Braudel, Fernand: Der Alltag, Sozialgeschichte des 15.–18. Jahrhunderts. München 1985.
Calvino, Italo: Die unsichtbaren Städte. München/Wien 1984.
Cioran, E.M.: Die negative Seite des Fortschritts. In: Peter Sloterdijk (Hrsg.), Vor der Jahrtausendwende, Berichte zur Lage der Zukunft, Band 2. Frankfurt a.M. 1990, S. 660–667.
Condrau, Gion: Der Mensch und sein Tod (Certa Moriendi Condicio). 2. Aufl., Zürich 1991.
Cooper, Joseph D.: So schafft man mehr in weniger Zeit. 3. Aufl. Landsberg am Lech 1986.
Cwienk, D. (Hrsg.): Konsum. Graz 1986.
Dahl, Jürgen: Die Eile hat der Teufel erfunden. In: Scheidewege, Jahresschrift für skeptisches Denken. Jahrgang 19/1989/90, S. 171–181.
Defoe, Daniel: Die Pest zu London. Frankfurt a.M./Berlin 1990.
Delumeau, Jean: Angst im Abendland. Die Geschichte kollektiver Ängste im Europa des 14. bis 18. Jahrhunderts, Band 1 u. 2. Hamburg 1985.
Descartes, René: Abhandlung über die Methode. Mainz 1948.
–: Die Leidenschaft der Seele. Herausgegeben von Klaus Hammacher, Hamburg 1984.
Dieckhoff, Reiner: antiqui – moderni, Zeitbewußtsein und Naturerfahrung im 14. Jahrhundert. In: Anton Legner, Die Parler und der schöne Stil 1350–1400. Europäische Kunst unter den Luxemburgern. Ein Handbuch zur Ausstellung des Schnütgen-Museums in der Kunsthalle Köln. Köln 1978, S. 67–96.
Dohrn-van Rossum, Gerhard: Zeit der Kirche – Zeit der Händler – Zeit der Städte. In: Rainer Zoll (Hrsg.), Zerstörung und Wiederaneignung von Zeit. Frankfurt a.M. 1988, S. 89–119.
Dürer, Albrecht: Schriften und Briefe. 5. Aufl., Leipzig 1989.
Dumont, Louis: Individualismus, Zur Ideologie der Moderne. Frankfurt a.M./New York 1991.
Durant, Will u. Ariel Durant: Kulturgeschichte der Menschheit. Band 7: Das hohe Mittelalter und die Frührenaissance. Frankfurt a.M./Berlin/Wien 1981.
Ebeling, Hans (Hrsg.): Der Tod in der Moderne. Frankfurt a.M. 1984.
Elias, Norbert: Über die Zeit. 3. Aufl., Frankfurt a.M. 1987.
Favier, Jean: Gold und Gewürze. Der Aufstieg des Kaufmanns im Mittelalter. Hamburg 1992.
Febvre, L.: Das Gewissen der Historiker. Berlin 1988.
Florenskij, Pavel: Die umgekehrte Perspektive, Texte zur Kunst. München 1989.
Foucault, Michel: Die Sorge um sich. Sexualität und Wahrheit 3. Frankfurt a.M. 1986.

Frankfurter Rundschau: Gräber öffnen sich. Schauspieler – Recycling elektronisch. 31. Oktober 1992.

–: US-Mathematiker will sein Gehirn einfrieren lassen. 3. Mai 1990.

Friedell, Egon: Kulturgeschichte der Neuzeit. Die Krisis der europäischen Seele von der schwarzen Pest bis zum Ersten Weltkrieg, Band 1 und 2. München 1976.

Friedrich, Hugo: Montaigne. 2. Aufl. Bern 1967.

Fromm, Erich: Anatomie der menschlichen Destruktivität. Stuttgart 1974.

Fumagalli, Vito: Wenn der Himmel sich verdunkelt. Lebensgefühl im Mittelalter. Berlin 1988.

Geißler, Karlheinz A.: Zeit Leben. Vom Hasten und Rasten, Arbeiten und Lernen, Leben und Sterben. Weinheim/Basel 1985.

Genazino, Wilhelm: Abstand gibt es nicht im Sonderangebot, Rede zum Bremer Literaturpreis. In: Frankfurter Rundschau vom 3. 2. 1990.

Geschichtliche Grundbegriffe. Historisches Lexikon zur politisch-sozialen Sprache in Deutschland. Herausgegeben von O. Brunner, W. Conze und R. Kosellek. Band 5, Art. Sicherheit. Stuttgart 1984.

Girard, René: Ausstoßung und Verfolgung. Eine historische Theorie des Sündenbocks. Frankfurt a. M. 1992.

Goethe, Johann Wolfgang von: Sämtliche Werke, 10. Band. Stuttgart o. J. (Cotta).

–: Sämtliche Werke, 22. Band. Stuttgart o. J. (Cotta).

–: Sämtliche Werke, 33. Band. Stuttgart o. J. (Cotta).

Grimm, Jacob u. Wilhelm Grimm: Deutsches Wörterbuch. Band 3 (Art. Entfernung). München 1984 (Original Leipzig 1862).

–: Deutsches Wörterbuch. Band 31 (Art. Zeit). München 1984 (Original Leipzig 1956).

Gronemeyer, Marianne: Die Macht der Bedürfnisse. Reflexionen über ein Phantom. Reinbek bei Hamburg 1988.

–: Helping. In: Wolfgang Sachs (Hrsg.), The Development Dictionary. A Guide to Knowledge as Power. London 1992, S. 53–69.

Gronemeyer, Reimer: Ohne Seele, ohne Liebe, ohne Haß. Vom Ende des Individuums und vom Anfang des Retortenmenschen. Düsseldorf/Wien/New York/Moskau 1992.

Gurjewitsch, Aaron: Die Darstellung von Persönlichkeit und Zeit in der mittelalterlichen Kunst. In: Architektur des Mittelalters. Herausgegeben von F. Möbius und E. Schubert. Weimar 1984, S. 87–104.

–: Das Weltbild des mittelalterlichen Menschen. München 1980.

Haas, Alois M.: Todesbilder im Mittelalter. Fakten und Hinweise in der deutschen Literatur. Darmstadt 1989.

Hamburger Abendblatt: Der Planet in der Flasche, im Sept. 1991.

Hausmann, Tjark: Alte Uhren. Herausgegeben vom Kunstgewerbemuseum Berlin. Berlin 1979.

Heine, Heinrich: Sämtliche Werke, Band II. Herausgegeben von H. Kaufmann. München 1964.

Heller, Agnes: Der Mensch der Renaissance. Köln-Lövenich 1982.

Herbig, Jost u. Rainer Hohlfeld (Hrsg.): Die zweite Schöpfung. Geist und Ungeist in der Biologie des 20. Jahrhunderts. München/Wien 1990.

Historisches Wörterbuch der Philosophie. Herausgegeben von Joachim Ritter und Karlfried Gründer. Band 5 (Art. Leiden). Basel/Stuttgart 1980.

Historisches Wörterbuch der Philosophie. Herausgegeben von Joachim Ritter und Karlfried Gründer. Band 6 (Art. Natur). Basel/Stuttgart 1984.

Huizinga, Johan: Herbst des Mittelalters. Studien über Lebens- und Geistesformen des 14. und 15. Jahrhunderts in Frankreich und in den Niederlanden. 11. Aufl., Stuttgart 1975.

Il Resto del Carlino: Che ne dureste di vivere fino a 400 anni? Bologna 9. 9. 1992.

Illich, Ivan: Die Nemesis der Medizin. Von den Grenzen des Gesundheitswesen. Hamburg 1977.

–: Die Substantivierung des Lebens im 19. und 20. Jahrhundert – eine Herausforderung für das 21. Jahrhundert. In: Ivan Illich u. a., Was macht den Menschen krank? Basel 1991, S. 225–234.

–: Im Weinberg des Textes. Als das Schriftbild der Moderne entstand. Frankfurt a. M. 1991.

–: Vom Recht auf Gemeinheit. Reinbek bei Hamburg 1982.

–: Von der Verkehrung der Gastfreundschaft durch das Christentum. In: Festschrift Ludwig Kaufmann. Zürich 1988/89.

–: Was macht den Menschen krank? Basel 1991.

Informationszentrum Dritte Welt (Hrsg.): Entwicklungspolitik – Hilfe oder Ausbeutung? Die entwicklungspolitische Praxis der BRD und ihre wirtschaftlichen Hintergründe. 7. Aufl., Freiburg i. Breisgau 1983.

Johannes von Tepl: Der Ackermann. Herausgegeben von W. Krogmann. 2. Aufl., Wiesbaden 1964.

Kamper, Dietmar: Zeit gewinnen. Eine Erinnerung an die Zukunft. In: Peter Sloterdijk (Hrsg.), Vor der Jahrtausendwende: Berichte zur Lage der Zukunft. Band 2. Frankfurt a. M. 1990, S. 672–692.

Kaufmann, Franz-Xaver: Sicherheit als soziologisches und sozialpolitisches Problem. Untersuchung zu einer Wertidee hochdifferenzierter Gesellschaften. 2. Aufl., Stuttgart 1973.

Kreimeier, Klaus: Der Mensch verschwindet wie eine Spur im Monitor. Ein Gespräch mit Paul Virilio über die Herrschaft der Bilder und die Diktatur der Geschwindigkeit. In: Frankfurter Rundschau vom 8. August 1992.

Ladner, Gerhart B.: Handbuch der frühchristlichen Symbolik. Gott – Kosmos – Mensch. Stuttgart/Zürich 1992.

Laermann. Klaus: Alltags-Zeit. Bemerkungen über die unauffälligste Form sozialen Zwanges. In: Kursbuch 41. 1975, S. 87–105.

Landsberg, Paul Ludwig: Die Erfahrung des Todes. Frankfurt a.M. 1973.

Legner, Anton: Die Parler und der schöne Stil 1350–1400. Europäische Kunst unter den Luxemburgern. Ein Handbuch zur Ausstellung des Schnütgen-Museums in der Kunsthalle Köln. Köln 1978.

Le Goff, Jacques: Die Kultur des europäischen Mittelalters. München 1970.

–: Wucherzins und Höllenqualen. Ökonomie und Religion im Mittelalter. Stuttgart 1988.

Lemmer, Manfred: Nachwort. In: Franciscus Petrarcha, Von der Artzney bayder Glück / Des Guten und Widerwertigen. Leipzig 1984 (Original 1532), S. 181–204.

Lessing, Theodor: Die verfluchte Kultur. Gedanken über den Gegensatz von Leben und Geist. München 1981.

–: Nietzsche. München 1985.

Levis-Godechot, Nicole: Chartres. Im Lichte seiner Skulpturen und Fenster. Würzburg 1988.

Lexikon der christlichen Ikonographie. Herausgegeben von Engelbert Kirschbaum, Vierter Band (Art. Stundenglas und Art. Tugenden).

Lyotard, Jean-François: Das Patchwork der Minderheiten. Für eine herrenlose Politik. Berlin 1977.

Mainzer-Rhein-Zeitung: Morgenkosmetik hinterm Steuer. 26. 6. 1991.

Montaigne, Michel de: Essais (Band 1–3), nebst des Verfassers Leben nach der Ausgabe von Pierre Coste. Zürich 1992 (Origiginalausgabe 1753/54).

Mooney, Pat Roy: Saatgut – Die Geschichte von den Herren der Erde. In: D. Cwienk (Hrsg.), Konsum. Graz 1986, S. 185–198.

Nietzsche, Friedrich: Die fröhliche Wissenschaft. In: Kritische Studienausgabe, Band 3. Herausgegeben von Giorgio Colli und Mazzino Montinari. Berlin/New York 1988.

Nowotny, Helga: Eigenzeit, Entstehung und Strukturierung eines Zeitgefühls. Frankfurt a.M. 1989.

Otto von Freising: Chronik. Ausgewählte Quellen zur deutschen Geschichte des Mittelalters, Band XVI. Herausgegeben von W. Lammers, Darmstadt 1990.

Pasolini, Pier Paolo: Chaos; Gegen den Terror. Berlin 1981.

Petrarca, Francesco: Dichtungen, Briefe, Schriften. Herausgegeben von H. W. Eppelsheimer. Frankfurt a.M. 1980.

–: Von der Artzney bayder Glück; Des Guten und Widerwertigen. Herausgegeben von M. Lemmer, Leipzig 1984 (Original 1532).

Pieper, Josef: Tod und Unsterblichkeit. München 1968.

Rifkin, Jeremy: Uhrwerk Universum. Die Zeit als Grundkonflikt des Menschen. München 1988.

Rossum, W. van: Coito ergo sum. In: Frankfurter Rundschau vom 30. 11. 1990.

Ruffié, Jacques u. Jean-Charles Sournia: Die Seuchen in der Geschichte der Menschheit. München 1992.
Sachs, Wolfgang (Hrsg.): The Development Dictionary. A Guide to Knowledge as Power. London 1992.
Sartre, Jean Paul: Descartes und die Freiheit. In: René Descartes, Abhandlung über die Methode. Mainz 1948.
–: Mein Tod. In: Hans Ebeling (Hrsg.), Der Tod in der Moderne. Frankfurt a.M. 1984, S. 81–97.
Schedel, Hartmann: Die Schedelsche Weltchronik. 2. Aufl., Dortmund 1979 (Nachdruck der deutschen Ausgabe von 1493).
Schivelbusch, Wolfgang: Lichtblicke. Zur Geschichte der künstlichen Helligkeit im 19. Jahrhundert. München/Wien 1983.
Schopenhauer, Arthur: Aphorismen zur Lebensweisheit. Zürich 1987.
Schottlaender, Rudolf: Theorie des Vertrauens. Berlin 1957.
Simons, Geoff: Silicon Shock. The Menace of the Computer. Oxford 1985.
Sloterdijk, Peter: Eurotaoismus. Zur Kritik der politischen Kinetik. Frankfurt a.M. 1989.
–: Kopernikanische Mobilmachung und ptolemäische Abrüstung. Frankfurt a.M. 1987.
– (Hrsg.): Vor der Jahrtausendwende: Berichte zur Lage der Zukunft. Band 1 und 2. Frankfurt a.M. 1990.
Specht, Rainer: René Descartes. Reinbek bei Hamburg 1986.
Syndram, Dirk (Bearb.): Wissenschaftliche Instrumente und Sonnenuhren. Herausgegeben von Kunstgewerbesammlung der Stadt Bielefeld, Stiftung Huelsmann. München 1989.
Tageszeitung, die: Die virtuelle Bombe. 9. 12. 1991.
Tenenti, A.: Il Senso della morte e l'amore della vita nel Rinascimento. Turin 1957.
Theissing, Heinrich: Die Zeit im Bild. Darmstadt 1987.
Thomsen, Christian W. u. Hans Holländer (Hrsg.): Augenblick und Zeitpunkt. Studien zur Zeitstruktur und Zeitmetaphorik in Kunst und Wissenschaften. Darmstadt 1984.
Uexküll, Theodor von: Der Mensch und die Natur. Grundzüge einer Naturphilosophie. München 1953.
Virilio, Paul: Der negative Horizont. Bewegung, Geschwindigkeit, Beschleunigung. München/Wien 1989.
–: Geschwindigkeit und Politik. Berlin 1980.
–: Rasender Stillstand. München/Wien 1992.
Waldenfels, Bernhard: Der Stachel des Fremden. Frankfurt a.M. 1990.
Walser, Martin: Brandung. Frankfurt a.M. 1985.
Wander, Karl Friedrich Wilhelm: Deutsches Sprichwörterlexikon. Ein Hausschatz für das deutsche Volk, Band 5. Leipzig 1880.
Weigl, Engelhard: Instrumente der Neuzeit. Die Entdeckung der modernen Wirklichkeit. Stuttgart 1990.

Wendorff, Rudolf (Hrsg.): Im Netz der Zeit. Menschliches Zeiterleben interdisziplinär. Stuttgart 1989.

–: Zeit und Kultur. Geschichte des Zeitbewußtseins in Europa. Opladen 1980.

Wille, Joachim: Die Transrapid – Kritik blieb ungedruckt. In: Frankfurter Rundschau vom 3. 11. 1992.

Ziegler, Philip: The Black Death. Middlesex (England) 1969.

Zinn, Karl Georg: Kanonen und Pest. Über die Ursprünge der Neuzeit im 14. und 15. Jahrhundert. Opladen 1989.

Zoll, Rainer (Hrsg.): Zerstörung und Wiederaneignung von Zeit. Frankfurt a.M. 1988.

Register